U0584091

公路运输业向现代物流业发展的策略研究

李延平　张玉栋　袁　晖　著

吉林科学技术出版社

图书在版编目（ＣＩＰ）数据

公路运输业向现代物流业发展的策略研究 / 李延平，

张玉栋，袁晖著. -- 长春：吉林科学技术出版社，

2024. 6. -- ISBN 978-7-5744-1561-4

Ⅰ. F542.6

中国国家版本馆CIP数据核字第2024WF0358号

公路运输业向现代物流业发展的策略研究

著	李延平　张玉栋　袁　晖
出 版 人	宛　霞
责任编辑	刘　畅
封面设计	南昌德昭文化传媒有限公司
制　　版	南昌德昭文化传媒有限公司
幅面尺寸	185mm×260mm
开　　本	16
字　　数	290 千字
印　　张	13.75
印　　数	1~1500 册
版　　次	2024年6月第1版
印　　次	2024年12月第1次印刷

出　　版	吉林科学技术出版社
发　　行	吉林科学技术出版社
地　　址	长春市福祉大路5788 号出版大厦A 座
邮　　编	130118
发行部电话/传真	0431－81629529 81629530 81629531
	81629532 81629533 81629534
储运部电话	0431－86059116
编辑部电话	0431－81629510
印　　刷	三河市嵩川印刷有限公司

书　　号	ISBN 978-7-5744-1561-4
定　　价	78.00元

前　言

　　近些年，尽管国际、国内贸易量大量增加，国家骨干高速路网及地方公路的建设也在不断推进和完善，但因公路运输业经营主体分散，运输效率低下，且中小企业及民营企业融资难，导致公路运输企业经营不景气等问题依然普遍存在。因此在新形势下，我国公路运输业应该怎样抓住现代物流业的发展机遇，以寻求新的发展出路，是摆在公路运输行业主管部门面前的一个重要课题。然而向现代物流拓展转型是新形势下我国公路运输业进行产业结构的战略性调整、培育新的经济增长点、提升行业整体竞争力、实现公路运输业可持续发展的必经之路。

　　随着现代物流业的迅猛发展，公路运输业面临着机遇和挑战。一方面，公路运输企业要抓住机遇努力向现代物流融合；另一方面，也要从实际出发，循序渐进，充分利用现有资源，在行业的调整和优化中发展物流。经过持续努力，我国公路运输业在向现代物流业拓展中定会跃上一个新台阶，并且也为实现我国现代物流产业规划打下坚实的基础。

　　本书主要研究公路运输业向现代物流业发展的策略，本书从公路运输相关知识入手，针对运输需求概述、货物运输需求、旅客运输需求、公路货物运输管理进行了分析研究；另外针对公路运输供给、物流运输及其作用、物流运输方式、现代物流体系建设理论、现代物流运输产业与经济、现代物流的发展与创新、现代物流产业组织下的货运服务系统建设与优化等七个方面内容做了详细介绍；本书条理清晰，内容精炼，重点突出，选材新颖，具有实用性、综合性，希望通过本书能够给从事相关行业的读者们带来一些有益的参考和借鉴。

　　本书在写作过程中，参考借鉴了一些专家、学者的研究成果，并得到了各方的帮助和支持，在此表示最诚挚的谢意。因为时间仓促，加之作者的知识水平有限，书中难免有许多疏漏、不足之处，希望广大读者不吝赐教。

《公路运输业向现代物流业发展的策略研究》
审读委员会

赵　伟　刘　露　范学忠

金　爽

目　录

第一章 公路运输相关知识

第一节 运输需求概述

一、运输需求的概念

（一）需求理论概述

1. 需求的基本概念

运输经济学过去貌似有一个传统就是主要从作为供给方的运输业角度进行运输经济分析。这当然是有一定道理的，但也容易对需求方的真正特点和意愿认识不足，甚至有把供给方的意愿强加给对方的倾向，这不方便更客观地认识和了解运输经济问题。因此，我们从运输需求出发开始我们的分析。

运输需求理论是从微观经济学的消费者需求理论发展而来的。在微观经济学中，需求（demand），是指当其他条件相同时，在某一价格水平下，消费者愿意并且能够购买的商品数量。在某一价格下，消费者愿意购买的某一物品的数量称为需求量。在不同价格下，需求量会不同。所以，在其他条件相同时，一种物品的市场价格与该物品的需求数量之间存在着一定的关系。这种关系若以图形来表示（图1-1），就称为需求曲线（demand curve）。需求曲线中，每一个价格水平都对应着一个需求量。需求曲线有一种明显的特征，即需求定律。需求定律（the law of demand），指的是当一种商品的价格上升时（同时保持其他条件不变），购买者便会趋向于购买更少的数量。同理，当价格下降，其他条件不变时，对该商品的需求量会增加。需要注意地是，可以影响需求量的因素繁多，而价格只是其中之一罢了。比如，春运期间，汽车票的价格上升，而其需求量也增加了。这现象并没有推翻需求定律；汽车运输的需求量上升，并不是因为其价格的变化，而是因为春节人们要回家。

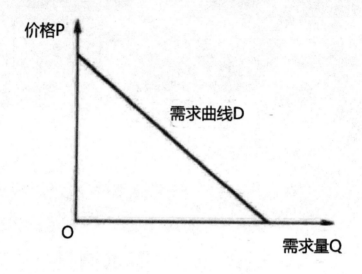

图 1-1　需求曲线示意图

2. 需求量的含义

需求量是指在某一价格下消费者意图购买的商品1服务的数量。这里的需求量只是"意图"的概念，不是事实，也无从观察。这与运输市场中的成交量（运输量）是两回事。成交量是事实，是可以观察到的；一样物品的购买量与出售量永远相同，二者是同一回事，只是从成交量的不同视角来看罢了。因此，切勿混淆"需求量（某一价格条件下的需求数量）"和"运输量（需求和供给相互影响下的实际成交量）"。对于运输来说，运输量的大小当然与运输需求的水平有着十分密切的关系，但运输量本身并不能完全代表社会对运输的需求，因为运输量还要取决于运输供给的状况。

另外，还要注意，"需求量"与"需求"是不同的概念。前者是因价格变动而变动的。而后者的变动，是因为价格之外的其他因素引起的。春运期间（是个变量），影响了"需求"，使整条需求曲线向右移动。因为这种移动，需求量也就增加了，但这增加可不是由价格变动引起的。很明显，要以需求定律来表达公路票价与公路运输需求量的关系，我们必须假设分析的时期不变。

3.价格的含义

现代经济学之父亚当·斯密认为价值有两种：一是使用价值（use value），二是交换价值（exchangevalue）。使用价值是一个消费者对某物品在边际上所愿意付出的最高代价；交换价值是获取该物品时所需要付出的代价，在市场上，即该物品的市价；价格是就货币而言的物品的交换价值。有些物品没有市场，所以没有市价，在此我们用代价来取代市价，代价也是要付出或放弃的物品的最高边际使用价值。需要注意地是，市价是一种代价，但代价不一定是市价。例如，我们在"五一"长假时去买火车票，除了按车票上的数值支付货币（票价）之外，可能还要向代购点或者黄牛支付手续费，这里的票价加上手续费等于火车票的市价。除了市价之外，我们可能还要忍受购买车票过程中的奔波之苦（这是一种市价之外的代价）。由此可见，购买某一运输服务的代价可能会远高于车票的市价，在需求分析时，我们要注意市价与代价的区别。

4.需求量的变动与需求变动的区别

如图 1-2 所示，需求量变动和需求变动的含义：需求量是在某一时期内，在某一价格水平上，消费者购买的商品数量，商品价格的变动引起购买量的变动，我们称之为需求量的变动，它表现为需求曲线上的点的移动（例如由 A 点移动到 B 点）。而需求是在一系列价格水平时的一组购买量，当商品价格之外的因素变化引起购买数量发生变化时，我们称这种变化为需求变动，它表现为需求曲线的移动（例如需求曲线 D 移动到 D′）。当所要购买的数量在每一价格水平增加（或减少）时，称为需求增加（或需求减少）。切忌混淆"沿着曲线的移动（需求量的变动）"和"曲线的移动（需求的变动）"。区别的关键在于价格变动时其他条件是否保持不变。

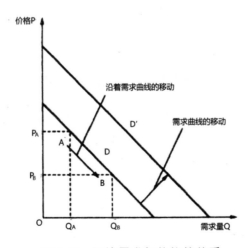

图 1-2　运输需求与价格的关系

（二）运输需求产生的原因

"需要"交通运输归结为以下七个原因：

①自然资源分布的非均衡性，这体现任何一地都不可能提供当地居民所需要的全部

物品，因此需要运输来使不同地区之间互通有无。

②现代社会的高度物质文明依赖于专业化分工，而大工业既需要从各地获得多样化的原材料，同样需要为自己的产品去开拓远方市场。

③优良的运输系统有助于实现由技术革新、自动化、大批量生产与销售以及研究与开发活动支持的规模经济。

④运输还一直承担着重要的政治与军事角色；对内而言，一个国家需要良好的运输系统以支持有效的国防并增强政治上的凝聚力；对外而言，强大的运输能力是一个国家强盛的重要标志，也是那些大国实现海外野心和统治殖民地的手段之一。

⑤良好的交通是增加社会交流与理解的基础，并有助于解决由于地域不同而产生的问题；对于很多不发达国家，提供基本的交通条件目前还是解除些地区封闭状态的首要途径。

⑥交通条件的改善使得人们在自己的居住地点、工作地点以及日常购物、休闲地点之间可以做出很多选择和安排，这在很大程度上影响了人们的生活方式。

⑦现代交通有助于国际文化交流，方便人们了解其他国家的文化特点，并通过国际展览、艺术表演、体育比赛等方式向国外展示本国文化。

（三）运输需求的内涵

需要说明的是，需求（demand）与需要（need）是两个不同概念。从经济上讲，有支付能力的需要，方构成对商品或服务的需求。引申到运输领域，运输需求（transport demand），是在一定的时期内，定的价格水平下，社会经济生活在货物与旅客空间位移方面所提出的具有支付能力的需要。同需求样，具有实现位移的愿望和具备支付能力是运输需求的两个必要条件。不过，由于交通运输具有社会服务的性质，所以也有观点认为它应该满足的是社会"需要"，而不仅仅是市场"需求"，而只依靠以简单盈利为目标的市场力量就不足以实现那种对交通运输的更加宽泛的社会标准和要求。

运输需求分析研究的是运输需求曲线所在的位置、曲线斜率以及曲线在何种因素影响下左移或右移的程度。但由于运输市场是十分复杂的，因此运输需求分析的难度也很大。从运输市场是"一组运输服务"的概念来看，按照分析问题的需要，现实中可以存在着无数多各种各样从很小到非常大的运输服务的组合，因此运输市场的种类几乎是没有穷尽的，而每一组这样的运输服务都对应着一条自己的需求曲线。

二、运输需求的特点

与其他商品的需求相比，运输需求主要具有以下特点：

（一）派生性

运输需求总体上是一种派生性需求而非本源性需求，这是运输需求的一个重要特点。所谓派生性需求（derived demand）是指一种商品或服务的需求是由另一种或几种商品或服务需求派生而来，是由社会经济中的其他活动所引发出来的一种需求。人们希望旅行，一般是为了在最后的目的地能得到某些利益。因此，旅程本身要尽可能的短或快捷。自然，也有"爱驾车兜风者"，但他们总是少数。同样，货物运输的使用者把运输看成他们总生产函数中的成本，因此，会尽量设法使之减少。很明显，货主或旅客提出位移要求的最终目的往往不是位移本身，而是为了实现其生产、生活中的其他需求，完成空间位移只是中间的一个必不可少的环节。

（二）广泛性

运输需求产生于人类生活和社会生产的各个角落，运输业作为一个独立的产业部门，任何社会活动都不可能脱离它而独立存在，因此与其他商品和服务的需求相比，运输需求具有广泛性，是一种带有普遍性的需求。

（三）多样性

货物运输服务提供者面对的是种类繁多的货物。承运的货物由于在重量、体积形状、性质、包装上各有不同，因而对运输条件的要求也不同。在运输过程中，必须相应采取不同的技术措施。对旅客运输需求来说，对服务质量方面的要求也是多样的。这是因为旅客的旅行目的收入水平、自身身份等不同，对运输服务质量（安全、速度方便、舒适等）的要求必然呈多样性。

（四）空间特定性

运输需求是对位移的要求，而且这种位移是运输消费者指定的两点之间带有方向性的位移，也就是说运输需求具有空间特定性。例如，农产品产地在 A 地，而市场在城市 B，这就决定了农产品的运输需求必然是从 A 地到城市 B，带有确定的空间要求。对于货运来说，运输需求在方向上的不平衡性更为明显特别是一些受区域分布影响的大宗货物如煤炭、石油、矿石等，都有明显的高峰方向，这是造成货物运输量在方向上不平衡的主要原因。需要注意的是，在这种会随着时间变化的运输需求面前，运输供给常常难以及时做出反应，而在短期内表现得完全无弹性，但它又需要尽可能地去满足需求。所以，在运输需求量急剧增加之时（如春运），只好以大幅度地降低运输质量去适应需求，求得均衡。而在运输需求量大幅度减少之时，又只得靠闲置设备去求得均衡。

（五）时间特定性

客货运输需求在发生的时间上有一定的规律性。例如，周末和重要节日前后的客运需求明显高于其他时间，市内交通的高峰期是上下班时间；蔬菜和瓜果的收获季节也是这些货物的运输繁忙期。这些体现在对运输需求的要求上，就是时间的特定性。运输需求在时间上的不平衡引起运输生产在时间上的不均衡。时间特定性的另一层含义是对运输速度的要求。客货运输需求带有很强的时间限制，即运输消费者对运输服务的起运和到达时间有各自特定的要求。从货物运输需求看，由于商品市场千变万化，货主对起止的时间要求各不相同，各种货物对运输速度的要求相差很大；对于旅客运输来说，每个人的旅行目的和对旅行时间的要求也是不同的。例如，在每天的上下班时间，特别是雨雪天的上下班时间，出行者对出租车有较大的需求，在其他时段，则需求减小。而出租车数量的配置，通常是固定的，一旦投入营运就成为有效供给，因而在每个时段大致都是相同的。这就难免出现在上下班的高峰时段"打车难"、在其他时段有的出租车只好"扫马路"的现象。

（六）部分可替代性

不同的运输需求之间一般来讲是不能互相替代的，例如人的位移显然不能代替货物位移，由北京到兰州的位移不能代替北京到广州的位移，运水泥也不能代替运水果，因为这明显是不同的运输需求。但是，在另一些情况下，人们却可以对某些不同的物质位移做出替代性的安排。例如，电煤的运输可以被长距离高压输电线路的输电替代；在工业生产方面，当原料产地和产品市场分离时，人们可以通过生产力布局的确定在运送原料还是运送生产成品或半成品之间做出选择。人员的一部分流动在某些情况下也可以被现代通信手段所代替。

第二节　货物运输需求

一、生产地的区位决定

（一）运输与土地利用的关系

毫无问题，在运输与经济的发展之间存在着联系，但二者之间的因果关系却很难说清楚。是高收入导致高水平的流动性，抑或高收入来自高水平的流动性？答案不是一眼就能看出来。此外，虽然人们现在已充分认识到这些相互作用，但要建立能全面反映所有这些联系的综合理论，实际上却很困难。运输和土地利用变化不断对空间的充分利用作修正的事实，使问题进一步复杂了。因为存在不中断的因果循环，所以难以断定在哪一点插入这个变化的连续体是切合实际的。因此，从实际出发，人们必须做出相当谨慎的判断，是把土地利用看作是受运输的影响，还是反过来运输受土地利用的影响。

在某种程度上，最后的决定必须取决于正在考虑的问题。城市规划专家往往把运输视为影响因素，他们注意的焦点在于城市空间的规模与结构。例如，为什么出现某种人口密度，或者为什么发生特定的城市经济互相作用。与之对应的是，运输经济学家通常接受特定的土地利用模式，并在它的约束内研究提供有效率的运输服务的方法。

在短期的运输需求分析中这种假设是可以成立的，而且我们只能在各生产地与消费地的位置已经确定的情况下讨论运输供求的短期平衡。但如果是在一个很长的时期中，又是什么因素决定了这些生产地和消费地所在的位置呢？而交通运输条件又在其中起着什么作用？有不少地理因素是人类无法控制的例如气候条件、土地和矿产资源的分布、可通航的水域等，于是人类生产和经济活动的分布在历史上就自然形成了，像种植业和采矿业的地理位置、水运航道的走向等，人们的运输活动只能去适应这些已有的地理分布。但许多产销地点的布局与运输条件以及运输价格之间是有相互影响的，特别是一些制造业的选址与交通运输的关系非常密切。比如，我国的汽车工业（我国的第一汽车制造厂位于长春市）早期主要集中在东北地区，更重要的是与钢铁（鞍钢）、煤炭（在长春四平间）、木材（兴安岭）和其他原材料工业在周围分布，水陆交通方便以及人口较集中有很大关系。但随着我国的工业重心逐步向南部地区迁移，东北作为汽车工业产地的主要优势就不那么明显了，部分最新的汽车厂主要改在我国东南部地区设点，其中节约运输费用因素的考虑起着重要作用。因此可以说，一方面制造业的布局是决定运输需求的重要因素，而另一方面，运输条件及运输成本又在某种程度上决定了制造业的区位。

（二）工业区位理论

1. 工业区位分析的基本思想

工业区位分析的基本思想，是根据加工过程中原材料或产成品减重或增重的程度确定加工厂的位置。凡加工过程减重程度较大的产业，被认为应该设立在原料集中的地点；而加工过程增重程度较大的产业，则应设立在靠近市场的地点。前者我们可以看到例如造纸厂（包括纸浆厂）和糖厂等，绝大多数都设立在原料产地，例如加拿大和北欧国家有丰富的木材资源可以造纸，但它们大量出口的是加工过程中已经减重很多的纸张或纸浆，而不是造纸的初始原料，制糖厂也大都建在甘蔗或甜菜产地；而后者如饮料业，则大多设立在靠近消费地的地方，最明显的例子就是全球最大的饮料厂商—美国可口可乐公司为了节约运输成本，而把自己的分装厂建在了全世界基本上所有被它打开市场的国家。即使所有地方的气候条件、土壤肥力、矿产资源及人口密度等各方面的情况都没有差别，从长期看也仍然会有地区之间的货物运输需求。这种结论乍看起来有些费解，既然所有的地方都有同样的生产条件，那么它们都可以生产自己所需要的各种消费品，为什么还需要地区之间的贸易和运输呢？原因在于生产的专业化可以获得更高的效率，每一种产品的生产都有一定的规模经济，在该范围内生产规模越大，产品的单位生产成本越低，这就使得每一个地区并不是生产所有自己需要的产品都合理，而是低成本地集中生产某些产品，并用自己具有成本优势的产品去交换其他自己需要的产品。这样，地区之间的贸易和运输就是不能避免的了。

2. 杜能的工业区位理论

在农业区位方面最著名的要数另一位区位理论的早期代表人物杜能（J.H.Thunen）提出的理论。杜能关于工业区位的主要思想与其在分析农业区位时的思想保持一致。

如图1-3所示，在均质的大平原上，以单一的市场和单一的运输手段为条件，研究农业经营的空间形态及产地与市场间距离的关系。

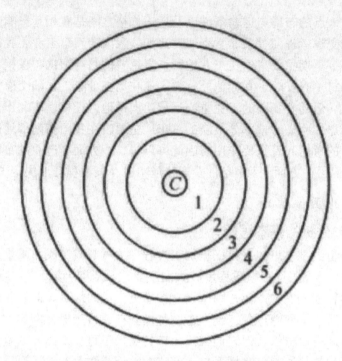

图 1-3　杜能的工业区位理论

C：城市市场

1：蔬菜和鲜牛奶等易腐产品

2：柴薪

3：集约式的粮食作物

4：谷类种植与牧草轮替

5：粗放的农作物与牧场轮替

6：牧场

按照 19 世纪的运输条件，杜能证明了易腐产品和重量大、价值低因此不利运输的产品应该靠近市场生产，而不易腐坏和每单位重量价值较高、相对较易运输的产品却可适当远离市场进行生产。这样，以市场为中心就会形成一个呈同心圆状的农业空间经营结构，也就是所谓的"杜能环"。杜能认为，运输费用是决定利润的决定因素，而运输费用则可视为工业产品的重量和生产地与市场地之间距离的函数。所以，工业生产区位是依照产品重量对它的价值比例来决定的，这一比例越大，其生产区位就越接近市场地。杜能的分析虽然很形式化，他的假设条件距离现实也很远，但他的开创性工作为区位理论的形成做出了巨大贡献，也成为后来农业区位、土地和地租分析进一步发展完善的基础。

3.韦伯的工业区位理论

工业区位理论的另一位代表人物韦伯（A.Weber）认为工业区位的形成主要与运费、劳动力费用和生产集聚力三个因素有关，其中运费具有把工业企业吸引到运输费用最小地点的趋势，而劳动力费用与生产集聚力具有使区位发生变动的可能。他的方法是先找出最小运输成本的点，然后再考虑劳动力成本和聚集效益这两项因素。他认为，工业区位的决定应最先考虑运输成本，而运输成本是运输物品的重量和距离的函数。

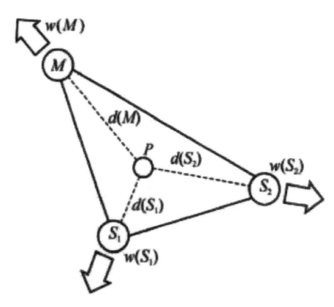

图 1-4　韦伯的工业区位理论

如图 1-4 所示，所有潜在的顾客都定位于 M，而制造厂所需的两种原材料分别位于 S_1 和 S_2。假使所有其他生产因素在所有潜在生产地都可自由地获得，并且从地形学来说，假设所有活动都在一个均匀平面上运行。假定运输费用与间隔的距离，和所运货物的重量成正比。所以制造厂的选址，取决于不同原材料所在地和市场的相对拉力。因此，问题在于为制造厂寻求总成本为最小的地点 Z，换句话说，就是能使 TC（运输总成本）达到最小的地点 P，即：

$$\text{Min：} \quad TC = w(M) \times d(M) + w(S_1) \times d(S_1) + w(S_2) \times d(S_2)$$

其中：$w(M)$ 为为在 M 处所消费的最终产品的重量；

$w(S_1)$ 为生产最终产品 $w(M)$ 所需的在 S1 处所能得到的原材料的重量；

$w(S_2)$ 为生产最终产品 $w(M)$ 所需的在 S2 处所能得到的原材料的重量；

$d(M)$、$d(S_1)$ 和 $d(S_2)$ 分分别为选址地点距市场 M，原料产地 S1 和 S2 的距离。

（三）区位理论的发展

1. 工业区位理论的不足

虽然工业区位的理论模型可以使人们看清运输所起的作用，但运输在现实世界中的实际意义还需要详细的经验研究。首先，韦伯的分析隐含地假设运输费用与距离呈线性关系，但是有充分的证据说明，短途运输和部分满负荷常常是相当不经济的。虽然韦伯原来建议，可以通过调节区位三角形的边来取得最经济的效果，但这要求做相当复杂的修正。困难在于，在这些情况下，区位和运输费用是共同决定的；若不知道最后定位处，就不可能估计出长途运输的经济重要性（如果有的话）。但是，有人提出，如果其他不变，递减的运费率（即每英里的运费率随距离降低）在某些情况下会使企业或者迁移到原材料产地或者迁移到最终产品市场。此外，有学者认为韦伯的最小成本区位方法并不正确，因为企业选择的目的是获得最大的利润，而最低的生产成本往往并不能带来最大利润。正确的方法应当是找出最大利润的地方，因此需要引入需求和成本这两个空间变量。还有人发现，在很多情况下，运输成本只是总生产成本的很小一部分，以致要获得并寻求最低成本地点所需信息的费用，较之忍受次优情况低效率的损失似乎更多。我们可以通过观察运输成本在生产成本中的相对重要性，分离出这种对运输成本不敏感的行业。

2. 现代企业选择的影响因素

过去数十年来世界工业结构的改变，特别是从基础工业到制造业与服务业的转移，使运输对区位决策的影响不断减小，至少在地区之间是如此。此外，几乎在所有工业化国家中遍布各地的运输和通信网络，使接近良好的运输系统比过去容易了许多。但是，上述成本统计也可能会使人对运输因素的影响产生稍许扭曲的印象。尤其是，虽然在很多部门中运输成本可能只占产出成本的较小比例，然而，它们对于利润却有着值得注意的影响。例如，在20世纪60年代的一些制造业中，运输成本可能相当于多达25%的利润。还有，虽然运输成本在某些行业普遍可能较低，但它们在地区间可能有很大不同。应该记住，简单的成本估计可能掩盖运输的其他特性（如速度、规律性等等）的变化，而这些变化会对决策者产生影响。可靠的城市间运输、良好的国际运输联系以及高质量的当地运输（这些是雇用稀缺的熟练劳动力所必须具备的条件），对现代高技术产业是特别重要的。问及企业家的选址或再选址决策的动机时，一些调查结果也表明了运输因素的重要性。从这些研究中得到的一个结论是，在战后充分就业和加强土地利用控制的期间，接近市场和原料供应地在选址决策中常常不如稀缺熟练劳动力的可获得性和工厂可建得更大等因素重要。

对于新兴的高技术产业来说，因为它的产品"轻、薄、短、小"，高技术产品运费一般占产品成本比重微不足道，其布局中的交通运输问题因此往往被忽视，其实不然。很多近期的研究表明，影响高技术企业选址的主要是良好的旅客运输设施，这是因为高技术产业的发端是耗资巨大而且发展迅速的，需要大量科学研究与工程技术专家。而从实验室和其他研究与开发设施到娱乐场所之间的地方交通质量十分重要，正是因为科学技术专家在选择工作地点时很重视这个条件。良好的都市内部客运和生活环境质量都是在传统工业布局中很少考虑的，然而对于高技术产业却很重要。此外，在新技术革命的今天，虽然电讯已十分发达，金融家厂商和技术开发人员仍然需要方便的交通以面对面地洽谈业务和掌握信息。针对成功的企业来说，这类人员频繁地乘坐飞机，他们研究与开发活动区位对机场设施的要求是较高的，此时不仅考虑节约时间，更重要的是安全和可靠程度。如果他们不能经常见到同行，会感到十分不舒服。一份在美国的调查表明研究与开发人员平均每月乘坐 8 ~ 12 次飞机，而在制造工厂的人员平均每月只坐0.07 ~ 0.25 次飞机。接下来的影响因素才是长途运输工具或货物运输工具的质量。在较小的国家内，这种功能由公路或铁路来实现；而在世界范围，航空运输就显得格外重要。大多数著名高技术公司都有跨国经营的特点，由于技术上的和组织上的创新，研究与开发活动和生产活动、总部与分厂在地理上都是分离的，因此高技术产业具有临空型布局特点。例如，从日本运往东南亚的集成电路原材料、零部件等加工成半成品，再运回日本或送往美国，基本上全为航空运输，期间产品和零件需要平稳地在世界上空航行数千千米。

3. 满意策略

除了认为运输条件在区位选择中常常不是最主要的因素外，现在越来越多的经济学家认为，企业并非总是受成本最小化的观念所左右。因此，即使能分离出对企业而言很重要的那些因素，也不应把这些因素归入成本最小化的构架之中。在许多情况下，其他条件相同的情况下，运输成本低于某一水平的地方被认为是可以接受的。

更多的时候，人们通常选取最先碰到的合意地方。因此，在选址时企业常常采取"令人满意"的政策，而不是力求利润或收益的最大化或者是成本的最小化。在选择过程中，作为决策者的个体无法做出完全理性的决策，他只能尽力追求在他的能力范围内的有限理性。于是，决策者通常会定下一个最基本的要求，然后考察现有的备选方案，如果有一个备选方案能较好地满足定下的最基本的要求，决策者就实现了满意标准，他就不愿意再去研究或寻找更好的备选方案了。这是因为一方面，人们往往不愿发挥继续研究的积极性，仅满足于已有的备选方案；另一方面，由于种种条件的约束，决策者本身也缺乏这方面的能力。因此，决策者承认自己感觉到的世界只是纷繁复杂的真实世界的极端简化，他们满意的标准不是最大值，所以不必去确定所有可能的备选方案，由于感到真实世界是无法把握的，他们往往满足于用简单的方法，凭经验、习惯和惯例去办事。因此，导致的企业选址结果也各有不同。鉴于此，运输成本所起的确切作用变得几乎难以确定，但是看来一旦选定了区位，只有运输成本大幅上升，才能克服似乎伴随着这种管理目标的基本惯性。

二、货运需求的影响因素

（一）运价水平

1. 货物的运价弹性

对货运市场进行需求分析的意图之一，是想确定某一种或几种运输方式的运输需求对于运输价格变化的弹性。甚至有学者认为这是运输需求分析最重要的目的，比预测总的运输需求更有实用价值，因为在现实中运输企业需要根据对运输需求弹性的分析决定自己在运输市场上的价格水平，政府也需要了解和掌握诸如社会运输需求对提高燃油税措施的反应程度等动向。国外学者曾经做过不少这方面的研究工作，但不同研究者得出的结论差别很大。譬如，美国曾有人对铁路和公路货运的需求价格弹性进行计算，其结果是铁路为 −0.6，而公路为 −1.8。这两个数字的含义是，当这两种运输方式的平均运输价格分别上升 10%，铁路的运输周转量将下降 6%，而公路的运输周转量下降 18%；另一些计算的结果却是铁路与公路的货运需求弹性都处于 −0.2 至 −0.5 之间；还有专家对铁路与公路之间货运需求的交叉价格弹性进行过实际分析，结果是两者之间的交叉价格弹性值远远小于各自的需求价格弹性。这些结论遭到更多专家的质疑，认为人们普遍感觉到的是铁路的需求价格弹性应该大于公路，因为一种运输方式的市场份额如果比较大，那么它的需求价格弹性值应该比较小才合理。

为什么实际的弹性分析与计算结果与人们感觉到的有差距呢？有些解释说是计算方法有误，也有说计算的假设条件设立有问题，当然也有解释认为弹性计算所根据的运输市场概念过于宽泛，也就是说用于确定运输市场范围的那"一组运输服务"包含的内容过大，因而提出用划小运输市场范围的方法去改善运输需求弹性计算的准确性。有几位美国学者在 20 世纪 80 年代采用了以划分货物品类细分市场的办法，他们单独挑出"新鲜水果和蔬菜"这一类货物，对铁路和公路运输的交叉弹性进行了分析，当时美国这类货物的绝大多数是由公路承运的。虽然"新鲜水果和蔬菜"这个货物品类从某种程度看仍旧很大，因为它又包括很多种不同的水果和蔬菜，其中每一种的运输需求弹性都可能是不一样的，而且分析计算所搜集的数据资料包括了很多不同的始发到达地点、不同的运输批量和运输质量，即"新鲜水果和蔬菜"这一单独品类的货物运输仍旧不能算是"同质"的但据认为分析结果还是比那之前很多类似的研究有了改进。当时计算的结果是这样的：当铁路运价提高 10%，铁路的需求减少 3.4%，公路的需求上升 1.9%；当公路运价提高 10% 时，公路的需求减少 5%，而铁路的需求上升 10%。这一结果与前述"一种运输方式的市场份额如果比较大，那么它的需求价格弹性值应该比较小"的判断逻辑就比较接近了。

实际上，每一种货物运输由于运输对象、地理条件和其他种种因素的影响，其真正的需求弹性是非常复杂的，不同的人从不同角度或使用不同的分析方法都可能得出不同的结果，因此要想十分准确地计算任何一组运输需求的价格弹性都几乎不可能，我们只能从大体上去把握每一种运输需求弹性的变化范围，并进行必要的比较。

进一步地说，即使运输需求弹性值计算准确，我们又能在多大的程度上将其推广使用呢？某时段的运输弹性是否能代表该时期以前和该时期以后的运输市场情况？某种货物的运输弹性是否能代表其他货物的运输弹性？某地的运输需求弹性是否能代表其他地区之间或者全国的运输需求弹性？显然都不能。每一个特定运输市场（即一组运输服务）中的运输需求条件都是唯一的，我们不能武断地随意把特定案例中的运输需求弹性值用在其他的运输环境里。这并不是说运输需求弹性的分析没有真正的实用价值，而是说这种弹性分析必须根据研究目的和各种给定的条件非常细致地去进行，否则就达不到预期的分析目的，甚至会得出错误的结论。需求弹性的概念很简单，但需求弹性分析即使在其他产业中也不是轻易就能给出结论的，在运输行业中只不过由于情况比较复杂，因此要求作结论时更谨慎一些而已。

最后，当某一条特定运输线的运价水平发生变动，它所影响的可能不只是该线路上的运输量，所有有关的产品供给地都会重新调整自己最合适的运输终到地点，也就是说，所有可能的始发到达地的产品供给曲线和需求曲线都会对新的运输均衡产生影响。

因此，在网络上考虑运输需求问题情况十分复杂，因为原来已经存在的特定运输服务组别可能会发生变化，运输距离使运输市场的范围都改变了。例如，从 1960～1995 年间，美国铁路每吨英里的实际货运收入从 7 美分降至 2.5 美分，而同期美国铁路货运的平均运距增加了 37%。另一个例子则是，当决定采取"零库存"生产组织方式时，美国的汽车制造厂商就需要放弃过去距离比较远的零部件供应渠道，而在更近的距离内采购，以便使零部件的适时制供应更加可靠。因此，我们在运输领域应用一般经济学分析方法的时候应该比较谨慎，要注意运输需求对价格变化的敏感反应，往往不是体现在货运吨数的增减或者运输方式之间的转移上，而是体现在运输距离的远近上。

2. 货运的非价格成本

有些必须考虑的影响因素是"运输的非价格成本"（non-rate cost to transport）或"非价格的运输成本"，我们也可以把它称为"附加的用户成本"。运输的非价格成本本身不是运输价格的组成部分，但是一旦发生这种成本并且其水平达到某种高度，那么它所起的作用与提高运价水平是相似的，也会减少运输需求（或者使运输需求曲线向左移动）。例如，某产品的产地价格是每公斤 9 元，其销地价格是每公斤 10 元，两地之间的正当运输费用是每公斤 0.5 元，在这种情况下可能就会有经销商愿为获得剩余的那平均每公斤 0.5 元的利润，而将该产品从产地运到销地去销售。但如果出现每公斤平均为 0.6 元的额外非价格运输成本，那么产地价加上运费和非价格运输成本的总计就会超过销地价格，经销商则无疑会对该种产品的运销失去兴趣，最终是运输需求下降。

某些产品的性质使其属于易腐坏、易破损或易被偷盗丢失的货物，那么在运输这些产品时，货主就需要多付出额外的费用，例如保证活牲畜运输中的饲养和清洁条件并安排专人押运，易破损货物的特殊包装条件，易损易盗货物的保险费用等，这些额外费用就属于运输的非价格成本。又如运输是需要时间的，而在市场经济中"时间就是金钱"的概念已经被普遍接受。在运输过程中的货物对货主来说有相应在途资金被占用的问题，货物本身价值越高，运输所耗费的时间越长，被占用资金所需付出的代价（至少等于同期的银行利息）就越大，而这笔代价也是由运输引起但不包括在运输价格中的。还有，在市场经济还不完善的情况下，很多货主在运输中受到承运方工作态度或服务水平较差的影响，例如不能按合同提供运输车辆、运输被延误、货物出现不应有的损害或灭失、出现责任事故后不能及时得到应有的赔偿等情况时有发生，这些情况给货主带来的损失显然也是运输的非价格成本。不论是上述的哪一种情况，运输的非价格成本越高，运输需求就越受到限制。

（二）经济发展水平与产业结构

1. 经济发展水平与货运需求

货物运输需求是派生需求，这种需求的大小决定于经济发展水平。各国在不同经济发展阶段对运输的需求在数量和质量上有很大区别。从西方国家的交通运输发展过程看，工业化初期，开采业和原材料对大宗、散装货物的需求急剧增加；到机械加工工业发展时期，原材料运输继续增长，但增长速度已不如前一阶段，而运输需求开始多样化，对运输速度和运输质量方面的要求有所提高。出现这些变化的深层次原因在于，经济的发展使得人们更为富裕，人们的消费行为也发生了改变，由需求弹性较低的货物转向需求弹性较高的货物，或是由农产品转向制造业产品及服务业的服务。因此，对产业结构而言，亦会因消费者消费取向的不同而有所转变；在产业结构因经济发展而改变时，会出现货物种类和货运服务特性的改变，从而使货运需求发生变化。按照经济学理论，专业分工越细，规模经济效益越容易得到发挥，从而可以降低生产成本，但相对而言，专业分工的细化也导致了运输成本的增加；例如厂商采取适时制（JIT）生产策略，可有效降低存货成本、增加生产的弹性，但必须为之付出较高的运输成本。当某一地区的产业结构变得更为复杂或单纯化时，会影响到区域（包括境内、入境与出境的）货运量，并对区域间货运量分布的形态产生影响。

在货运需求分析中，最大的一组运输服务可能要算把一个国家所有的货运吨千米相加在一起了，即把所有不同始发到达地点之间、通过不同运输方式、不同批量和不同品类的货物位移加总的合计。

2. 货运需求的地区不平衡性

另外，要注意我国货运需求层次地区分布的不平衡性。首先，我国国土面积广大，地区资源分布不均，比如中西部主要是大量能源、原材料的产地，而东南部主要集中的是加工产品的生产，这就使得我国各地区由于货物产品的不同，拥有着不同的货运需求层次。同时，区域经济发展不平衡带来货运需求层次地区分布不均。比如西部地区的经济发展落后于东部沿海，人民消费水平也较低，产品的生产及需求不如东部地区多样，使得西部的货物运输需求层次比较单一简单，而东部就相对要复杂得多。

3. 货运消费者对载运工具的选择

我们来分析一下货运需求变化时运输消费者对载运工具的选择。我们前面已经提到，货物的批量是由储存和运输等物流环节共同决定的。虽然对于载运工具来说，都有一定的装载容积以及相对较"经济"的装载量，运输者必须保证运送的货物达到一定的装载量以满足运输工具一次的装载能力。但对于商品的生产者（货运消费者）来说，装载量越大，其产品的存储数量和时间也越大或越长，而产品存储所造成的成本显然也会越高。如果产品的价值较低且市场需求较稳定，那么，充分利用载运工具的运输能力能够显著地降低运输成本而又不会带来其他成本的大幅度增加。而对于一些单位价值很高、市场需求变化很快的产品来说，过长时间或过大数量的存储显然是不经济且存在极大市场风险的。此刻，那些装载容积较小、相对灵活方便的运输工具，特别是卡车的优势就体现出来了，因为它们几乎可以随时启运，大大减少产品的存储成本。所以产品生产地对运输需求的影响，还应该包括存储和装载方面的考虑。极端的情况是适时制生产组织方式的情况，一些汽车公司首先采用了这种生产组织方式，使每一个前方生产者的加工品正好在下一个生产者需要的时候直接供应到位，以最大限度地减少不同工序、车间或分厂之间原材料、零配件及半成品的存储量，甚至做到"零库存"。为了适应这种适时制的生产组织方式，运输组织也必须做到非常准确及时，因为假定某项供应一旦不能及时到位，就可能引起整个生产链停顿的严重后果，而某项供应提前到位也会引起不必要的存储，达不到适时制的目标。这种生产组织方面的变化对运输服务的可靠性提出了空前的要求，因此比较可靠的运输方式被用户青睐，而对那些运输组织环节复杂、时常出现运输延误的运输方式，其运输需求就可能降低。

4. 不同运输方式的发展

如果把总的货物运输需求拆分到不同运输方式我们就可以看到比总量略微具体一些的运输需求。在目前的几种主要运输方式中，铁路公路、水运和管道承担了大部分货物运输，航空货运正在崛起，但从承担的运输总量来看相对还比较小，即使在航空运输最发达的国家，航空所占的货运比重也很小。

（三）偏好

1. 发货人对运输企业的要求

运输服务质量对运输需求是有实际影响的。然而对于经济计量分析来说，运输质量的概念目前却很难发挥更多的作用，原因在于很难给出运输质量的准确定义并进而收集到能够进行定量分析的实证数据。每一类运输服务都存在着很多方面的特点，对某些发货人来说运输能力的大小可能是最重要的，对另一些发货人来说运输速度可能更重要，对第三类发货人可能更看重运输的可靠性包括正点服务，还有很多发货人可能对承运人的形象和服务态度十分注重等等。

不少国外学者对运输质量问题进行过研究，包括使用问卷方式调查用户对各方面运输质量的评判，但这些研究似乎仍没有为经济计量分析提供必要的信息。例如，某一次问卷调查的结果是有30%的客户认为运输速度是他们选择承运人时的主要标准，而运价水平只排在第三位，但结论到了这种程度我们仍旧无法判别运输速度提高多少可以使运输需求曲线向右移动到什么位置。若要使质量因素能够真正在运输需求的经济计量分析中起作用，就要能够收集到足够有说服力的数据，使其成为经济计量模型中的一个变量，例如可以用运输速度这个指标取代地区GDP。若做到了这一点，我们就可以在固定运输速度的情况下分析运价对需求量变化的影响，或在固定运输价格的情况下分析运输速度对运输需求的影响。然而到目前为止，运输质量的定量分析方法仍很不成熟

2. 自备运输问题

在经济生活中还有一种现象，就是尽管专业受雇运输公司的能力越来越大，服务也

不断改善，但还有很多一般的工商企业保留了自备运货车或车队。也就是说，这些企业或多或少要把部分运输能力控制在自己手里，除了必需的内部运输和短途接运，有些还要用于完成中远距离的运输任务。这种情况在各国都很常见。

第三节　旅客运输需求

一、人们的交通需要

在旅客运输需求分析中要涉及一个概念，就是运输"需要"。一般来说，需要（need）的概念比需求（demand）要大因为需求只是有支付能力的那部分需要。由于需求要受个人收支预算的限制，所以仅仅按需求去分配社会资源就会由于收入水平的差别而产生出一些不平等。因此有人主张，运输服务，至少其中的一部分，应该按照"需要"进行分配而不是按照有效的"需求"进行分配。其中心思想是，在现代社会中每一个人都应该有权利享受一些不低于基本水平的教育、医疗等服务，而不论他们收入的多少，交通运输也应该属于这一类服务，人们也有权享受某种最低标准的运输供给。

任何一个国家或地区，都会有一些低收入者、残疾人、老人和儿童，这些人相比之下需要些特殊的运输服务，任何一个国家也都会有一些地区的经济开发水平较低同时交通条件较差，需要外界提供一些它们自己难以实现的运输服务，这些运输服务仅靠市场上自发的供求平衡力量经常无法满足。因此，需要被认为是既包括可以用市场去满足的需求，同时也包括要依靠市场以外力量去满足的那些基本要求，这后一部分运输需要有时也被称作"公益性运输"或"普遍服务"。

二、客运需求的影响因素

（一）运价水平

1. 客运需求弹性

客运需求也受运价水平的影响，如果我们已经比较清楚地知道了运输需求与运输价格之间得相互关系，就可以在价格与需求坐标系中画出一条运输需求曲线，可以根据运价水平的变化考察运输需求量的变化。自然，这只是理想条件下的，现实条件下客运需求分析中所使用的变量往往不应该简单处理，例如价格可能并不仅仅是乘客所支付的票价，而是包括了其他许多有关又相互影响的因素，像时间成本就是其中最重要的一项，此外还有安全舒适和方便等。但由于这种综合性的运输成本不容易准确掌握或计算，因此，在现实中，很多情况下人们还是利用容易取得的价格资料进行运输需求分析。这当然会带来一些问题，其中一个就是对运输需求的价格弹性计算结果往往与人们预料的相差很多，而且一般都是偏低。

2.客运需求弹性的影响因素

与货运需求弹性的计算结果相似，客运需求弹性也因计算者、计算目的、使用数据来源、计算期间和分析范围的不同而差异很大。运输需求弹性的计算如果过于笼统，它与特定和现实的运输需求特性就会背离较大。于是有学者建议要注意分类对运输需求弹性进行分析，他们认为至少可以从这样几个不同层面去观察客运需求的价格弹性变化：

第一是出行的目的不同。人们的出行目的大体可归类为：出差旅游探亲、访友、购物及其他几类。一般认为公务出差的旅行需求对运价的弹性要低于以旅游度假及探亲访友为目的的旅行，前者更倾向于选择更加快速、舒适、便捷的运输方式，因为前者的机会成本通常要高于后者。固然，出行目的本身不能孤立地对方式选择发生作用，而是与其他因素综合作用于方式选择的全过程。

第二是费用支付方式的不同。例如，私人小汽车的燃油等直接费用相对于既包括燃油，又包括保险、保养和折旧等间接费用的全成本来说只是一部分，这使得驾车人的需求弹性按燃油费用与按全成本计算相比就有差别；而公交车票又分别有一次性票按时间的期票和按里程的累积优惠票等等，结果使需求的价格弹性也不同。

第三是长短期的弹性不同。例如，人们对市内公交车票涨价的反应，在短期内往往是需求明显减少（抗拒心理），但一段时间以后，当人们的心理逐渐适应，这种反应会软化，因此表现为需求价格弹性短期较高而长期较低。然而燃油价格对人们驾车行为的影响却是一种相反的情况，当20世纪70年代石油危机导致燃油价格上升时，在短期内人们的驾车距离似乎没有很大变化（人们可能寄期望于油价在将来有所回落，同时，对车辆的投资是种固定成本），但在更长的时期内它对人们选择居住和上班地点以及选择车型都发生了影响。

第四是运输距离或支付总额的差别。都是20%的上涨率，但5元票价和500元票价两种基数却会使人反应相异（因为上涨的金额相对于普通人的收入具有明显的差别），研究结果是休闲旅行需求在长距离的价格弹性要大于短距离。

（二）收入水平

人们的收入水平与交通需求之间有一定联系，过去有人提出，由于在出行时间预算上的限制，人们在出行行为方面具有相对的稳定性，即人们花在出行方面的时间和出行的总次数变化不大，如果以休闲为目的的出行增加，那么以工作为目的的出行就会减少，如果选择使用汽车或飞机出行，那么原来以步行或骑自行车的出行次数就会相应减少。但后来的研究表明，人们的平均出行时间和次数都随着收入水平的提高在增加。不少学者对同一国家不同收入水平的家庭，或者不同人均收入水平的国家进行过对比分析，结论基本是相同的。

需要注意的是，虽然可以认为交通在总体上属于经济学中的优质品，即消费随收入增加的物品，但也有人认为如果分更细来看，其中的私人交通特别是人们对小汽车的需要与收入增加的相关性更加明显，而对市内公共交通的需要却可能是在减少的。

（三）其他运输服务的价格和质量

1. 客运需求的交叉弹性

对任何一种交通工具的需求，无疑会受到与其竞争或与其互补的其他交通工具的影响，其中也包含收费或价格方面变动的影响。需求的交叉价格弹性是可以用来分析需求受其他交通工具价格影响程度的有效工具。

需要说明的是，即使在同一种运输方式内部，也可能存在不同运输企业之间的竞争，而分析这种运输企业之间的需求交叉价格弹性，对企业的经营也是很现实和极有实用价值的。此外，对于互补型的运输工具或运输企业，例如市内道路交通为市际铁路和航空集散客流，或者支线航空公司与干线航空公司共同组成轴辐型结构等，需求的交叉价格弹性应该是负值。

除了计程出租汽车，公共客运都是集体运输，即要把数量不等的旅客集中到一部交通工具上运载，所以公共客运一般都需要设定专门的运行线路、停到站和运行时刻。与私人交通相比，公共客运的不方便之处就是不能随时随地满足每个人的出行需要，而必须等待规定运行时刻，并只能在确定的运行线路和停到站；此外，旅客往往还需要利用个人交通（包括徒步）去衔接公共客运所不能满足的那部分路程。这使得公共客运比随时随地可听凭个人支配的私人交通工具缺少了一定的吸引力，再加上其他的原因，公共客运在很多国家和城市都被私人小汽车排挤了，引起了很严重的交通堵塞问题。从 20 世纪 40 年代后期到 70 年代，美国城市公共客运一直迅速下降，20 世纪 70 年代以后大体保持在每年 85 亿人次的水平上，而私人小汽车此时已经占据了绝对优势。世界上很多国家的城市交通大体也是这样一种趋势。一些城市曾经采取了比较积极的态度，努力把私人小汽车的乘客转移到公共客运上，但到目前为止成功的例子相当少。好像只要道路的拥挤状况不到极端，或者市内停车位的收费还能接受，私人小汽车的拥有者们就对公共客运的降价措施根本不予理会。根据对世界上 100 座城市所进行的调查分析，公共客运需求对客运票价的平均弹性值只有 −0.45。也就是说，如果城市公交票价降低 10%，其运量只会增加 4.5%。简而言之，即使公交票价降低 100%，即完全免费，公共客运的运量也只增加 45%；如果原来选择公共交通的居民比重不大，那么大多数在公共交通免费的情况下仍然还会以私人小汽车出行为主。

2. 公共交通服务水平的重要性

还曾有学者对 20 年时间内影响美国波士顿市公共客运的若干影响因素，包括收入水平、就业人数、公交票价和公交服务质量等，进行了分析。居民收入水平对波士顿城市公交需求的影响是负面的，因为人们收入增加一般更愿意选择使用私人小汽车而放弃使用公共交通，该弹性值为 −0.715，在该期间人们的收入水平实际增长了 44.5%，对公交需求的估计影响程度为 −30.1%；就业人数对公交需求的影响是正的，其弹性值为 +1.75，在该期间波士顿就业人数实际增加了 8.3%，对公交需求的估计影响程度为 +12.7%；公交需求对票价的弹性值为 −0.234，在该期间公交票价下降了 42.4%，对公交需求的估计影响程度为 +12.1%；公共交通服务水平的提高可以鼓励人们更多地使用公共客运，公交需求对其的弹性值为 +0.358，在该期间波士顿城市公交开行的车英里数实际增加了 38.3%，对公交需求的估计影响程度为 +10.9%。从总的情况看，这 20 年间对公共交通正的影响累计共为 35.7%，负的影响为 30.1%，正负相抵后波士顿城市公共交通的需求只增长了 5.6%。

若政府官员和学者希望能使公共客运吸引到更多的乘客，那么就必须研究如何克服公共客运的那些弱点，或者能在其他如成本、速度和舒适性等方面具有更大的补偿能力。有很多研究表明，人们对公交票价高低的敏感度正在下降。例如，20 世纪 70 年代末一项对英国中西部的运输市场研究显示，当时只有 27.1% 的人还坚持公交车降低价格是最重要的问题，而其余大多数人的观点都认为服务质量的改进更重要，其中 14.6% 的人选择了速度上的可靠性，10.4% 选择了频率高，另外 10.4% 的人认为应该增加候车站的遮篷，还有 10.0% 的人则更看重车辆的清洁程度。还有研究指出，在原来服务质量比较差的情况下，改进质量特别有利于增加公共交通的需求。

但是，公共交通的服务质量与所在地区的人口密度以及人们对它的使用强度又有很大关系，因为如果乘客过少就很难维持较好的公交车况和较高的服务频率。所以大城市本来应该是能够充分发展公共交通，用优质公交服务引导居民减少对私人小汽车依赖的理想地方，可惜的是很多大城市由于政策失误反而导致居民选择小汽车并放弃公共交通，致使交通状况恶化。此外，对公共交通服务水平的定量分析并不容易。在波士顿的案例中，分析者使用了城市公交车辆开行的车英里数这指标，应该说具有一定意义，因为公交开行的车英里数越多，说明提供的服务越多，对乘客应该越方便。但实际上公共交通的服务质量仍然是一个在经济学上很难分析的问题，因为它可能包含的意义太多了，除了公交车辆开行的车英里数以外，像公交线路的多少和长度、发车频率、行驶时间站点设置、转换车时间长短等，都对人们是否更多地选择公交产生着影响，而公交服务的另外些指标，如舒适程度、可靠性、安全性等，在定量分析方面也仍然是十分困难的。

3. 停车服务对小汽车出行的影响

最后，对于小汽车来说，停车的便利性与停车服务的价格（停车费）也对小汽车出行的需求产生着重要的影响。例如，纽约市的汽车需求量较低，不仅是因为那里的公共交通很方便，同时，高昂的停车费也是许多车主的噩梦。曼哈顿商业区车多路狭，允许路边停车的路段很少，停车大多要驶入大楼的地下停车库，在这里 1 小时收费 10 美元算是便宜的。因此，许多驾车来纽约，为免停车费时费钱，多将车停在长岛（纽约市与曼哈顿毗邻的地区）甚至邻近的新泽西州，然后乘地铁到曼哈顿游览；当地的中产阶级上班和到市中心区活动也多乘地铁，平常汽车放在车库内，假日到外地或郊区旅游时才用。当然，国内一些城市的停车费也不便宜，南京市主城区核心干道的路边停车费已达到 20 元 / 小时（第一小时 12 元，之后每小时 20 元），达到甚至超过了很多国际大都市的水平。而国内大城市市中心住宅的一个车位的价格基本达到了中高档车的价格。例如广州市某高档小区的车位甚至高达 110 万元。因此也有人称，买得起车的不一定是富人，有车位的才是富人。

4. 人口数量

我们讨论的客运需求曲线是谁的需求呢？我的，你的，还是每个人的？答案并不明确。虽然决定需求的基本因素是"个人"的感受，但在现实世界中，我们所能直接观察得到的往往是市场需求。市场需求（market demand）所代表的是某一市场范围内所有个人需求的总和。市场需求曲线则是将在每一价格水平下所有个人的需求量加总而得到的。市场需求曲线也符合需求向下倾斜的规律；当价格下降时，较低的价格通过替代效应吸引了新的顾客；若既经过替代效应又经过收入效应，那么价格的下降就会刺激原有的顾客购买更多的数量。

5. 出行偏好

即使在同样的收入水平上，有人可能爱好外出旅游，但也有人可能更偏重文艺和体育方面的享受，有人出远门喜欢乘飞机，但也有人就喜欢坐火车，有人热衷于拥有并随时使用新型轿车，甚至把这作为自己身份或个性的标志，但也有人宁愿多骑自行车，以便于实现自己关注环保的意愿，这就是人们喜好或嗜好的不同。尽管在经济学中找不到关于喜好的准确定义，也很难将其精确地数量化，但它对于运输需求的影响还是很广泛和重要的，应该在需求分析中考虑到这种影响。人们在交通行为中的喜好也是会发生变化的，例如随着收入提高和闲暇时间增多，大多数人还是愿意享受私人小汽车所能给人带来的更多自由和方便。也有学者更强调喜好所具有的惯性，认为尽管存在着从众心理，但人和人毕竟不一样，这导致了人们在选择出行行为上的多样化。还有学者甚至分析了人们在交通行为的喜好上存在着"路径依赖"现象，认为当作出初始选择，例如个人在大城市郊外购买了住房并使用私人小汽车作为主要交通工具，他就很难再改变一种相对固定的日常交通模式，这种现象对一个城市的交通规划和布局也是类似的。

第四节　公路货物运输管理

一、公路货物运输认知

公路货物运输是指利用可以载货的货运汽车（包括敞车、集装箱车、厢式货车、特种运输车辆）、机动三轮货运车、人力三轮货运车、其他非机动车辆，在道路（含城市道路和城市以外的公路）上，使货物进行位移的道路运输活动。

在现代运输业的发展过程中，世界上许多国家有一个共同的发展规律，即海运、铁路运输发展在先，公路运输则后来居上。因为汽车已成为公路运输的主要运载工具，因此，现代公路运输主要指汽车运输。

二、公路运输系统

（一）公路

（1）依据公路的使用任务、功能和适应的交通量，公路可分为五个等级。

①高速公路

它是专指汽车分向、分车道行驶并全部控制出入（全部立体交叉）的干线公路。

四车道高速公路一般能适应按各种汽车折合成小客车的远景设计年限平均昼夜交通量为 25000 ～ 55000 辆；六车道高速公路一般能适应按各种汽车折合成小客车的远景设计年限平均昼夜交通量为 45000 ～ 80000 辆；八车道高速公路一般能适应按各种汽车折合成小客车的远景设计年限平均昼夜交通量为 60000 ～ 00000 辆。实际上，地形与地质条件特别困难的地区，高速公路也有修建成两车道的，如贵阳至遵义的贵遵高速公路。两车道就不可能有专门的超车道，超车通常在每隔一定距离设置的超车区进行。

②一级公路

一般能适应按各种汽车折合成小客车的远景设计年限平均昼夜交通量为 15000 ～ 30000 辆，车道数为 4。通往重点工矿区、港口、机场，专供汽车分向、分车道行驶并部分控制出入的公路。

③二级公路

一般能适应按各种汽车折合成中型载货汽车的远景设计年限平均昼夜交通量为 3000 ～ 7500 辆，车道数为 2，为连接政治、经济中心或大工矿区、港口、机场等地的专供汽车行驶的公路。

④三级公路

一般能适应按各种汽车折合成中型载货汽车的远景设计年限平均昼夜交通量为 1000 ～ 4000 辆，车道数为 2。为沟通县以上城市的公路。

⑤四级公路

通常能适应按各种汽车折合成中型载货汽车的远景设计年限平均昼夜交通量为：双车道 1500 辆以下，单车道 200 辆以下。车道数为 1 或 2，为沟通县、乡（镇）、村等的公路。不同等级的公路，路面路基质量、路面宽度、曲线半径、交通控制和行车速度都有较大的差距，对道路运输的运输质量、运输成本影响很大。在上述各等级公路组成的公路网中，高速公路及汽车专用一、二级公路在公路运输中的地位和作用相当重要。

（2）按照行政等级公路可划分为以下 5 个等级。

①国道。在国家公路网中，具有全国性的政治、经济、国防意义，并经确定为国家级的干线公路。

②省道。在省公路网中，具有全省性的政治，经济，国防意义，并经确定为省级的干线公路。

③县道。有着全县性的政治、经济意义，并经确定为县级的干线公路。

④乡道。乡道主要为乡村农民生产生活服务的公路。

⑤专用公路。由工矿、农村等部门投资修建，主要供该部门使用的公路。

（二）汽车站（场）

汽车站（场）是公路物流活动的结点，主要有货运站和停车场。主要工作是组织货源，受理托运，理货，并编制车辆运行作业计划、完成车辆调度等。

1. 货运站

公路运输货运站的主要功能包括货物的组织与承运、中转货物的保管、货物的交付、货物的装卸以及运输车辆的停放、保修等内容。简易的货运站点，则只有供运输车辆停靠与货物装卸的场地。

公路货运站又可分为汽车零担站、零担中转站、集装箱货运中转站等。零担货运站一般是按照年工作量（即零担货物吞吐量）划分等级的，年货物吞吐量在 6 万吨以上的为一级站；年货物吞吐量在 2 万～6 万吨的为二级站；年货物吞吐量在 2 万吨以下的为三级站。零担货运站应配备零担站房、仓库、货棚、装卸车场、集装箱堆场、停车场及维修车间、洗车台、材料库等生产辅助设施。集装箱货运中转站应配备拆装库、高站台、拆装箱作业区、业务（商务及调度）用房、装卸机械与车辆等。

2. 停车场

停车场的主要功能是停放与保管运输车辆。现代化的大型停车场还具有车辆维修、加油等功能。停车场内的平面布置要方便运输车辆驶入、驶出和进行各类维护作业，多层车库或地下车库还需设有斜道或升降机等，便于车辆进出。

（三）运输车辆

公路运输车辆是指具有独立原动机与载运装置，能自行驱动行驶，专门用于运送旅客和货物的非轨道式车辆。汽车是公路运输的最基本运输工具，它由车身、动力装置和底盘三部分组成。车身包括驾驶室和车厢两部分；动力装置是驱动汽车行驶的动力源，现代汽车的动力装置主要是汽油机或柴油机；底盘是车身和动力装置的支座，同时是传递动力、驱动汽车、保证汽车正常行驶的综合体。从事货运的车辆按用途一般可分为载货汽车、专用运输车辆特种车、牵引车和挂车等。

1. 载货汽车

按照货车的总质量不同，可分为：微型货车，总质量小于 1.8 吨；轻型货车，总质量为 1.8～6 吨中型货车，总质量为 6～14 吨重型货车，总质量大于 14 吨。不同类型的载货汽车所应用的场合是不同的。从载货汽车的型号看，微型和轻型载货汽车服务于规模不大、批量很小的货物运输，一般用于城市内运输。中型载货汽车适用范围比较广泛，既可在城市内承担短途运输任务，也可承担中、长途运输。重型载货汽车多用于经常性的大批量货物运输，如大型建筑工地、矿山等地区的货物运输，主要用于长距离的干线运输。当前在我国，中型载货汽车是主要车型，数量较多。

载货汽车的车身具有多种形式。敞车车身是载货汽车车身的主要形式，它适用于运送各种货物。厢式车身可以提高货物安全性，多用于运送贵重货物。自卸汽车可以自动卸货，适用于运送散装货物，如煤炭、矿石、沙子等。

2. 专用运输车辆

专用运输车辆是按运输货物的特殊要求设计的，主要有：厢式车，即标准的挂车或货车，货厢封闭；敞车，即挂车顶部敞开，可装载高低不等的货物；平板，即挂车，无顶也无侧厢板，主要用于运输钢材和集装箱货物；罐式挂车，用于运输流体类货物；冷藏车，用于运输需控制温度的货物；高栏板车，车厢底架凹陷或车厢特别高，以增大车厢容积。

3. 特种车

特种车通常是在普通汽车底盘上安装专用的设备或车身，专供特殊用途而制造的汽车，例如消防车、救护车垃圾车、酒水车和各种工程车。

4. 牵引车和挂车

①牵引车也称"拖车"，通常不设载客或载货车厢，它是专门用于拖挂或牵引挂车的汽车。牵引车可分为全挂式和半挂式两种。半挂式牵引车与半挂车一起使用，半挂车的部分重量由半挂式牵引车的底盘承载。全挂式牵引车则与全挂车一起使用，其车架较短。除专门牵引车以外，一般的载货汽车也可作为全挂式牵引车使用。

②挂车本身无动力装置，而是通过杆式或架式拖挂装置，由牵引车或其他车辆牵引，所以它必须与牵引车组合在一起才能作为一个完整的运输工具。挂车的车身通常也做成车厢的形式，可以运送货物。挂车有全挂车、半挂车、厢式挂车以及重载挂车等类型。全挂车由牵引车或作为牵引车使用的汽车牵引。半挂车则与半挂式牵引车一起使用。轴式挂车是一。种单轴车辆，专门用于运送长度较大的货物。重载挂车是大载重量的挂车，它可以是全挂车，也可以是半挂车，专门用于运送沉重的货物，其载重量可达到 200 ～ 300 吨。由于挂车结构简单，保养方便，而且自重较小，因此在汽车运输中应用广泛。

三、公路运输的类型

（一）按运输条件分类

可以分为一般货物运输和特种货物运输。特种货物运输又可以划分为大件货物运输、危险货物运输、鲜活货物运输和贵重货物运输。

（二）按运输速度分类

可以分为普通货物运输和快件货物运输。应托运人要求，在规定的时间内将货物运达目的地的为快件货物运输。

（三）按运输组织方法分类

可以分为整车货物运输、零担货物运输和集装箱货物运输。

（四）按经营方式分类

可以分为公共货物运输、契约货物运输、自用运输业和汽车货运代理。

（1）公共货物运输专门经营汽车货物运输业务并以整个社会为服务对象，其经营方式有以下几种：

①定期定线运输。不管货载多少，在固定路线上按时间表行驶。

②定线不定期运输。在固定路线上视货载情况。派车行驶。

③定区不定期运输。在固定的区域内根据货载需要，派车行驶。

（2）契约货物运输是指按照承托双方签订的运输契约运送货物。与之签订契约的托运人一般都是一些大的工矿企业，常年运量较大而又较稳定。契约期限一般都比较长短的有半年、一年，长的可达数年。按契约规定，托运人保证提供一定的货运量，承运人保证提供所需的运力。

（3）自用运输业是指工厂、企业、机关自置汽车，专为运送自己的物资和产品，一般不对外营业。随着中国的改革开放和加入WTO以后，汽车市场的不断放开，汽车的价格降低，自置汽车的比例较以前已经有一定幅度的增长。

（4）汽车货运代理本身既不掌握货源也不掌握运输工具。他们以中间人身份一面向货主揽货，一面向运输公司托运，借此收取手续费用和佣金。有的汽车货运代理专门从事向货主揽取零星货载，加以整理集中成为整车货物，然后自己以托运人名义向运输公司托运，赚取零担和整车货物运费之间的差额。

（五）按货物是否参加了保价运输或运输保险分类

可以分为货物保价运输、货物保险运输和既未保价又未保险的货物运输。保价运输与货物保险的目的是相同的，即两者都是发货人或托运人在货物运输前，为了在运输过程中，万一被运送的货物出现损坏或丢失，可以通过向承运人或保险公司索赔得以补偿，而事先向承运人或保险公司支付一笔费用作为代价。保价运输负担责任、收取费用或理赔的对象是承运人，而货物保险承担责任、收费或理赔的对象是保险公司。

（六）按运输方式的多少分类

可以分为单一方式运输和公路参加的联合运输。

第二章　公路运输供给

第一节　运输供给概述

一、运输供给的概念

（一）供给的基本概念

现在我们从需求转到供给。供给（supply），指的是特定市场上在一定时期内，当其他条件不变时，在某一价格下，生产者愿意且能供应的商品或服务的数量。供给的大小一般用供给量来描述，而供给是指在不同价格水平时的不同供给量的总称。在不同价格下，供给量会不同。因此，在其他条件相同时，一种物品的市场价格与该物品的供给量之间存在着一定的关系。这种关系若以图形来表示（图2-1），就称为供给曲线（supply curve）。

供给曲线也有着一种明显的特征，即当一种商品的价格上升时（同时保持其他条件不变），生产者便会倾向于生产更多的数量，在图上这表现为供给曲线向上倾斜。供给曲线向上倾斜的重要原因之一是"边际收益递减规律"。边际收益递减规律亦称"边际产量递减规律"，指在技术水平不变的条件下，增加某种生产要素的投入，当该生产要素投入数量增加到一定程度以后，增加一单位该要素所带来的产量增加量是递减的。

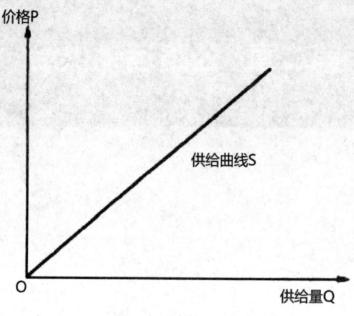

图 2-1　供给曲线示意图

（二）运输供给的基本概念

运输供给（transport supply）是指运输生产者在某一时间，在各种可能的运输价格水平上，愿意并能够提供的各种运输产品的数量。与一般商品的供给相比，运输供给的特点在于其涵盖的范围很广；运输供给包括了运输基础设施的供给、载运工具的供给以及它们共同提供的运输服务供给。运输供给在市场上的实现要同时具备两个条件：一是运输供给者有出售运输服务的愿望；二是运输供给者有提供运输服务的能力。

二、运输供给的特点

（一）运输服务的不可储存性

运输市场出售的不是实物产品，而是不具备实物形态、不能储存，不能调拨的运输服务，消费者在运输市场中的购买，不是为了直接占有运输产品，而是通过运输实现旅客和货物的"位移"。运输业并不像工农业那样改变劳动对象本身的性质和形态，而只是改变劳动对象（旅客和货物）在空间上和时间上的存在状态，具体体现在空间位置的移动，即"位移"。但位移并不是任何抽象的笼统的位移或运输，而是有具体条件的，包括目的地、时间等要求和规定的场所变动，它的数量和质量都要受到用户的检验。运输服务的供给过程和运输服务的消费过程融合在一起，二者不可从时空上进行分割。同时运输服务又具有矢量的特点，不同的起始点和目的地之间的运输形成了不同的运输产品，它们之间不能相互替代，即使是相同起始点和目的地之间的运输存在运输方向的问题。因此，不存在任何可以存储转移或调拨的运输"产成品"，运输服务的供给只能以提高运输效率或新增运力来适应不断增长的运输市场需求。即使这样，当面对变幻莫测的运输需求时，运输服务的不可储存性带来的困难仍然难以克服。

以出租车供给为例，由于潜在的顾客很少正好位于空出租车巡行的地方，因此即使在总需求曲线与总供给曲线的交汇处，仍将有未满足的需求（此刻，只有出租车总是精确出现在需要的地点，需求才会完全得到满足）。若要提供充分的搭车服务，就必须提供超过总需求的出租车数量。只有这样，出租车市场的需求量才能等于所提供的车辆数，才不存在由于不能乘上出租车而放弃等候的失望的旅客。当然，在那些准备付费并使用出租车的人获得一种良好的服务时一提供的车辆远超过需求量一短暂的等候时间和充足的载运能力有可能是在资源使用上的浪费。

同时，运输产品的生产过程和消费过程不可分离的特征对运输产品或运输服务的质量提出了特殊要求。当旅客发现运输服务质量较差时，他往往已经身处运输过程之中，通常很难立即退出该过程，改变自己的行程安排；货主发现运输质量有问题时，更是在运输过程完成之后。这使得旅客和货主不能像普通商品的消费者一样，把质量不符合标准的商品拿回去退换，他只能消费自己事先选择了的运输过程，不管它是时间上的延误感觉上的不舒适或是货损货差。如果运输过程中发生安全方面的事故，更会带来无法弥补的生命财产损失。运输产品的这种特性使得运输市场上对运输质量的要求应该更加严格，特别是在事前对运输业者提供服务的监督和检查比在其他市场上更为重要，以切实保护运输消费者的利益。为了在发生意外事故时尽可能补偿旅客或货主的经济损失，各国的运输市场还普遍实行了运输保险的制度，有些甚至使用强制性保险的方式。

（二）运输供给的分散性

运输市场既有空间上的广泛性，又有具体位移的特定性。运输产品进行交换的场所，是纵横交错遍布各地的运输线路和结点。客运市场交换主要集中在车站码头、机场等地；货运市场则更为分散，哪里有货物运输需求，哪里就会有形成货运交易场所的动力。但旅客和货物位移是具体的，只有相同的旅客和货物在相同起运终到地点的运输才是相同的运输产品。不能用运水果代替运石油，也不能用兰州向乌鲁木齐的运输代替广州向上海的运输，甚至在同一运输线上不同方向的运输也是完全不同的运输产品。然而同一种运输产品可以由不同的运输方式提供，并行的几种运输工具可以提供相同但质量上（比如运输速度方便、舒适程度等）有差别的运输产品。在具体的运输市场上，不同运输生产者的竞争，不仅发生在同一部门内部的不同企业之间，也发生在不同的运输方式之间。可以互相替代的运输工具共同组成运输市场上的供给方，它们之间存在着合作竞争关系。因此，虽然某些运输线路或结点的流量很大，但从更大的区域范围来看，运输供给仍旧是极为分散的，并不存在大系统层面上的一致性。

（三）运输供给的离散性

运输供给具有定的不连续性，或称离散性。长期来看，一条双向4车道的高速公路，如果由于通行能力不足需要扩容的话，将会直接扩建为双向6车道甚至双向8车道的高速公路而不存在太多的"中间状态"（如仅增加原有 4 个车道的车道宽度）。又如，如果由于一辆 2 轴的卡车运能不足而需要更换车型的话，车主通常会选择更换 3 轴以上的卡车。2 轴车"升级"到 3 轴车之间便是运输能力的一次飞跃，不存在运能的连续增加过程。短期来看，运输供给的离散性可能更为显著。例如，5 个成年人打车，通常一辆出租车无法提供超过 4 个成人的运输服务，因此还需要另一辆（也能乘坐 4 个人的）出租车来提供服务，尽管这看似很不经济。从运输服务质量的角度来看，也存在着离散性。例如普通飞机上的座位分为商务舱和经济舱两类，对于一位既嫌商务舱的条件太优越（当然，他／她真正反感的是商务舱的高票价）又嫌经济舱太简陋的旅客来说，航空公司并不能提供介于商务舱和经济舱之间的"折中"服务。综上所述，运输供给的离散性导致了运输供给与运输需求有时难以完全吻合，或者说，运输供给者有时无法恰到好处地提供消费者所需的运输服务。

（四）运输供给的部分可替代性

现代运输市场中有铁路、公路、水运、管道、航空多种运输方式及多个运输供给者存在，有时几种运输方式或多个运输供给者都能完成同一运输对象的空间位移，于是这些运输供给之间存在一定程度的可替代性，这种可替代性组成了运输方式之间竞争的基础。当然，由于运输产品具有时间上的规定性和空间上的方向性，因此不同运输供给方式的替代性受到限制；各种运输方式的技术经济特征、发展水平、运输费用和在运输网中的分工也不同，因此运输方式之间的替代是有一定条件的。对于客运来说，旅客在旅行费用、服务质量、旅行速度之间进行权衡，选择运输方式；对于货运来说，运输费用、运输速度方便程度是选择运输方式的依据。因此，各种运输方式之间存在的既不是异功能的协同关系，也不是同功能的竞争关系，而是在某些区间为同功能、某些区间又为异功能的一种相互有弱可替代性的关系，反映到综合运输系统中这种关系有时就呈现竞争性、有时又为协同性。此外，运输服务的消费者通常还拥有其他的选择权力，决定是否改变他们的生产方式和生产地点（针对货物运输）或者改变他们的居住、工作地点和消费方式（针对客运方式），所以运输本身也是在与不同形式的人类活动进行竞争。

（五）"有效"供给范围较大

铁路、公路、航空等很多运输方式的特征之一是资本密集度高，造成运输业单位产值占用资金的数量明显高于其他生产和服务部门。资本密集度高往往意味着在总成本中固定成本比变动成本的比重要大，这使得很多运输方式的短期成本曲线较为平坦，就是说与那些变动成本很大的产业相比，运输成本曲线的 U 字形不明显。当短期平均成本曲线在相当大的产出范围内具有较平坦的形状时，平均成本随运量变动则只有较小的改变。对于运输供给者来说，处于由边际成本确定的理想"最优"供给量的运输成本，与其周围非最优供给量所对应的成本可能相差不大。而且，运输供给者还可以通过运输服务质量的下降从一定程度上抵消成本变动的不利影响。因此，"有效供给"对运输生产者来讲就有一个较大的范围，也就是说，其经济运能是一个较大的范围。例如，如果火车的客座率由 80% 增加到 100% 甚至 120%，则由于上述运输业的短期变动成本所占的比重较小，使得运量的增加而引起的总成本的增加微不足道。然而，当这种情况发生时，伴随而来的是运输条件的恶化，旅客必须在买票、候车、行李托运、行李检查的过程中花费大量的时间和精力。这些服务质量下降所引起的成本大部分由消费者承担了。若把这笔费用加在运输业的账上，则其成本曲线将会是另外一种形状。也就是说铁路运输供给者把一系列改善服务条件必需的费用（如改造客站、增加售票点）转嫁给了消费者，从而降低了运输成本，使供给曲线向下移动，在运价不变的情况下增加了供给。

（六）运输供给的规模经济性

在经济学中，规模经济意味着当固定成本可以分摊到较大的生产量时会产生的经济性，是指随着厂商生产规模的扩大，其产品的平均单位成本呈现下降趋势。范围经济则意味着对多产品进行共同生产相对于单独生产的经济性，是指个厂商由于生产多种产品而对有关生产要素共同使用所产生的成本节约。运输供给的规模经济，是指随着网络上运输总产出的扩大，平均运输成本不断下降的现象。这是一个非常笼统的概念，因为它包含着很多不同的内容。运输业的范围经济，是指与分别生产每一种运输产品相比较，共同生产多种运输产品的平均成本可以更低，这可以是指某一运输企业的情况，也可以是指某一运输网络或载运工具（如线路、节点、车辆和车队等）的情况。运输业的规模经济和范围经济概念与一般工商业的规模经济和范围经济的区别在于这个特殊的多产品行业使得其规模经济与范围经济将无法分开，并使它们通过交叉方式共同构成了运输业的网络经济。

（1）运输是地理空间上的活动，运输网络在空间幅员上的规模越大，线路越长，网点越多，其服务覆盖的区域范围就越大，因此从运输网络的幅员大小看，可以考察运输企业是否具有管辖线路越长或网络覆盖区城越大单位运输成本越低的效果。

（2）从运输线路的通过密度上看，可以考察具体运输线路上是否具有运输量越大就导致该线路的单位运输成本越低的效果。例如条铁路从开始修建时的单线到复线以至多线，牵引动力也从蒸汽机车到内燃机车再到电力机车，加上行车指挥技术的不断进步，其通过能力也从起初的上百万吨到几百万吨几千万吨甚至上亿吨，运输能力越来越大，效率越来越高，平均成本则不断降低。公路管道和水运航线等也具有相似的现象。

（3）从单个运输设备的载运能力（如列车牵引重量、车厢容积、飞机客座数或轮船载重吨位等）上看，则可以考察是否具有载运能力越大其单位运输成本就越低的效果。目前的趋势是载运工具越造越大，400座以上的大型客机、万吨货物列车和驳船队、30万吨矿石船、50万吨油轮、6000～8000TEU（标准箱）的集装箱轮都已经司空见惯了。

（4）从运输企业拥有车(船、机)队中车辆数的多少，可以考察是否车队的规模越大，经营效率越高或单位运输成本越低。例如机队的规模既与在航线上所能提供的服务频率有关，又与保持合理的维修队伍及合理的零部件数量有关，有数据说在只有一架客机单独使用时所需储备的零部件数量相当于飞机价值的50%，而当拥有10架相同客机时所需要储备的零部件数量仅相当于飞机总价值的10%。我国目前拥有500余架民用客机，分别属于数十家航空公司，飞机总数还不如国外一家大公司拥有的数量，因此每一家公司的机队都很难达到应有的合理规模。

（5）由于客货发送量越来越大，而且存在大量同种运输方式内部或不同运输方式之间的中转换装、联运、编解和配载等问题，交通网络内港站或枢纽（包括车站、港口、机场、配载中心以及它们的结合体等）与相关线路或相关运输方式的能力协调变得极其重要；而且在网络内线路运输费用已经比较低的情况下，有关枢纽上的高昂中转费用就会变得十分突出。港站的处理能力经济表现为，港站处理的客货发到与中转数量或处理的载运工具发到、中转、编解和配载数量越大单位成本越低。目前在世界上不难找到每年发送数千万人次的机场、接卸十几万吨或几十万吨位货轮的码头、吞吐 1000 万 TEU以上集装箱的港口、每天处理上万辆车的铁路编组站或几千吨货物的公路零担转运中心。枢纽的能力必须与整个网络相协调，在能力不足的情况下，枢纽决定或限制了网络系统的整体能力；反过来说，枢纽的规模和能力也是其所在运输网络发达水平的标志。

（6）还可以从运输距离角度考察是否具有单位运输成本会随着运距的不断延长而下降的效果。由于运输成本都可分成随运距延长成比例变化的途中成本和与运距无关的终点成本，因此运输经济中一直有所谓"递远递减"的规律，尤其是终点成本所占比例较高的铁路、水运和航空运输这特点更为明显。

因此，与运输活动有关的规模经济可以划分成多种不同的类型，即运输网络幅员经济、线路通过密度经济、港站（或枢纽）处理能力经济、车（船、机）队规模经济、载运工具能力经济和运输距离经济等。运输业由多种运输方式组成，各种运输方式都既可分成基础设施与客货运营两部分，而且根据客货流或服务对象的特点（如远途或近途，整车或零担，定点定线服务与否等）又可进一步划分为若干运输类别，这使得讨论运输业的规模经济问题平添了很大的难度，不可以简单地一概而论。可以在运输业中找到很多存在规模经济的例子（例如公路零担运输需要组织较大的车队和在较大的网络内通过沿途接卸和轴辐式中转的结合提供服务），同时也可以找到大量不具有规模经济的例证（如个体运货卡车和船户、个体出租车等）。

而运输业范围经济的存在使得其规模经济概念的把握更加困难。前面已经提到运输产品及其计量上的复杂性，另外在通常情况下，运输基础设施特别是运行线路往往需要客货运混用，例如铁路客货运公司利用同个铁路网络，同时提供客货运服务并生产出多种客运和货运产品，一般要比分别建立两个各自拥有客货运专线的铁路公司分别进行客货运的成本要低。虽然同时从事客货运输也会导致一定程度的范围不经济，其原因在于线路上开行了速度不同的列车，导致能力损失和出现拥挤现象等，因此在运量特别巨大的铁路上有可能增建客运专线，但符合这种条件（例如客货运输密度已分别超过 7000万吨和 5000 万人次）的情况应该是很少的。又比如，尽管公路客货车辆对路面厚度等的不同要求会导致公路造价的差别，但世界上单独修建供客车或货车行驶的公路似乎也很少，因为双方的车流密度往往都达不到把公路分开建的要求。可以看出，即使是在同一运输线路上被运送，甚至就在同一部载运工具上的旅客和货物，也会对应着很多不同的运输产品。因此运输业在很大程度上也是存在范围经济的，产生范围经济的一个主要原因是设施和设备的共同使用可更充分地发挥效率，从而降低运输成本。如果不考虑运输服务质量上的差别，对运输产品可以根据客货运、货运中的不同货种、同类货物不同的运送时间等进行分类，可以看出几乎每一个特定的位移都是一个特殊的运输产品。运输业就是这样一个提供极端多样化产品的特殊行业，同样的运输位移可以由不同的运输行业（即不同运输方式）分别提供，而每一个运输行业和运输企业常常又都面对着不同的运输市场。

三、公路运输供给的影响因素

（一）运输价格

运输服务的价格（简称运价）是影响运输供给的最重要的因素。在其他因素不变的情况下，商品价格与供给量呈同增同减的变动关系。但由于运输业的商品价格在许多运输对象和运输范围内受到政府的严格管制，使得对于运输供给弹性的实证分析变得较为复杂。运输供给的价格弹性是指在其他条件不变的情况下，运价变动所引起的供给量变动的灵敏程度，运输供给的弹性系数 E_{st} 为：

E_{st}= 运输供给量变动的百分比 / 运输价格变动的百分比

当 $E_{st} > 1$，我们说运输供给是富有弹性的；

当 $E_{st} < 1$，我们说运输供给是缺乏弹性的；

当 $E_{st}=1$，我们说运输供给是单位弹性的。

影响供给弹性的因素主要有如下几方面：

（1）运输成本。运输业提供一定运量所要求的运价，取决于运输成本。如果成本随运量变化而变化的幅度大，则供给曲线比较陡，因而供给就缺乏弹性；反之则富于弹性。

（2）调整产量的难易程度。通常讲，能够根据价格的变动灵活调整产品产量的产业，其供给的价格弹性就大；反之，难于调整的，其供给弹性就小。

（3）考查时间的长短。时间因素对于供给弹性来说，比对需求弹性可能更为重要。时间越长，供给就越有弹性；时间越短，供给就越缺乏弹性。

（二）公路运输成本

考察运输供给决定因素的基本点在于，运输供给者提供运输服务为的是利润，而不是乐趣或博爱。因此，决定运输供给的一个关键因素便是运输成本。相对于运输市场价格而言，当某种运输服务的成本比较低时，运输供给者大量提供该运输服务就会有利可图；当运输成本相对于市场价格而言比较高的时候，运输供给者就会提供比较少的服务数量，而转向其他地区甚至退出该行业。运输成本的影响因素很多，但主要取决于投入品价格和技术进步。劳动、能源或设备等投入品的价格显然会对既定产出水平的运输成本产生重大的影响。比如，20 世纪 70 年代石油价格急剧攀升，加大了运输供给者的能源开销，从而导致了运输成本的增加，致使运输供给者降低了供给。另一个同样重要的决定因素是技术进步，即降低提供同样运输服务所需的投入品数量。这种进步包括从应用科学突破到现有技术的更新与挖掘，或者仅仅是生产流程的重新组织。例如，近10多年来，运输工具的制造越来越富有效率，今天生产一辆普通小汽车所需花费的劳动时间可能远远低于10年前的情况。这种技术进步使得汽车制造商可以在相同成本下生产更多的汽车。另外举个例子，若电子商务可以让运输业者更方便地获取货源信息，那么，这种进步同样也会提高运输的效率并降低运输成本。

（三）相关物品或服务的价格

运输成本并非运输供给曲线的唯一决定因素，运输供给也受相关物品价格的影响，特别是那些能够轻易地进行替代的相关物品的价格。比如，汽车公司通常会制造不同类型的汽车，如果一种类型的汽车需求增加而导致价格上升的话，它们就会将更多的生产线转向生产改种车型，如此一来，其他类型汽车的供给就会下降；如果卡车的需求和价格上升，整个公司就会更多地转向生产卡车，进而降低轿车的供给。

（四）政府政策

出于环境、能源或安全等方面的考虑，政府会鼓励或限制某些运输形式，而税收和财政补贴会影响运输投入品的价格。政府的运输管制对于竞争企业的数量和它们的运输产品价格都会产生影响。

（五）特殊因素

最后，一些特殊因素也会影响运输供给。气候条件对公路运输和航空运输有着重要的影响，而对未来政府政策和市场状况的预期通常也会对运输供给决策产生重大的影响。如果运输企业对未来的经济持乐观态度，则会增加供给；如果企业对未来的经济持悲观态度，则可能减少供给。

第二节　运输成本

一、运输成本概述

（一）运输成本与运输供给

经济学分析中需求与供给是一对相互联系的概念，但是在实际经济分析中成本概念有时比供给的意义更重要。这是因为任何厂商或产业都有自己特定的成本曲线，而它们在市场上的供给曲线只不过是其成本曲线的一部分，对运输业者和运输行业来说也是这样。因此可以说，如果我们比较好地理解了运输成本，就自然理解了运输供给。

学习经济学时要切记的一个重要原则是：资源是稀缺的。这就意味着每次我们采用一种方法使用资源时，我们就放弃了用其他方法利用该资源的机会。这在我们的日常生活中很常见，我们必须决定如何使用有限的时间和收入。我们是否应该参加明天的旅游活动？应当周末去外地旅行还是去买一辆新的自行车？我们应当打的还是挤公交？

（二）运输的机会成本

这里的每一个例子中，做出决定实际上都会使我们失去做其他事的机会。失去的选择被称为机会成本。机会成本（opportunity cost）与通常意义上的会计成本不是同一个概念，它不一定是做某件事的时候实际发生的账面费用支出，而更多的是指为了做这件事而不得不放弃做其他事而在观念上的一种代价；使用一种资源的机会成本是指把该资源投入某一特定用途所放弃的在其他用途中所能获得的最大利益。在运转良好的市场上，当所有成本都包括进来时，价格等于机会成本。在分析发生于市场之外的交易时，机会成本的概念显得尤其重要。

运输经济学中所使用的成本概念也应该是机会成本。例如，无论是土地还是其他自然资源，也不论是劳动力还是资金，且被用于某种运输设施建设或运输服务，就不能同时用于其他产品的生产或提供其他服务，因此选择了资源在运输方面的使用机会就意味着放弃了其他可能获得利益的机会。更进一步地说，避免更大损失也是把握机会成本概念的重要方面，"两害相权取其轻"的说法早就清楚地刻画了人们在这方面对机会成本的理解，因此机会成本还可以有一个补充定义："在作出希望使损害最小的某种选择时，如果不做该选择可能会遭受的更大损害，就是该项选择所要避免的机会成本。"

那么，是否所有的机会成本都表现在企业的损益表（也称利润表，是反映企业在一定期间的经营成果及其分配情况的报表）这样明显的地方呢？不一定。有一些重要的机会成本通常并不出现在损益表中，例如：在许多小的运输企业中，业者可能投入了许多无偿的时间，但并没有被包含在成本之中；企业账户不会涉及其所有者自有资金的资本费用；当企业把有毒气体排放到大气中时，它们也没有承担由此引起的环境污染费用。但是，从经济学的观点来看，这些对于经济都是真实的成本。让我们以一辆卡车的车主为例来说明机会成本的概念。该车主自己驾车进行运营，他每周投入 60 个小时，而并不领取"工资"。在年末，他获得了 20000 元的利润。这对于一个个体卡车车主来说是不错的收入。果真是这样吗？未必。我们还必须把车主失去的劳动机会作为成本来计算。通过考察，我们发现，这位车主能够找到一份相似的、同样有趣的工作，他为别人打工能获得每年 30000 元的收入。这就代表了机会成本或所放弃的收益，因为该车主决定去当没有工资的个体运输户的老板，而不是为其他公司工作而领取工资。因此，他表面上得到了 20000 元 / 年的利润，实际上减掉 30000 元 / 年的劳动机会成本后，还净亏损 10000 元。结果是，尽管账面数字认为该个体运输户在经济上是可行的，但是，经济学家却会判定，该企业实际上是亏损的。

我们在运输活动中也可以找到很多这样的例证，例如由于不正确的投资决策造成某些运输设施经营严重亏损，投资回收已不可能，那么是应该废弃已经建成的运输设施，还是维持该设施的运营并使损失尽可能减少呢，这也需要用机会成本去进行分析和权衡。又如，私人小汽车拥有者自己开车出行，所导致的直接费用（如燃油费）可能并不大，但除此之外他还要付出一些代价，如交通拥堵及停车引起的时间损失等，而时间也是有价值的，因此，私人交通领域也不仅仅考虑的是实际发生的费用，机会成本同样是人们选择或决策的主要依据。当然，由于机会成本通常不能用会计成本直接代替，而机会成本本身又不容易准确地进行计算，因此如何准确把握机会成本有时会成为一个比较困难的问题。例如，在图书馆看书学习还是享受电视剧带来的快乐之间进行选择，此时的机会成本就很难用货币来衡量。

（三）机会成本的衡量方法

在运输经济分析中有两个相对实用的机会成本衡量方法，即利用隐含成本和影子价格的概念。所谓隐含成本（implicit cost）是指厂商使用自己所拥有的生产要素，由于在形式上没有发生明显的货币支付，故称为隐含成本。例如，运输业者或运输企业自己在拥有固定运输设施或运输工具的情况下，从事运输时似乎并不需要支付相应的利息和租金等。这部分支出在形式上虽然没有发生，但这并不等于没有机会成本，因为他们当时建设或购置这些财产的时候是付了钱的，这些钱若存在银行可以获得利息，如果投资在其他领域也可以获得利润，而假如运输业者或运输企业租用运输设施或运输工具从事运输则无疑需要付出租金。因此计算隐含成本是大体把握运输企业使用自有财产机会成本的一个替代方法。影子价格是一种以数学形式表述的反映资源在得到最佳使用时的价格，主要应用在投入使用的生产要素的账面成本与这些要素现实在市场上的价格有差别的情况下。

例如，运输业者或运输企业原来储存的燃油与现实的燃油市场价格有了较大不同，或所拥有的土地及其他财产也由于时间和其他条件变化产生了价值的增减，这就需要把有关生产要素放到开放的要素市场中去进行重新估价，用当前的市场价格修正账面会计成本。

二、基本的运输成本概念

（一）总成本、固定成本和可变成本

1. 总成本

总成本（total cost，TC）是指在一定时期内（财务、经济评价中按年计算），运输供给者提供某种运输服务（运输服务产出即运输量用 q 表示）而发生的总耗费。通过总成本的计算和分析，可以了解掌握计算期的总支出，将总成本与收入、利润、净利润等比较，能获得有意义的分析指标。观察表 2-1 的第 1 列和第 4 列，TC 随着 q 的上升而上升。这是很自然的，要得到更多的运输服务必须使用更多的劳动和其他投入，增加生产要素便会引起货币成本的增加。

表 2-1　固定成本、可变成本和总成本

运输量 q（吨千米）	固定成本 FC（元）	可变成本 VC（元）	总成本 TC（元）
0	55	0	55
1	55	30	85
2	55	55	110
3	55	75	130
4	55	105	160
5	55	155	210
6	55	225	280

2. 固定成本

表 2-1 第 2 列和第 3 列将总成本区分为两部分：总的固定成本和总的可变成本。

什么是企业的固定成本（fixed cost，FC）呢？有时，固定成本亦称为"固定开销"。它由许多部分构成，如公路的建设费用、车站和码头的租金根据合同支付的设备费，债务的利息支付、长期工作人员的薪水，等等。即便运输供给者的运输量为零，它也必须支付这些开支；而且，如果运输量发生变化，这些开支也不会改变。

3. 可变成本

表 2-1 的第 3 列显示的是可变成本。可变成本（variable cost，VC）是随着产出水平的变化而变化的那些成本。它包括：提供运输服务所需要的原料（如汽车行驶所需更换的轮胎）、为运输站场配置的搬运工、进行运输所需的能源，等等。在一个运输站场中，搬运工是可变成本，由于站场主管可以较轻易地调整搬运工的数量和工作时间来适应站场中的车流量。根据定义，当 q 为零时，VC 的起始值为零。它是 TC 中随着产量增加而增加的部分。实际上，在任何两个产量之间，TC 的变化量就是 VC 的变化量，因为 FC 的数值一直不变。

根据上述定义，总成本等于固定成本加可变成本：

$$TC=FC+VC$$

（二）边际成本

在经济学各领域中，边际成本是最重要的概念之一。边际成本（marginal cost，MC）表示由于多生产 1 单位产出或多提供 1 单位运输服务而增加的成本。

有时，多生产 1 单位产出的边际成本可能非常低。比如，对于一架有空位的客机，增加一个旅客的边际成本可能是微不足道的，几乎不需要增加任何资本（飞机）或劳动（飞行员和空中服务人员）。而在其他例子中，边际成本也可能会很高。以铁路运输系统为例，在正常情况下，它可以用最低的成本或最高的效率提供足够的运输服务，但在春运期间，当客运需求变得巨大的时候，铁路部门将不得不启用系统中那些陈旧的、高成本而又低效率的机车和车皮，这会致使所增加运输服务的边际成本非常高昂。

在经济学中，边际成本一般被定义为增加额外一单位产量的成本增加额。在运输经济学中，边际成本是用增加的吨千米或人千米数去除新增运输服务所增加的运输成本，然而吨千米或人千米仅仅是运输产品的一类计量单位，并不是实际的运输产品，一位旅客随飞机在空中飞行一千米距离与他的整个旅程有很大差别，因此这样定义的边际运输成本就可能与一般经济学发生偏差，以吨千米或人千米计算的边际成本仍然带有某种平均的性质。

于是，在运输成本分析中还可以使用增量成本的概念。对于增量成本，有学者将其定义为新增加的运输服务引起的成本增加，它与边际成本的主要区别在于衡量增加的产出量是单个运输对象的全程位移。举个例子，假设其他因素不变，在有空座的航班上增加一人，并不需要为这一增加的客流加开航班，新增的成本几乎只是该旅客的机场建设费用。这就是在假定系统其他条件不变情况下新增旅客的增量成本。

三、运输成本计算的复杂性

（一）铁路运输成本

相对于其他运输方式，铁路单批量运输成本的计算可能是最复杂的。例如为了准确计算一批货物的运输成本，研究人员需要用很长的篇幅来描述有关铁路线方面和列车运行方面的各种支出，他需要弄清列车长度运行速度、线路等级、运输密度运行时间、列车是否晚点、车辆的利用率以及所有沿途车站和编组场的情况等等，这比使用卡车运送同样货物的成本计算要复杂得多，实际上这件事几乎无法做到。另外，回空车的存在更增加了问题的复杂性。铁路货车在装运货物从始发地运到目的地卸车之后，往往需要改变地点甚至返回原始发地才能再次装车。如果能马上利用这些卸空车装载货物，那么这些新重车的运行比空车运行只增加很少运输成本；但如果卸空车不能被利用，那么回空车的运行成本就应该计算在上一次（或下一次）装车的货物运输成本之内。回空车还不是单批量运输成本有异于平均运输成本的唯一原因，单批运量在燃料和人工消耗上的差别还要取决于其所使用的不同车型和是否需要其他特殊设备，取决于其所在列车编成的长短，取决于运输线路的坡度和线路质量，取决于运输途中需要经过几次列车的编解作业，取决于线路和编组场上的拥挤程度，取决于该种货物的运输是否存在特殊的管制要求，等等。因此，有人估计准确计算某批货物铁路运输成本所需要花费的开支甚至会超过运送那批货物的开支。

（二）公共交通工具的运输成本

公共交通系统包括地铁轻轨、公共汽车、有轨及无轨电车、小公共汽车、出租汽车和轮渡船等等。公交车辆根据使用年限计算的折旧费应该是车辆拥有成本的重要组成部分，但要想准确计算公交车辆的成本，还应该考虑与这些车辆相联系的机会成本以及当这些车辆不使用时可以节约的维修成本。但是，这些有关数字很难从公布的数据中得到，而且由于基本上不存在公交车辆的旧车市场，因此很难估计有关的价格水平。城市公交车辆拥有成本计算不清还有政府补贴因素的影响。在很多城市，公交的票价收入都不够弥补运营成本，因此通常还需要政府给予财政补贴。由于公交车辆的资本成本中政府补贴占的比重很大，要按照市场价值计算其机会成本就很难。此外，由于很多城市公交车辆是政府购买的，因此其折旧和还贷支出也没有算作车辆的拥有成本。最后，运输方式之间的成本对比应该做到成本项目一致，但城市公交的成本计算却很少把乘客乘车所耗费的时间价值计算进去。基本上没有任何一种城市公交的运营不包含上述因素，因此对其运输成本的计算需要进行某种程度的调整。

（三）卡车运输成本

卡车运输种类繁多，而且很大一部分卡车是由货主自备用来提供自我服务的，例如农、林、矿业自备车辆。但运输经济界大多更关注营业性卡车的运输成本问题，并总是假设企业自备卡车的运输成本与受雇卡车大体相同，其中的原因部分是因为后者的数据资料相对比较容易获得。营业性卡车的运输成本结构取决于卡车的类型和运输服务的类型。其中，运输服务可分为整车运输和零担运输两种类型，它们的运输成本结构也存在着明显差别。由于整车运输企业一般不需要自己的货场和中转设施，因此其车辆在全部财产和费用开支中都占很大比重，而运营成本主要由人力费和燃油费组成，也包括一些车辆维护和保险费用；这正好与零担运输企业的情况相反，后者恰恰需要专用的场站设施以便集散及配装许多来源和去向都不同的小批量货物，因此其场站设施与人工费用的比重会大些，而运输车辆开支的比重则相应小些。

人们不大愿意在卡车运输成本的计算上花费太多精力，原因在于：

①对于整车运输来说，每一趟出车的开支是明摆着的，唯有一些回程车费用处理的麻烦。而且，整车运输市场的高度竞争性也使得运价水平不可能大大高出其成本，由于很多整车运输的货物价值较低，运价即使只上升很小的幅度都可能导致托运人的利润化为乌有，因此运输需求的价格弹性相对较高。卡车被用来在公路上运货，普通看起来相差不大，但实际上公路货运从使用设备和所提供的服务分析，可能是差异性最大的运输形式。

②而对于零担运输而言，成本计算又可能太过复杂了一点，与铁路十分类似，零担公路货运的网络结构同样会导致幅员经济和密度经济问题。整车货运是直接把货物从发运人处运到收货人处，而典型的零担运输过程却包括：先用短程车辆从多个发运人处收集终到地不同的各种货物，然后在地区中心配载到长途车辆上，再由这些长途车辆运至终到地附近的地区中心，最后才由当地的短程车辆送到收货人处。有时货物需要在地区中心存储若干时间，以便使到另一个地区中心的货物可以充分利用一辆大型长途货车的运力。假如一家零担运输公司并不是同时服务于货物的发送地和收达地，那就还需要与另一家零担公司联运，而这往往导致更长的运送时间。零担运输公司除了要拥有并运营

车辆，还必须拥有并经营货场或货物中转站而相对于车辆而言，货场或货物中转站的用工和费用更多。而且，零担运输成本对零担运价的确定又并不是决定性的，由于零担货物一般自身价值较高，运价只在整个货物价格中占很小的一部分，其销售的市场范围又往往很大，所以运价的变化即使较高也不会对货主的生产与销售造成太大影响。补充一句，民航固定航班服务的成本结构与公路货运中的零担运输十分相似，而航空业中与公路整车货运相近的是包机服务。

第三节　运输的外部性

一、外部性概述

（一）外部性的概念

1. 外部性的界定

在经济学中，有关外部性的定义很多，"外部经济""外部效应""外部影响""外在性""外溢效应"等概念是各个时期"外部性"的不同称谓。从形式上说，当一个经济主体的行为对另一经济主体的福利产生了效果，而这种效果并没有从货币上或市场交易中反映出来，就产生了外部性。因此，从与市场的关系来看，外部性是未被市场交易包括在内的额外成本及收益统称（若外部性被纳入市场交易，我们称为"内部化"了）。外部性必须满足四个条件：①外部性不能单纯是某种物质影响，而必须是某种福利影响的效应；②产生外部性的主体必须是个人或集团人群，或处于人的控制之下的事物，受影响的一方也必须是人或人所拥有的事物；③外部性造成的福利影响，无论是利益还是损失，都是不支付代价的；④外部性通常是一种经济活动的副作用，带有偶然性与附随性，而不是一种经济活动的主导的和有意识造成的影响。

2. 外部性的分类

实际上，在经济学100多年的研究历程中，关于外部性的概念不但没有统一反而存在散化的趋势，人们的观点也同样存在很大的差异。有的以外部性是否为正将其分为"外部效益"（或"社会效益"）与"外部成本"（或"社会成本"）；有的以经济实体（企业或物品供给者）和个体为界划分内部性（内部经济）和外部性（外部经济）；有以群体（代际）为界划分内部性和外部性的；有以系统（以一项买卖交易活动的双方为一个系统）或交易活动为界划分内部性和外部性的；还有的以外部性产生原因为研究对象将外部性界定为制度外部性作为制度变迁和政府干预的解释工具。不过，以上各派大多倾向以"市场"为界划分内部性和外部性，就是能够通过市场机制或价格机制内部化的都属于内部性，这部分外部性又可称为经济外部性，而不能够通过市场机制和价格机制内部化的是真正的外部性，即技术外部性。可见，外部性与内部性的界限是多样化的，物理界限（以"账户"为界）和观念界限（以"市场机制"为界）混合存在，从而导致外部性边界也是不确定的。许多学者在分析外部性时同时使用两种以上的划分依据，这是造成外部性研究观点纷争且往往争论无果的主要原因之。

3. 经济外部性和技术外部性

这两种外部性的表面区别是：当技术外部性出现在生产（或消费）中时，它们必须表现在生产（或效用）函数中，而经济外部性就不是这样。比如说，当家企业的成本受其他厂商在生产要素买卖中的行为所引起价格变动的影响时，就产生了经济外部性效应。举个能有助于说明这一问题的例子。一条新高速公路可能阻塞或破坏一个地区居民以前享受的美景，这一直接进入居民效用函数的事实就意味着它是技术的外部性。

如果这条新高速公路还把当地修车厂经营的业务转移到高速公路服务站那么修车厂主收入的减少就是一种经济外部性，因为这一后果是间接的，也就是通过两个企业所收取的价格的变化引起的。

由于这两种外部性通常是同时发生的，加之这两者的区别似乎很小，因此常被人们忽略。但实际上，他们之间存在很重要的区别。技术外部性是真实的资源成本（即"真正的外部性"），如果决策时要确保得到最佳效率，就应该仔细考虑资源成本。总体来说，经济外部性不涉及资源成本（因此又被称为"假外部性"），但它们通常具有重要的分配意义（比如在高速公路例中，招致服务站得益而修车厂受损失）。存在与项目有关的经济外部性这一事实，并不会减少总的净收益，但却表明在整个经济中存在调节，这种调节影响谁得收益谁受损失，因此在评估公共运输投资时，区别技术外部性和经济外部性具有重要意义，因为人们关心的除投资总水平外，还要关心成本和收益的发生方式。

4. 纯拥挤与纯污染

传统的福利经济学根据所涉及对象的不同类型来区分各种各样的外部性类别，有学者提出了一种简单的两分法，在运输领域内它可能比某些复杂的分类方法更加有用；纯污染——"损人利己"。一些使用者确实滥用生活环境而成为污染者；而另一些人成为这种滥用的相对被动的受害者。例如，对于喷气式飞机发出噪声，机场附近的家庭主妇们不得不忍受它。纯拥挤——"损人不利己"。如果公路交通是拥挤的典型例子，那么与之相关的人与人之间的主要分配事实就是，所有的使用者都以完全相同的方式使用生活环境（公共物品）。每个人都在破坏他人和自己的服务质量，对自己和他人破坏的比率对所有使用者来说大致相同。全体使用者由于他们自己施加的相互作用而均匀地遭受损失。

（二）外部性产生的原因

很多空气污染属于外部性，因为市场机制无法对污染者提供适当的限制。厂商们既不会自愿地减少有毒化学物质的排放，也不会改变将有毒的废物排向社会的行为。那么，为什么像污染这样的外部性会导致经济的无效率呢？假设有一个位于城市里的繁忙的公交始末站—车辆怠速与频繁进出会制造大量的噪声与尾气，办公楼因此需要安装隔音门窗并定期粉刷，同时工作人员的医疗费用也会增加。尽管如此，损害的主要影响对车站来说还是"外部的"，它影响的是整个周边的地区，给植被和建筑物都带来问题，致使附近居民备受噪声困扰，甚至患上多种呼吸道疾病等一系列问题。

作为一家健全的以利润最大化为目标的企业，公交公司必须决定车辆应该排放多少污染物。若对车辆的污染状况置之不理，则它的工作人员、车辆和办公楼都将遭殃。另一方面，如果对进出车辆所排放的每1单位废气和每1单位噪声都加以清除的话，则需要付出沉重的代价—公交车换装使用天然气甚至电力驱动的发动机之类。完全彻底的净化费用肯定太大，足以让公交公司无法在竞争市场上生存。于是该公司的经理会选择一个均衡水平以减少污染。在该水平，公交始末站从多净化1单位污染或"污染减少1单位"（私人的边际收益）中所获得的效益，正好等于多"减少1单位污染"所增加的成本（净化的边际成本）。在这个水平上，公司的私人边际收益正好等于净化污物的私人边际成本。

（三）符合社会效率要求的污染

在私人控污决策缺乏效率的条件下，能否找出更好的解决办法呢？是否应该彻底禁止污染呢？是否应让受害者与制造污染者谈判或对污染者起诉呢？是否存在一种可操作的解决办法呢？一般，经济学家们通过平衡社会成本和收益的办法来确定符合社会效率标准的污染水平。更精确地说，效率是指控污的社会边际收益等于控污的社会边际成本。在这个水平上，减少1单位的污染所增加的国民健康和财产的边际收益正好等于相应的减少1单位污染的边际成本。那么有效的污染水平该怎样确定呢？经济学家提供了一种方法叫作成本—收益分析，效率水平由一种行为的边际成本和边际收益的均衡来决定。当边际成本等于边际收益的时候，经济行为的结果是最有效率的。同时，成本—收益分析说明了为什么"无风险"或"零排放"政策通常是很浪费的。将污染降低到零将会使控污成本上升为一个天文数字，而减少最后几克的污染物所带来的边际收益却少得可怜。而在有些情况下，要达到持续零排放几乎是不可能的。换句话说，按照零风险原则，机场、公交始末站就应当关闭，所有的汽车交通也应当被禁止。现实中通常的情况是，经济效益要求达成一个折中方案，即产业的额外产出的价值正好同额外污染的损失相均衡。

二、运输的外部性分析

由于研究目的的不同，对于运输的外部性有着不同的分类。如根据外部性的不同性质，可以分为运输外部经济和运输外部不经济；根据不同的运输方式，可以分为铁路运输外部性、公路运输外部性和航空运输外部性等；根据具体的内容，可以分为环境污染（如大气污染、水污染、噪声污染等）、交通拥挤、交通事故等；按照运输外部性产生的不同原因，可以分为运输活动产生的外部性运输基础设施存在而产生的外部性等。由于视角与界定范围的差异，在讨论运输的外部性时存在着很多争议。

（一）运输基础设施产生的外部性

运输设施供给的外部性可以分为正外部性和负外部性，正外部性通常也是政府作为运输设施供给者的主要原因：①运输设施通常用于公共服务，例如基本的社会沟通、军事目的以及其他社会目的；②运输设施有助于促进边远和不发达地区的发展，有利于平衡地区间的收入分配；③可以通过系统的运输网络规划实现国家开发利用能源的目的。而运输设施供给的负外部性则包括：①土壤和水污染，土地表面风化；②生物圈、生态多样化和自然栖息地受到干扰；③人类沟通被隔离；④视觉障碍。

对于上述观点的主要争论集中于正外部性，认为当供给者身份不同时其能否作为外部性是存在差异的，如果供给者是政府，那么上述三个方面的正外部性是政府决策该运输项目必须考虑的内部效益，也是该运输项目得以建设的主要需求源，特别是其已经在该运输项目费用效益分析时计算在内了，如果仍然将其算作外部性则属于重复计算。但是如果运输基础设施的供给者是私人，那么问题就不一样了，由于私人仅仅考虑该项目所能带给他的私人收益和私人成本，而上述正外部性并不能纳入该私人供给者账户，因此是外部性。

（二）运输活动产生的外部性

运输设施使用的外部性也包括正外部性和负外部性。关于运输设施使用的正外部性存在两类截然不同的观点：一种认为人们选择该种运输方式的原因是可通达性提高和成本降低（时间节约等），这些可以在费用效益分析中考虑，因此运输设施使用不存在正外部性。另一种相反的观点则是比较笼统的，将运输设施产生的新的消费和新型物流组织均计入其正的外部性。最近又有观点认为，运输设施使用的正外部性是显著的，可以分为金钱正外部性和技术正外部性。金钱正外部性是指因运输成本降低导致的劳动力市场扩大、产品市场扩大、智力投资、想象力和自信开发领土、支付效益以及降低医院成本等；而技术正外部性主要是指由于运输设施提供了便捷快速的运送病人的条件而使病人减少的痛苦和伤残程度。

运输设施使用的负外部性主要有四个层面：

一是交通拥挤所带来的额外时间和运营成本，即拥挤成本。关于拥挤成本是否是运输设施使用的负外部性，持不同划分界限观点的人给出的答案是不同的，如果以供给者"账户"为界，则交通拥挤成本部分由供给者承担，一部分由使用者承担，前者无疑是"账户"内的，不构成外部性，而后者则是"账户"以外的，可以算作负外部性；如果以运输产品交易系统为界，在不考虑拥挤带来的大气污染等因素的前提下，拥挤成本分别由交易活动的双方（供给者和使用者）分担，虽然分担比例因运输产品交易契约安排的不同而有所差异，但仅是系统内的现金流转移，属于系统内部性。关于拥挤成本属于内部性的观点由以"市场机制或价格机制"为界限划分外部性的派别重新解释为，过度拥挤的运输设施并不是公共物品，而是俱乐部物品，其已经具有了私人物品的主要特征。因此，其配置可以通过市场法则组织，无论是谁（政府或私人）供给运输设施，都可以根据拥挤程度和支付意愿征收不同的使用费，这样拥挤外部性就消失了。

二是运输设施供给中没有涵盖的费用，即纳税人与使用者的现金流错位。这种观点的主要理论依据是，运输设施通常是由政府供给，政府资金来自纳税人，因此，纳税人是真正的供给者。然而使用运输设施的人群仅是纳税人中的一部分，甚至一些没有履行纳税义务的人，这样使用者无意中将一部分使用费用转嫁给了那些没有参与运输活动的纳税人，即第三群体，使他们无意中受到影响，这种现金流的错位部分就构成负外部性。但是新的相反的观点认为，运输设施投资决策是由纳税人的代表国家做出的，存在这种错位可以事先预料；或者如果运输设施建设的基本目的不是经济性的而是为了改善社会条件，那么这部分费用应该被看作是公众的自愿负担，而不是外部影响，即不是负外部性。三是与运输活动相关的环境影响，包括噪声、大气污染、气候变化、邻里之间交流割断、水和土壤污染以及运输设施运营带来的不舒适感和损害等。

四是交通事故造成的人力资源损失，这里的运输负外部性即事故成本主要表现为交通事故造成人员伤亡的损失，其具体计算公式为：

事故成本 = 人员伤亡损失额 – 意外伤害保险偿付额等

三、运输外部成本的评估与量化

（一）外部成本计量的复杂性

很少有人会怀疑未受污染的环境对人类来说很重要，有效的管制通常都要求管制者能够确定外部性影响的货币价值。比如，如果污染排放费能根据社会边际成本和社会边际收益来确定，则我们显然就必须计算出污染的社会危害。如果受影响的是市场物品和服务的话，则危害的测量相应地也就会比较直接；若新建一条马路需要拆掉某些人的房子，则我们也可以计算出替代住所的市场价值。

但是，计量非市场部分的价值确实是一个难题，运输外部性研究的主要问题就源于许多损失无法在市场上标价。困难首先在于其影响的角度和范围可能是非常多非常大的。许多运输外部成本都是直接对周围产生影响的，例如拥挤噪声振动和引起人们呼吸和视觉障碍的排放物等，但也有一些外部影响会在较长时间以后才反映出来，例如污染物对人体的其他有害影响、某些污染物对当地植物或建筑物的损害等。在国家级或跨地区的层次上，些污染物包括引起酸雨的氮氧化物和硫等气体，对水体的污染等，会在相当大的范围内扩散，危害远离污染排放地点的林地和湖泊，但这种作用一般需要一定的时间和累积，往往不是立即就出现的。特别是大量二氧化碳的排放会引起温室效应，改变全球气候，加快荒漠化和海平面的上升，氟利昂等有害物质的过度使用则破坏大气中的臭氧层，这些都是更为长期和更大范围的影响。运输外部成本这种在多时空层次上的多样化影响，使得对这些影响的评估和币值计算变得十分复杂，而且必然增大了有关政策制定的难度。目前运输外部性的评估方法通常只局限于在较低的区域级层次上使用，对于跨地区或国家级层次的评价或计算，这些方法已经很难适应。

运输外部性币值计量的另一个重大难点是，物理性的外部影响与其货币估价之间的联系在很多情况下并不是直接的，例如计算汽车排放氮氧化物（NO_x）对林业造成的影响，就要从测量特定时间和特定地域的 NOx 排放量开始，到测定这些 NOx 对一定时期内环境所造成的影响，再到测定有关地区内林木因此而遭受的损害程度，最后才是对林木损失价值的估计。在很多情况下，人们对其中每一种联系的理解都很模糊，因此有时要衡量某外部性的物理或生化影响本身都很困难，更不用说对其进行价值估计了。在这方面如果再把很多外部性通常具有显著的非线性特征，以及在很多变化或影响过程中会出现的关节点和临界阈值，即从渐变转为突变考虑进去，问题就更复杂了。

（二）运输外部成本计量的方法

尽管存在着这些困难，计量运输活动造成的环境、拥挤或事故成本的方法，近年来还是取得了一定进展，有人把有关的方法大概分成了如下几类：

1. 判例法

之所以用历史判例来从某些方面估价环境的价值，主要理由是应在长时期内保持一致性。这方面的判例是对造成环境损害进行赔偿的法律裁决。这种方法虽然表面上具有吸引力，但具有严重的局限性。

虽然已有运输供应商，尤其是船运公司赔偿有害污染物泄漏的例子，但法律裁决主要应用于对交通事故中的伤亡的估价。这是因为判例只存在于已确立权利的地方，而这些权利很少扩展到环境方面。即便没有这个实际限制，这种方法的用处也受到多数法律体系性质的限制。法律一般适用于事故中的受害者（包括死者亲属）在他们余生中受照顾的需要。因此，在环境破坏造成死亡的地方，人们不考虑死者的"成本"。同样，对动植物的损害一般不在依法裁决赔偿之列。

2. 规避成本法

运输对环境的许多不利后果可以通过隔离加以减轻，此类隔离或规避的成本可用作对环境价值的评估。双层玻璃窗能减少噪声干扰，安装空调可以减少空气污染的不利影响，为运输基础设施和车辆采用更安全的工程设计标准能降低事故风险。

估计环境破坏成本的一种广为应用的方法是使该成本与规避成本相等。

主要问题在于难以从与其他利益有关的笼统支出中分离出为环境原因做出的特定支出，前者如安装双层玻璃（例如减少取暖费用等）或安装空调器（如降低温度）等。隔离噪声也只能是部分地隔离，当人在花园或窗户打开时就不能提供保护了。例如，从安全角度来看，航空业提供了非常安全的产品，但要支付巨大成本。就其所挽救的潜在生命而言，每一条生命的隐含价值要比在公路上挽救一条生命高很多，在公路运输中，人均安全支出要低很多。

3. 显示性偏好法／享乐价格法

在一些情况下，环境资源的消费者通过自身的行为，含蓄地显示他们对环境资源的估价。他们牺牲一些金钱利益作为交换来限制资源环境的使用或者获得一些环境利益。典型的例子就是人们愿意多付钱而住到远离喧嚣的机场、公路的地方，或者出高价住远离繁忙街道的旅馆房间。因此，交通震动、噪声和其他污染超过一定水平，就会使暴露在其影响下的有关住房等不动产价值遭受贬损，该方法就是根据住房等市场价格与环境质量方面的联系，推算交通污染所引起的环境成本。

4. 旅行成本法

新的运输基础设施会破坏以往无偿提供的休闲、娱乐场所，如公园、钓鱼台等。因而人们去这类场所享受自然乐趣，要花费可以计量的旅行成本，包括时间和金钱。可以利用这种信息来对此类设施的价值有所了解。

这一方法的主要用途是评估特定类型环境影响的价值，但在含多个环境因素和人们愿意对各种因素逐个评价就不大适用了。

5. 表述性偏好法

既定偏好法（在环境著作中称为偶然事件评价法）不是通过观察实际交换情况来给环境成本定值，而是力求从个人在遇到特殊情况时所做的交换中引出信息。使用的最广泛的方法是问卷调查法，即询问有关的一组人，如果发生预先明确的运输造成的环境破坏，他们需要什么补偿以保持现有的福利水平，或者他们愿意付出多少代价来阻止破坏的发生。问题设置在惯例范围内（以便利于表明设计哪些筹资方法），并且为了提供市场框架，询问者首先提出一个起始"标价"来开始调查，由答题者对此做出回答。所提问题必须细致地表述，以确保假设的交换清楚明了，并尽量使这种方法可能带来的问题减到最少。

这些评估方法各有自己的长处，也都存在着局限性。很难对所有不同的外部性影响都只使用同一种价值评估手段，因此可能会对不同的外部成本利用不同的定量计算方法，或者可能需要利用一种以上的评估方法。甚至对同一种外部成本，不同的分析人员或在不同的国家所使用的评估方法也不同，计算结论于是也存在很大差别。这里面当然也就产生了问题，就是以不同方式计算出来的运输外部性定量分析结果有时候很难进行简单的比较，也无法相加求和。例如，是否能把从规避研究得出的噪声污染价值和从既定偏好得出的空气污染价值相比较？所以，很多时候会导致人们对其真实程度的怀疑，并影响到其在实际中的应用。

举例来说，在阿拉斯加的威廉王子海峡，埃克森公司的瓦尔代兹号油轮的泄露污染了海滩，危害了野生动植物。海獭的生命究竟值多少钱？更有争议的还是人的生命，社会应当为减少空气污染所造成的疾病或缩短生命的影响支付多少美元呢？经济学家们已经找出了许多种方法，以计量无法直接用市场价格来显示的危害的价值。对于那些环境问题直接危害当事人的情形，计价是很容易的。被污染的河流湖泊会损害在那里钓鱼和游泳的人，失去娱乐机会的价值可以通过计算它的机会成本（人们愿意为类似的娱乐支付的价格）来衡量。但是海獭的价值是多少呢？大多数人从未见过海獭，就像从未见过威廉王子海峡一样。但他们还是愿意对这些自然资源的价值进行估量。有些环境经济学家用或发价值（contingent valuation）的概念来形容人们愿为假定的情形所支付的价格，例如，保护某些自然资源不受伤害。在瓦尔代兹号油轮泄露事件中，美国各地的人都接受了调查，用以发现未曾到过威廉王子海峡的人是如何评估保护并保存其原始环境的价值的。调查和评估的结论是，那场事故的成本为 30 亿美元。或发价值的方法有缺陷。批评者指出，由于人们被要求评判的是他们不懂或未经历过的事情，因此结论是不可靠的。这就如同问人们愿为月球上生产的绿奶酪付多少钱一样的荒谬。批评者还指出，因为人们无须真的掏钱，而且当他们说愿意为一个有价值的东西付很多假想的钱时往往感觉良好，因而他们的估价往往是出奇的高，但是可信度却并不很强。

第四节　运输企业

一、运输企业概述

（一）企业的概念

企业（enterprisc），一般是指在社会化大生产条件下，从事生产、流通与服务等经济活动的营利性组织。企业的概念反映了两层意思，一是经营性，即根据投入产出进行经济核算，获得超出投入的资金和财物的盈余，企业的经营的目的般是追求营利性；二是反映企业是具有一定经营性质的实体。可看出，企业基本上是属于一个经济概念，而不是法律概念。

20 世纪前半期，新古典理论把竞争性企业看作一个统一实体甚至仅仅是一个生产函数。而新制度经济学在分析企业的性质时，则主要强调两个方面：一是，一个企业涉及了与要素投入者之间的一系列长期契约关系；二是，企业用要素市场代替了产品市场并往往典型的用等级关系（hierarchical）代替了市场交换关系。

新制度经济学（new institutional economics）认为，当市场上的所有个体之间的交易成本大于他们组成个组织所产生的交易成本时，企业就出现了。他呈现为若干单个的市场个体组成一个合适的比较稳定的联盟。这些个体之间以比较详尽的契约来维护彼此的关系，以企业内的交易取代市场交易以便降低交易成本并且共同应对外部的风险，并且以一个整体的概念同外部进行联系，其实这就是一个企业。同时，理解企业的均衡规模的关键是，分析使用价格机制的成本（市场交易成本）和使用企业的成本（企业内的交易成本）。因为，当前者大于后者时，企业将习惯于在内部组织交易，其规模将增大；反之，企业将倾向于通过市场组织交易，其规模将缩小。

狭义的运输企业：是指以营利为目的，使用载运工具提供旅客或货物运输服务的企业。例如公路运输公司、航空公司、船运公司等等。广义的运输企业：是指以营利为目的，提供基础设施服务、运输组织服务或使用载运工具提供旅客或货物运输服务的企业。除了上述运输企业，还包括机场经营公司公路经营公司、码头经营公司等等。

（二）企业的性质

科斯在分析企业的性质时，从劳资关系入手，认为雇主—雇员关系是一种长期的、权威的契约关系，并认为企业可以通过"权威"配置资源来节约交易成本。阿尔钦与德姆塞茨虽然不同意科斯的企业比普通市场拥有更为优越的诸如命令、强制等权利，但赞同企业的本质是一种合约结构，提出企业所进行的是一种合作生产，在此过程中，客观上存在计量合作成员边际贡献的困难，由此必然产生具有外部性的机会主义行为。因此，他从降低交易成本和提高企业运营效率的角度，提出企业物质资本所有者必须组成一个专门从事监督合作成员行为的团体，并认为要提高这个团体的监督效率，则该团体必须拥有剩余索取权。资本、产权的社会化与有价证券等金融工具的发明，产生了公司制的企业制度结构。公司尤其是股份公司的出现，使企业产生了所有权与控制权的分离问题并由此而产生了代理问题。

在两权分离理论的基础上，德姆塞茨等人建立的代理经济学，从信息不对称的契约关系角度上，探讨了企业委托人和代理人之间如何进行企业所有权及风险配置，以及如何通过设计有效的绩效报酬来激励管理者从而使各代理人（主要是经理人）尽心工作。他们将代理理论、产权理论和金融理论的各种要素结合起来，建立了企业所有权理论。他们从企业的价值最大化规模、潜在控制和系统管理等角度分析了企业所有权的决定因素，探讨了公司证券所有权与控制权相分离具有较强生命力的原因。

交易成本理论的一个重要的突破是格罗斯曼、哈特、摩尔的"不完全合同理论"。这一理论认为，产权安排的重要性来自合同的不完全性。因为在制定合同时，人们不可能事先预料到未来所有可能出现的情况。即便预料到了，也由于成本太高而不能执行。所以对于合同中没有预料到的情况拥有决策控制的权力，就是所谓的"剩余控制权"。控制权只能通过对物质资产的控制才能实现，故其企业所有权又定义为物质资产控制权。至于控制权的配置反过来又影响事先的投资激励，无剩余控制权的一方由于担心事后的损失而会降低投资意愿。因此，控制权的分配和效率有密不可分的联系。

虽然目前对企业的准确定义仍没有定论，但正如张五常所说的，我们如何定义企业并不影响经济分析的目的，我们的关心点应该在于各种替代性契约形式的逻辑和不同经济契约所产生的经济结果。

二、运输企业的产权形式

（一）公路企业的产权形式

1. 公路企业

公路企业，是负责在长期内供给和管理具有一定质量属性的公路产品的经济组织，公路企业包括了由政府管理部门掌控的"政治性企业"。公路基础设施网络的主要经济特性之一是相互依赖性，公路网络效率的提高有赖于网络中各个主体（公路企业）的密切合作；并且，公路线路、桥梁等资产具有较高的沉没成本和较强的资产专用性。因此，公路企业之间所签订的契约一般都属于长期的关系性契约。同时，由于公路的准公共物品特性和公路企业的垄断能力，公路企业通常是政府管制的重点对象。从组织的角度讲，公路企业的组织边界也应该包括企业与政府的边界和企业与市场的边界两个方面。

研究公路产业这样的网络型产业，好像必然要涉及"管制问题"，政府的经济管制对公路企业的边界起到了重要的作用。我们可以将管制视为"管理性契约"。管理性契约主要确定的是企业与政府之间的契约关系，这种契约关系可以从三个方面来分析：第一，它确定了企业和政府的边界。市场经济条件下，公路企业从政企合一的组织形式向商业化经营的组织形式的转变，要求企业与政府之间的关系由政府直接经营转化为契约关系，从而确定企业与政府之间的边界。第二政府对公路企业的管制尤其是对其服务价格与服务质量的管制有可能对企业的激励产生重要的影响，从而改变公路企业的组织边界。第三，一些国家的反垄断法直接干预和限制了公路企业的组织边界。在市场经济条件下，公路企业的改革和重组需要确定政企分开和实行商业化经营的目标，从而使公路企业与政府的关系从行政隶属关系逐渐转化为一种经济契约关系，这已成为社会的共识。但是，究竟是什么因素或力量在推动着这种转变呢？仅仅是为了顺应社会性制度变革的大趋势吗？换个角度，如果将政府也视为一个"超级企业"，上述公路企业与政府关系的转变也可被认为是公路企业产权形式（所有制形式）的转变。

公路曾被认为是典型的处于公共部门（public sector）的经济商品。然而，一种资产处于公共部门的现象并不意味着它一定是被置于公共领域的。事实上，公共道路特别是高等级公路实际上往往并不是被作为公共财产（公共财产或共同财产主要来源于普通税费，即全社会成员均需交纳的税费，而不是使用者税费）来管理的。除了对一些交通工具的诸如安全性和重量、尺寸的特征进行限制外，道路利用者需要支付各种使用者费用和税收，例如车辆购置税、公路养路费路桥通行费等等。这里就牵涉到公路的"产权"问题。

2. 公路企业的产权

产权（property right）是一个社会所实施的选择一种经济品的使用的权利。一个产权的基本内容包括行动团体对资源的使用权与转让权，以及收入的享用权。它的权能是否完整，主要可以从所有者对它具有的排他性和可转让性来衡量。如果权利所有者对它所拥有的权利有排他的使用权、收入的独享权和自由的转让权，就称它所拥有的产权是完整的。如果这些方面的权能受到限制或禁止，就称为产权的残缺。经济学家们往往把所有权状况分为两类：全部拥有和不拥有，后者也被称为"共同财产"——即对其利用没有任何限制的财产。就目前的做法来看，处于政府控制之下的财产有时被称为"共同"财产，或者被看作处于"公共领域"中。但是，把这些财产看作是无主财产是不恰当的。路产从所有者角度可分为两类：私人路产与公共路产。私人路产的所有权属企业；公共路产的所有权属国家，代理国家行使路产所有权的是交通主管部门下的公路管理机构。

通常的观点认为，公路的供给可以采用国有产权共有产权（集体产权）和私有产权三种形式，其实质是将产权界定给了不同的行动团体——国家、共同体或特定的人。为了便于表述，本节将这三种产权形式进一步简化为国有（公有）与私有两种产权形式，对应的公路形式分别为"免费公路"和收费公路。这样分类的理由是，如果将中央政府视为一个"超级企业"的管理者，则可以将地方政府的行为类比为私人行为，将地方政府间的交易类比为市场交易。这样分类的好处是可以清晰地展现公路产权制度变迁的主要原因是"提供公路产品供给的有效激励"。

3. 公路的国有产权

新制度经济学认为，历史上，有三个方面的因素会引起像公路这样的重要资源成为一种公共财产：

（1）高额的排他性费用

相对于公路自身的价值，检测和度量道路使用者对公路使用的交易成本非常高昂，以至于界定这些公路产权的代价甚至超过了供给公路产品的收益，因此人们选择了免费提供这些公路的产权安排。

（2）对于分享型排他性权利行使的高额的内部治理费用

政府之所以在拥有所有权的条件下能够容忍像公路这样有价值的资源的租值耗散现象，原因之一也许是内部治理成本可能高得使任何规模的公路都不可能产生。

（3）政府自身的限制

政治上对于平等的考虑也许使这种强制开放资源的状况持久存在；缺乏运输业者的支持或许也是产生这一现象的原因；最后一个因素，是对于公路管理缺乏制度经验，这或许源于知识的不足。一直到20世纪90年代，我国的许多公路经济学家在研究公路运输中的制度性问题时，都没有想到应用交易成本和产权理论，众多庇古经济学教导出来的经济学家只知道用征税和补贴来减少私人与社会边际成本的差异。逐渐地，经济学家们开始注意到不同的经济规则下的激励和强制成本的差异，而且发现，制度创新可以降低建立对于公路资源排他性权利所需要的交易成本。

当公路为公有时，每个人都具有使用公路的权利。这种形式的所有制未能将任何人实施他的共有权利时所带来的成本集中于他身上，因此无法控制对公路的"过度使用"，带来效率上的损失。可以想象的是，如果谈判成本和监察成本为零，每个拥有这些权利的共同体成员"可能"都会同意降低在公路上的生产率。但很明显，谈判成本可能因许多人很难达成一个共同满意的协议而很高；即使所有人之间的协议能够达成，我们还必须考虑监察协议的成本，这些成本可能也很高。而且，在这一体制下不能将后代的全部预期收益和预期成本由现在的使用者来承担。因此，公路的公有产权导致了极大的"外部性"，较高的谈判和监察成本使得"使用财产需向他人付费"的体制无效，国家转而采用统一征收税费的方式（例如车购税、养路费）补偿公路成本并按照定的组织体制（类似于企业内部的组织）将资金投入至各路段，其中的问题在于存在较高的"转移损失"（转移损失包括征税的直接成本，因为征税而降低的工作激励、征税过程中的腐败，等等）。

从企业组织形式的角度看，在国有产权下，公路产品是由"政治性企业"（政治性企业，用以泛指由地方或全国性的政治单位拥有的组织，这些组织雇佣劳动力和购买原料投入品生产商品）供给的。虽然各种政治性企业的契约本质有很大差别，由此带来的成本和奖罚结构的差异意味着会有不同的经济结果，但是，它们有一个共同点，即，虽然人民大众是它们的最终集体拥有者；但其权利却是由国家（或共同体）所选择的代理人来行使。作为权利的使用者，由于该代理人对资源的使用与转让，以及最后成果的分配都不具有充分的权能，就使它对经济绩效和其他成员的监督的激励减低。而国家（或共同体）要对这些代理者进行充分监察的费用又极其高昂，再加上行使权力的实体往往为了追求其政治利益而偏离（社会）利润或福利这个最大化动机，它在选择其代理人时也具有从政治利益而非经济利益考虑的倾向，因而国有产权引起了很大的效率损失。进一步看，单个公民通常没有对政治性企业剩余收入的直接索取权（虽然剩余收入是正或负通过降低或提高税率能间接影响它们），除了脱离政治单位，它也不能转让它对企业的权利（和义务）。很多学者对政治性企业和私营企业的经济结果进行了比较研究，结果发现政治性企业的生产率一般要低于私营企业。政治性企业的管理部门不仅对削减成本的积极性不高，而且不如私营企业那样对能使企业价值最大化的价格战略大量投资，在某些情况下，假设不考虑质量因素，高成本确实能成为一个独立追求的目标。例如，当本地经营的一个项目得到国家资金的支持时，当地政府通过加大成本的办法多用国家的钱并不是没有道理，至少这样可以增加就业和扩大当地收入。

我们也应该注意到，许多政治性企业通常具有其明确的目标——以低于成本价的价格出售（公路）产品（的使用权）。对此种行为有几种解释：在纯粹的公共物品案例中，将商品的排他性权利转让给私人单位的施行成本太高，以至于不可能按每单位进行营销，因此，纯粹的公有产品生产通常由税收作为财政后盾；另一种理由是，掌握着政府的领导人希望看到某种物品具有较高的消费价值，这种产品的消费价值比该产品被拿到自由市场拍卖赢利时的享用水平更高。不过情况也未必一定，政治性企业也常获利，有时甚至是巨额利润。但无论某个政治性企业的经营结果如何，单个选民一般没有多大控制其代理人的力量。他要么离开该社区，要么试图通过政治程序影响企业的经营。但两种选择办法的成本（出走和集体行动）相对于得利一般都很高。

既然政治性企业多半会成为高成本生产商，为何政府还要决定在那些私人经营一样好的行业建立政治性企业呢？答案并不唯一，对政治性企业的嗜好是一种可行的解释；第二种解释是由于公众和其代表无法获得有关政治性企业相对成本劣势的可靠信息；第三种可能性是政治性企业已经被有意无意地看作转移财富的一种机制；第四，虽然从技术上讲，政府完全可以通过契约方式让私营企业生产公共物品，然后再由政府买来向社会提供，但在实践中，当所指的产品或产出很难衡量，或者当安排给私人生产可能对国家产生危险后果时，便很难做出这种抉择。

4. 公路的私有产权

目前，在融资、建设、经营和维护等方面来进行的公路企业的私有化（民营化）似乎已经成为世界各国公路运输系统的发展趋势。一般认为，民营化主要有两个基本动机：一是认为私人部门的效率高于公共部门；二是认为私人部门代表了新的融资渠道。（当然，公共部门也可以通过以预期收益为支撑的贷款等方式进入资本市场，然而，公共部门大多具有一定的债务限额，超过此额度融资极为困难。此外，由于公众对税收的反感，公共部门也难以通过征收新税种来融资。）

从已有的经验来看，公共投资兴建公路的结果似乎就是供求失衡，供给能力不足导致拥挤是公共道路低效率的主要表现之一。导致低效率的第二个原因是在公路投资项目上的资源分配不当，公有机构投资的公路，方案接受与否更多地取决于政治因素，而不是经济条件。虽然私人投资也常常失败，但不同之处在于私有公路不会要求用户为那些他们还未使用的项目付费，也不会出现已经交纳了几十年的税收，却要面对那些永远不会建成的公路的局面。私人公路的最大优势在于，如果私人（或地方政府）拥有公路（或某一路段），当他作出一项行动决策时，由于他具有排斥其他人的权利，他将考虑未来某时的收益和成本倾向，并选择他认为能使他的公路权利的现期价值最大化的方式，来做出使用资源的安排。同时，为获取收益所产生的成本也只能由他个人来承担，因此，在国有产权下的许多外部性就在私有产权下被内在化了，进而产生了更有效地利用资源的激励。这就促使私有公路的经营者提供更有效率、更可行的服务。

5. 公路产权选择的意义

但是，由于公路的网络经济性，各路段与其他路段乃至整个公路网之间存在着一定的相互影响，虽然原则上一条公路可以分成若干路段，各段自主经营，通过市场契约来连接相邻区段的业务。但是由于各路段都已投入了专用资产，而且公路各区段的联系和业务往来又极为频繁，巨大的沉没成本导致出各个公路所有者之间的机会主义问题。加上对一段／条公路拥有私有权利的所有者并不具有对另一私有公路的权利，如果不存在谈判，一段／条公路的所有者在经济的运营他的公路时，就不会具有考虑由此对其他公路所产生效应的直接激励，这就产生了另一种巨大的"外部性"。因此，公路的所有者为了将所有剩余的外部性内在化，他们之间会进行谈判，有两种市场选择可供考虑（当然是处于一定的政治约束下）：一种是试图在所有者之间达成一个合约协议（通过市场或中间组织如联营、卡特尔等），以直接应对处于争议中的外部效应；另一种选择是横向一体化，由一些所有者将其他人的公路买过来，从而改变所拥有的公路规模（极端的情况是国家所有，这当然可能带来很多人不愿意见到的"垄断问题"。虽然，相对于市场范围，如果规模经济很大，实行垄断就是有效率的，但是，公众往往对垄断一词是深恶痛绝的）。

从经济学意义来讲，一种产权结构是否有效率，主要看它是否能为在它支配下的人们提供将外部性较大的内在化的激励。在分析了不同所有制形式对公路企业交易成本的影响之后，就不难理解公路产权的转变了。近三十年来，以收费公路这种公路供给形式的渐渐推广为主要特征，我国公路产权制度改革目的是通过制度变迁，增加对公路供给（特别是高等级公路供给）的有效激励，以便解决我国经济快速发展中的交通事业瓶颈问题（融资问题）并提高公路质量与服务水平，同时获得拉动内需提供就业机会等社会效益。

（二）车辆运输企业的组织形式

将新制度经济学用于公路货运行业的分析较少，一些研究表明：内部采购和长期契约可以用来减轻由于使用专用性的拖车（即那种几乎没有可替代品的拖车）而引起的敲竹杠问题；在公司司机（即雇员）和所有者—货运商（即车主）之间的契约风险主要来自三个方面：需要及时协调货车运行（零担货运的需要高于整车货运）；使用具有专用性的驾驶——培训特征的货车（即市场应用范围狭窄的货车）；货运商对声誉资本的投资（假设这种投资能产生影响货运商与司机关系的契约风险）；车辆运输企业的纵向一体化决策是受制度环境影响的，主要由于制度限制，些国家的企业并未对技术变化（如新的通信技术和"及时"配送）做出反应来提高纵向一体化程度，此时取消制度限制要比采取奖励措施更能提高公路货运业的纵向一体化程度。

在产权文献中，企业的分类通常是按照表明对剩余收入支配权的契约安排划分的。企业剩余收入是支付完契约规定的要素固定收益后剩留下来的总额。在公路货运业这样的竞争性行业中，运输企业通常会采用下述三类竞争性组织类型：

1. 个体所有制

或称业主所有制，指的是在经营单位内，剩余索取者和最终决策者同为一个人的企业体制。该经济组织形式的优势在于其不存在共同所有权问题，也不存在由所有权和控制权相分离引起的代理人问题。但该形式的不足之处在于业主所有制会遇到投资视野问题。一般来说，如果所有者从投资中获得净收入流的时间与他渴望的消费过程之间存在冲突，就会产生投资视野问题（当收益回收期大大超过投资者的预期时，这个问题可能会更为突出）和投资分散化问题（当业主们不得不把自己大部分人力和财力投向他们的企业时，过分依赖单一的业主人力资本、依靠内部融资，会出现很高的风险）。由于外部融资存在着极高的交易成本，所以该体制受到业主自身财富多少的约束。个体所有制不适合那些通过规模经济来获得优势的经营活动，但其相对优势却能体现在那些需要特别审慎且规模较小的经营活动中。

2. 合伙制企业

通过汇集几个人的资源减轻了企业所面临的财务约束，而且合伙者还获得某些生产规模上的优势。一旦各所有者能向企业投入较小份额的资产，合伙制就为人们提供了机会，以降低承担风险的成本。另外，企业产品多样化也可降低承担风险的成本。但是合伙制没有摆脱共同所有权的问题。

3. 不公开招股公司

其股份持有者通常是内部人员或与所有者—管理者有特殊关系的人，由此可以部分地消除与所有权、控制权分离有关的代理问题。但这种组织形式不能使当事人要么专于承担风险，要么专于企业管理，因此企业不能从分工中享有完全的利益。此外，如果所有者—管理者人数增加，共同产权问题仍不可避免。同时，由于剩余分享契约限制了股份的转卖，不公开招股公司的股票既不在金融市场上评估，也不流通买卖，个人股东想放弃所有权就需耗费很高的交易成本，这样会影响投资决策。

向业主所有制企业、合伙制企业和不公开招股公司投资，并不像常见的那样以市场规则为基础在小规模生产和服务性活动中出现的业主所有制、合伙制和不公开招股公司，采用了一种更直接的方法来控制决策过程中的代理问题。在这些组织中，剩余索取者被内在地或明确地限定为决策者，这种限定避免了控制代理问题的成本（这种代理问题出现在决策者和剩余索取者之间），但是代价却是这类组织承担剩余风险的能力不足，还存在着投资不足的倾向。最后，上述三种类型的企业都基本上不再遵循市场决定价值的规则。所以，只要人们把剩余索取人限定为决策者本人，而节约的代理成本高于投资受到限制和承担剩余风险不力而引致的成本，则这类组织就可以生存下去。目前，我国公路货运的运输货物仍是以建材、农、矿产品为主，其较低的货物价值对运输企业承担剩余风险的要求并不高，因而上述企业类型占据了我国公路货运业的主导地位也就不足为奇了。

三、运输企业的一体化

（一）公路企业的纵向一体化

1. 纵向一体化的概念

公路企业的纵向一体化（vertical integration），是指在公路产品的供给流程中，从上游的公路建设，到下游的公路运营、管理甚至维修、养护均在同一公路企业内部完成，可以将其类比于普通商品的制造、销售和售后服务等过程的整合。

2. 选择市场还是内部组织

新制度经济学认为，与内部组织（如企业）相比，市场的主要优势在于：第一，市场比内部组织能更有效地产生强大的激励并限制官僚主义的无能；第二，有时，市场有通盘解决需求的长处由此实现规模经济或范围经济。虽然市场有着如此多的优点，但现实中（高等级）公路产品的供给，却通常是由纵向一体化程度较高的公路企业来完成的。这是因为，对于公路这类不确定性较高的专用性资产，内部组织更容易建立不同的治理手段，例如签订长期合同或纵向一体化，为公路供给者提供购置长期资产所必需的激励。高等级公路无疑具有非常强的资产专用性（如果市场规模很大，那么专用技术投资的成本是可以收回的；如果市场规模很小，则另当别论了。因此对于交通量较小的低等级公路或乡村道路，我们往往只能看到通用型设备及一般的生产工艺，但对于高等级公路，新设备、新技术、新工艺的运用是屡见不鲜的），进行这样的专项投资，从技术上说固然能节省成本，但由此形成的资产已无法改变用途（或者说如果改变用途，残值非常低），如果初始交易夭折或没有到期就提前结束，该投资在另一最佳用途上或由其他人使用时的机会成本要低得多，这将造成战略上的危机。在这种情况下，就要看参与这场交易的交易者是否珍惜继续保持这种关系。若交易双方关系的持久性是有价值的，那么，为支持这类交易，各种契约和保护措施（例如组织）就会出现。因此，我们看到了公路投融资、建设、养护以及运营管理过程中一系列纷繁复杂的合同条款及组织形式。我们的社会是技术发达的社会，复杂的技术当然要有复杂的组织来为之服务，这一点无可争议。但认为一体化程度高些就一定比低些要好，或仅强调"物理要求或技术要求"的观点，则落入了"技术决定论"的误区。该理论认为纵向体化是自然技术秩序不成问题的结果，是为了解决技术方面的问题才导致纵向一体化。事实上，应把公路企业的内部组织倾向看作在一定的制度环境下，市场与等级制相互较量的结果，而不是技术特点所决定的，其纵向一体化的主要目的在于节省交易成本（兼具有一定的战略目的）。决定纵向一体化的主要因素是低交易频率、较高不确定性条件下的资产专用性；至于技术，虽然是限定可能的组织形式边界的因素之一，但在此，却属次要的因素。当然，纵向一体化并非没有缺陷，只要资产专用性的程度不高，内部组织会受到激励失效和官僚主义无能的严重困扰，内部组织的治理成本就可能高于市场组织的治理成本；在一体化状态下要保持强激励机制（强激励机制，是指握有剩余索取权），会产生严重的负效应，经济代理人的行为就会影响到总收入以及（或者）总成本的水平；纵向一体化会造成资产使用的损失、会计造假账的问题以及创新问题等。

（二）公路企业的横向一体化

1. 横向一体化的概念

公路企业的横向一体化（horizontal integration），是指公路线路前后相继的公路企业或拥有平行线路的公路企业之间进行一体化的行为。因为缺乏有效的度量手段，人们通常会这样推断：一定时期内如果企业规模扩大了，就可以说其纵向一体化的程度提高了。但是，企业规模的这种扩大往往是平面扩张即横向体化的结果，也就是说企业所服务的市场在扩大，但企业的行为结构并未改变，或者说并未实行多角化经营。

2. 自然公路单元的技术特征

为了便于分析，假定初始条件下，公路网（不包括完全免费路段）被划分成众多尽可能小的"自然公路单元"，这些公路单元分别为不同的私人所有（即具有排他性）。参照威廉姆森的观点，"自然的"公路单元，也就是技术上不可分的实体，大约只是数十千米甚至数千米的公路路段。当交通运输量不复杂，并且短距离运输量居多时，公路"公司"雇佣数十名工人、一个经理和若干功能活动的管理者就足够了。各个"自然"公路单元之间（主要是相继单元和相平行单元之间）通过市场进行"交易"，交易的内容是公路产品供给的协调性。简单地讲，相继公路的服务水平与其收费水平应相一致，以确保运输车辆在运输的整个过程中（可能会通过数个公路单元）得到效费比相近的服务；相平行公路的服务水平与其收费水平可以保证运输车辆能够"有效率"的分流到各个的公路单元上。需要注意地是，由于公路服务水平的渐变性与慢变性，上述交易的频率一般是较低的。如果路网的服务水平与收费水平能够完全准确地与运输车辆的需求相一致并能够在瞬间（毫无成本地）进行调整，同时各"自然"公路单元的所有者能够"绝对理性"地进行"信守诺言"的自由竞争，那么，事先就可以设计（计划）出一套完善的合同，各公路单元的所有者按照合同行事，就足以保证整个路网的运营效率。于是，"公路工程技术标准""公路收费标准""路面养护技术规范"等一系列法规、标准、规范、规定应运而生。从新制度经济学的视角来看，这些法规、标准、规范、规定之所以被设计出来，不但是为了保护公路路产、降低信息成本，也是为了提供一种正式的制度或契约，协调各个公路企业之间的市场交易，以保证整个公路网络的服务质量与效率。

3. 公路企业间的机会主义问题

但实际上，由于存在极高的"不确定性"，由于影响因素众多，运输需求的变化是非常快而难以长期预测的；同时，公路一旦建成，在较长的一段时间内其服务能力是无法增加的（不过的确可以降低）。因此，试图以供给慢变的公路去适应快变的运输需求是极其困难的，人们无法在最初就预见到将来可能发生的、需要他们去适应的所有问题；会出现很多意外事件，在客观环境使之变成现实之前无法完全确定怎样应对才算适当；而且自主的交易各方均具有"有限理性"与"机会主义"，在待定索取权明确以前，有可能争执不休，且常常难以区分孰是孰非。这样的理想合同不可能被精确地设计出来；加之各公路单元的投资均具有一定的资产专用性，交易各方试图保持长期交易的愿望（由于专用性投资"木已成舟"，其机会成本非常低，因此很难改变用途；即使能把这些资产转让出去，在转让前对这些资产进行评估时，会遇到非同寻常的问题。因此，交易者会产生把合同贯彻到底的强烈愿望。对于这类极为特殊的交易来说，主要原则就是尽力去维持这种合同关系）几乎无法在古典式合同法的环境下实现。在我国，现实中的例证不胜枚举，许多公路/路段在建成后（或数年之内）的通行的货车仍寥寥无几，而另外一些公路/路段却很快就表现出难以承受的拥堵，其中的原因有的是因为运输需求发生了未曾预料的变化，有的则在公路立项之初就由于决策失误埋下了失败的种子；某些公路/路段利用相继路段较高的服务质量（和车辆无法绕行的地理优势），刻意抬高自己的收费标准或降低自己的服务水平（例如无视路面的破损，延迟进行维修养护），利用"搭便车"行为造成了一定的"支付转移"；某些低等级公路路段利用与高等级公路路段相接的地理优势收取过高的车辆通行费。

可见，由于公路的网络性，在公路网络中的任何两个主体之间签订的契约均有可能会对网络中的其他主体的利益产生重大影响，而公路网络整体效率的提高却要求路网中各组织的密切协作。因此，在我国的公路（特别是高等级公路）越来越多的由地方政府而非原先的中央政府负责供给的情况下（原因参见上文对公路产权的分析），为了减少不确定性和机会主义的影响，保证公路网供给这种重要的专用资产交易的连续性，需要引入市场之外的治理形式。此刻，交易者面临着两种新的选择横向一体化；依托一定的仲裁，进行三方治理。

4. 我国公路企业的横向一体化选择

综上所述，在公路产业中，相对于有效率的经济单位来说，有效率的技术单位是非常小的，组织的因素而非技术因素才是大型公路系统产生的主要原因。由于公路的资产专用性和需求的不确定性，我国公路产权制度改革的目的是增加公路的供给量，其途径主要是公路产权的分散化以增加有效激励。其结果是公路企业规模的减小，伴随而来的是较突出的机会主义问题（我国 20 世纪 90 年代盛行的公路"三乱"问题就是较好的例证）。对于不同的公路形式，相关的（市场以外的）治理主要有：

对于高等级公路特别是高速公路来说，由于其资产专用性较强，加之其服务的范围较广，第三方治理易受到沿途地方政府利益不同的困扰，因而横向一体化是较常见的治理结构，但横向一体化的程度受到行政区划（主要是省界）的严格限制。

对于普通公路来说，因为其价值较低，资产专用性不强，三方治理是常见的结构，其中，第三方"仲裁者"一般是由各公路交易方所在的地方政府或高一级政府来扮演的。

（三）车辆运输企业的纵向一体化

1. 公路货运市场与车辆市场的特征

对于非专用的交易，包括偶然的合同与经常性的合同，主要应使用市场治理结构。这是因为双方只需根据自己的经验即可决定是否继续保持这种交易关系，或者无须付出多少转让费用即可改变购买及供给。此时，具体确定交易双方身份的问题已无关紧要，因为合同正式条款已规定了交易的实质性内容，并且也符合法律原则。市场的作用主要在于保护双方免受对方投机之害。公路（整车）货运市场和货车市场的情况均是如此，由于货主与车主以及车主与上游要素供给商在交易时所投入的资产般都不具有专用性，因此，通常并不需要签订长期的协议，只需"随行就市"地签订短期（甚至一次性的）的运输合同即可。

需要注意地是，那种仅根据车辆制造业是运输服务的上游供给方之一就断定车辆超限的源头在于车辆生产和改装的观点是片面的。技术流程并不能代表复杂系统中支配性关系的方向，尤其是对于公路货运这种竞争性的"衍生性需求"行业来说，情况可能恰恰相反，是货主的需求支配着运输业者乃至车辆制造商的生产，而车辆制造商是不具备这样的市场力量的。另外，如果说整车生产制造业存在一定的规模经济并导致了具有垄断特征的市场格局，那么车辆维修 / 改装业则无疑是分散性的竞争行业，对这样的行业进行严格的产品质量规制（限定车辆改装的技术标准）将是十分困难的。

2. 车辆运输企业的规模经济

下面将讨论的重点回归到车辆运输企业的纵向一体化上来。由于公路整车货运业不存在明显的规模经济，在这个行业中，引导组织实施纵向一体化的不是规模经济或密度经济，而是与专用性资产有关的敲竹杠问题。对欧洲公路货运业的传统分析也表明，这是一个非常分散的行业，存在很大比例的小企业和只有辆货车的所有者—货运商。一些对此行业的研究将这种分散视为问题，认为当企业如此之小时很难获得规模经济和密度经济。在我国，这种观点实际上引起了一些鼓励纵向一体化的政策和措施的出台与实施。

不难理解，在寻找并与顾客（货主）签约以及为使车辆和司机的使用达到最优而对运输进行协调时，规模经济和密度经济无疑是重要的。先进的计算机网络可以改进协调能力；高运输密度使直达的路线以及高集中度的运输流成为可能，这会产生密度经济和网络经济，能够降低返程车辆的空驶率；货运商的品牌和商誉成为他们与顾客和供应商关系中昂贵和有价值的契约保护机制，建立和维护商誉即需要在宣传（广告）上进行投资，又要培训和监督工人，这些活动都受制于规模经济。

3. 准一体化

但是，规模经济和密度经济并不必须要求传统的纵向一体化，它们可以通过一定的契约形式在市场中实现。事实上，在"分散的"货运行业中，我们可以发现处于极端的纵向一体化和市场形势之间的混合的治理结构，这种形式可以获得一定的规模经济而不丧失纵向一体化的激励作用。在一些高级组织中（如零担货运，LTL），绝大多数所有者——货运商都是纵向"准一体化"的。"准一体化"结构可以获得和纵向一体化的企业相同程度的规模经济和密度经济。在这两种情形下，一般都由组织出面寻找货主，协调货运，并提供与顾客的关系中所需要的安全保护措施（我国的部分准一体化货运企业甚至仅提供管制所要求的"运营资质"）。但两者有极其关键的区别：

纵向一体化的企业自己拥有货车，并使用公司自己的司机（他们是公司的雇员）。相反，准纵向一体化的企业并不拥有自己的货车或使用公司司机。相反，他们与所有者——货运商订下转包/承包合同。如果对纵向一体化、准一体化和市场交易这三种公路货运业主要治理结构的相对绩效进行比较。可以发现，本质上，市场交易在解决道德风险问题（道德风险的产生是由于工作的分散性，工作的分散使司机的行为难以观察和证实）。对车辆及其辅助资源（汽油、零部件等）的监督比监督运输的成本要高得多，所以现实中经常采用的办法是分配给每个司机辆车（当司机是雇员时）。通过这种方式，虽然货车的使用不充分，但是企业容易评估货车的使用情况进而获得了较之于纵向一体化更高的效率。而纵向一体化在解决敲竹杠问题时更胜一筹。敲竹杠问题出现在专用性资产的场合。这时，专用性资产的现有用途的价值比在其他所有可能的用途中的最高价值还要高，两者之间的差被称为准租（quasi-rent）。当准租存在被剥夺的可能性时就会产生敲竹杠问题。通过纵向一体化或契约保护措施，如正规的长期契约和声誉可以解决或减轻敲竹杠问题。因此，组织的具体安排取决于哪种契约风险更重要。

4. 车辆运输企业纵向一体化的选择

假定公路货运包括两种路线：重型货车的长途路线和轻型货车的短途路线。对于我国的情况而言，所有者—货运商的直接市场交易（主要是个体单车）和准一体化（主要是挂靠车辆和承包车辆）无疑是行业中占支配地位的治理结构，这意味着在该行业中存在的主要问题是道德风险。但在长途路线中的准一体化程度与短途的配送路线是不一致的，在后一种情况下，组织的纵向一体化程度更高些。

与使用轻型车辆的短途运输相比，在长途运输路线中较高程度的准一体化是与较高的道德风险程度相一致的，在这里监督货车的使用比短途运输路线中不仅更重要而且更困难。之所以更重要，是因为长途路线中使用的货车更大更昂贵，燃油开支也较高。之所以更困难，是因为长途路线的司机具有更多的自行处理权，一个司机的自行处理权取决于他决定如何走完路线（车速、刹车次数等）以及列出机械故障以说明为何耽误的能力。司机自行处理权的程度是很重要的，因为燃油消耗、轮胎费用以及机械故障的风险——更一般地说，货车的折旧，取决于货车是如何驾驶的。

纵向一体化主要用于专用性资产极其重要的情况，以及上述监督成本较低的情况——短途提取与运送路线。更一般地，重要的专用性资产的存在，也解释了为什么准一体化在其他行业并不像在货运业中一样广泛地存在，即使在这些行业也存在因一些对使用敏感的机械设备的零部件而引起的道德风险行为。在某些情况下，工人需要进行非常专用的人力资本投资，或者他们所使用的资产是非常难以移动的（场所专用性）。此外，技术可分性——在工人和资产之间存在一对一的对应关系并不总是存在，这种分离的条件使得道德风险问题比较容易解决，由于代理矛盾通过将工人变成他所使用资产的所有者而迎刃而解。

此外，制度环境（劳动管制与税收法规）对行业内组织也具有重要的影响。通过引入对雇佣关系的无效率的限制将增加纵向一体化的成本。首先，法规会提高解雇的成本并给予工会更多的权利，增强雇员从雇主那里剥夺其在（有形和无形）资产上的投资所形成的价值的能力；其次，工会的强大力量也降低了雇主和雇员自己决定工作时间和闲暇时间的能力；最后，最低工资管制限制了激励的强度。而税收法规也会通过改变不同治理结构的相对成本来影响组织决策。首先，高税收有助于分散化，原因是小企业，特别是自我雇佣的小企业比大企业更容易降低他们的税收负担（通过避税和逃税）；而政府帮助大企业的制度安排却不利于分散化，因为不进行纵向一体化这些安排所提供的收益就无法得到（例如运营资质管制）。

综上所述，公路货运的经济、技术和契约特性使得独立经营的小规模运输企业成为我国公路货运市场管制放松后的主导力量，人为的增大企业的"规模"并不能节省交易成本，反而会降低公路运输供给的效率。认为公路货运的规模化集约化能够有效遏止超限运输行为的观点，如果说从管理科学的角度能站住脚，但在实际操作中却往往会由于效率不佳而困难重重。

第三章 物流运输及其作用

第一节　物流运输与作用

　　运输是文明社会从混乱走向有序过程中重要的经济与社会活动，它深入人类社会生活的方方面面。从经济、环境、社会和政治各个角度看，运输都是世界上最重要的行业之一。

一、物流运输概述

　　物流是按用户要求，将物品从供应地向接收地转移的过程。这个过程涉及运输、储存、拣选、包装、流通加工以及信息处理等相关活动。

（一）物流运输的定义

　　通常而言，运输是指利用公共运输线路及其附属设施和运输工具来实现人或物空间位移的一种经济活动和社会活动。其中，实现"物"的空间位移的活动即为物流运输，它是本书讨论的对象。

　　运输作为物流系统的一个重要组成部分，包括生产领域的运输和流通领域的运输。生产领域的运输一般是在生产企业内部进行，所以称为"厂内运输"，其内容包括原材料、在制品、半成品和成品的运输。厂内运输有时也称为"搬运"，它是生产过程的一个组成部分，直接为物质产品的生产服务。作为流通领域一个环节的运输活动，其主要内容是物质产品的运输，它以社会服务为目的，完成物品从生产领域向消费领域在空间位置上的物理转移过程。它既包括物品从生产所在地直接向消费所在地的移动，也包括物品从生产所在地向物流网点的移动和由物流网点向消费所在地的移动。为了与长途运输相区别，常常把从物流网点到用户的运输活动称为"发送"或"配送"，将场地内部的移动称为"搬运"。本书所讲的物流运输侧重于流通领域的运输。

（二）物流运输的功能

在物流过程中，运输主要发挥两大功能：物品移动和短时储存。

1. 物品移动

物流运输的主要功能就是物品移动，即以最少的时间将货物从起始地转移到目的地。无论是材料、零部件、装配件，还是在制品、半成品、制成品，运输都是必不可少的。虽然运输过程不产生新的物质产品，但是它可以实现物流的空间效用和时间效用：物流运输通过改变货物的地点与位置创造价值，这是物流运输的空间效用；物流运输还能使货物在规定的时间内到达目的地，这是物流运输的时间效用。

2. 短时储存

物流运输的另一个功能是利用运输工具（车辆、船舶、飞机、管道等）作为临时的储存设施，对物品在运输期间进行短时储存。若转移中的物品需要储存，而在短时间内还需再次转移，将物品暂时储存在运输工具中应是不错的选择。尽管使用运输工具储存产品可能是昂贵的，但是如果从总成本或完成任务的角度来看，考虑装卸成本、装卸时间和储存能力的限制等，使用运输工具储存货物往往是合理的，有时甚至是必要的。在仓库空间有限的情况下，可以采取迂回路径或间接路径将货物运往目的地以延长货物的在途时间，此时，运输工具也起到临时储存的作用。用运输工具储存产品虽然成本不低，但是考虑装卸成本、储存能力限制、延长前置时间等因素，从物流总成本的角度看可能是正确的。

（三）物流运输的原理

指导物流运输管理和营运的两条基本原理是规模经济和距离经济。在运输方案决策或营运方式选择时，应以这两个原理作为重要标准，在满足客户的服务期望的基础上使装运的规模和距离最大化。

1. 规模经济

物流运输的规模经济是指在确定范围内，随着装运规模的增长，单位重量的货物运输成本将随之降低。例如，整车运输（即车辆满载装运）的每单位成本低于零担运输（即只利用车辆的部分装载能力进行装运），铁路和水路等运输能力较大的运输工具，其单位运输费用要低于汽车和飞机等运输能力较小的运输工具。

物流运输能产生规模经济主要是因为转移一票货物有关的固定费用（包括运输订单的行政管理费用、运输工具投资及装卸费用、物流运输管理及设备费用等）可以按整票货物量分摊。另外，较大数量的货物运输还可以获得运价折扣，使单位货物的运输成本下降。

2. 距离经济

物流运输的距离经济是指一批货物单位距离的运输成本随运输距离的增加而减少。与规模经济相似，距离经济主要体现在运输装卸费用的分摊上。对于一票货物，其装卸费用往往是既定的。由此，运输距离越长，单位里程的装卸费用越低，从而运输费用也越低。由此可见，物流运输的距离经济是以不增加装卸次数为前提的。

二、物流运输的特征

物流运输部门属于第三产业，相应地，物流运输具有下列几个特征：

（一）参与物质生产

物流运输是社会生产过程在流通领域内的继续。实现劳动对象的空间位移是物流运输的基本功能，也是物流运输参与物质生产的主要途径。从表面看，物流运输并不直接增加社会产品的实物总量；劳动对象在运输前后只改变了空间位置，其形态和性质没有变化。但这并不意味着，运输是可有可无的过程，产品只有从生产领域进入消费领域，其价值才能实现，而物流运输正是连接生产领域和消费领域的桥梁。

（二）生产和消费具有同一性

工农业产品的生产和消费，可以在时间和空间上表现为两种完全分离的行为，物流运输则不然，它的生产和消费具有同一性。物流运输生产和消费的同一性是指物流运输的生产过程就是消费过程，生产过程的开始也就意味着消费过程的开始，生产过程一结束，消费过程也就相应结束。运输的这种特性也决定了运输能力不能储存和调配，如果不及时消费就会被浪费。

（三）具有公共服务性

物流运输业属于第三产业，服务对象不是特定的，而是全社会范围内有货物移动需要的企事业单位、政府部门及社会公众，这就是物流运输的公共服务性。物流运输业，尤其是运输基础设施，必须公平地为社会所有成员服务，以注重公共安全为重要目标，而不能单纯或者过分强调企业或部门的盈利性。

（四）全球性

在经济、贸易、金融等全球化的今天，运输也是全球化的。

三、物流运输的作用

物流运输在整个国民经济中的作用表现在以下几个方面。

（一）物流运输是生产过程的延续

马克思指出，交通运输是社会生产过程的一般条件。物流运输是社会再生产顺利进行的必要条件，是国民经济健康运行的重要基础。我国物流运输业就是以最低的运输费用、最高的生产效率、最佳的服务质量来满足国民经济发展对运输的需要。因此，作为一个独立的物质生产部门，物流运输业在国民经济和社会发展中处于"先行"的战略地位。在社会物质生产过程中，生产与生产、市场与市场、生产与消费之间都需要靠运输来维系，运输是生产过程在流通领域的继续，是社会生产连续进行的物质技术条件。只有通过物流运输业的生产活动，国家的全部经济活动和人民生活才能够正常进行。

（二）运输是联结产销、沟通城乡的纽带

国民经济是由多个部门组成的，这些部门之间既相互独立，又相互联系、相互促进和相互制约。物流运输作为一个重要的部门，是国民经济的大动脉，起着联结生产、分配、交换、消费各环节和沟通城乡、各地区和各部门的纽带与桥梁作用。马克思指出：在产品从一个生产场所运到另一个生产场所以后，接着还要从生产领域运到消费领域，产品只有完成这个运动，才是现成的消费品。这就是说，只有通过物流运输这条纽带让各环节形成统一的整体，社会经济活动才能得以正常地运转和顺利地进行。

（三）运输是实现社会生产目的的基本条件

作为国民经济的物质生产部门之一，运输业不同于工业、农业、建筑业等物质生产部门，它虽不增加物质产品的使用价值，但能实现物质产品的价值增值。伴随社会主义市场经济的发展，市场活动日趋活跃，物质产品使用价值的最终实现只有通过运输才能完成。运输成为满足生产建设、实现社会生产目的的一个基本条件。

（四）运输是"第三利润源"的主要构成

物流被称为"第三利润源"，但在物流费用中，运输费用所占的比重最高。通常来讲，在社会物流费用当中，运输费用占近50%的比重，有些产品的运输费用甚至高于生产费用。所以，降低运输费用对于降低物流费用，提高物流活动经济效益、稳定商品价格、满足消费需求和提高社会经济效益都具有重要的意义。

四、研究物流运输的重要意义

目前，我国物流运输服务质量较低、技术不够先进、成本偏高。因此，不断寻求和探索提高物流运输质量、降低物流运输成本的技术和方法，具有重要意义。

（一）提高物流运输服务水准

要求运输经营者建立起能够控制物资从最初的供应者到最终的消费者之间的物流网络体系，从而实现为用户提供集订货、购买、包装、装卸、仓储、运输、配送等各项服务为一体的系统服务，满足用户希望货物快速、准时运输等多项优质服务的需要。

（二）提高物流运输的技术含量

现代科学技术的应用将大大提高运输的技术水平，使各种运输方式的优越性得到进一步发挥。

（三）实现物流全过程总费用节约

从社会物流系统总体出发，提供运输及其他物流服务功能，极大减少物流过程中的不必要环节，减少物流过程中的不衔接现象，缩短停滞时间，减少物流过程中不合理因素所造成的物流时间与空间效益及自身价值的损失，从而实现社会物流全过程总费用的节约。

（四）实现物流过程的系统化管理

将物流过程中的订货、包装、装卸、仓储、库存控制、物流加工、信息服务等环节，与运输、配送相互结合形成一体化，并加强对其相应的计划、组织、控制，可以在现代科技的支持下，形成物流过程的链式控制与管理。这是提高物流质量、效率的基础，同时也是降低物流成本所必需的。

（五）促进运输经营观念和组织方式的变革

"物流"概念促进了由分工所引起的运输与其他相关过程的分离。既要通过分工提高运输经济效益，又要通过相互间的渗透不断完善物流的服务功能，现代市场经济中企业的实践已经充分证明这是可行的。物流能够促进运输经营观念、经营方式和组织结构的变革，为促进市场一体化、竞争国际化创造必要条件。

五、物流运输的构成

物流运输节点、物流运输线路、物流运输工具、物流运输的提供者和物流运输的参与者是构成物流运输的有机体。

（一）物流运输节点

物流运输节点是指以连接不同运输方式为主要职能，在运输线路上负责货物的集散和运输业务的办理、运输工具的保养和维修的基地和场所。如不同运输方式之间的转运站、终点站，公路运输线路上的停车场（库）、货运站，铁路运输线路上的中间站、编组站、区段站、货运站，水路运输线路上的港口、码头，航空运输线路上的空港，管道运输线路上的管道站等，都是物流运输节点。

物流运输节点是物流节点的一种，属于转运型节点。通常而言，物流运输节点处于运输线路上，又以转运为主，货物在物流运输节点上停留的时间较短。

（二）物流运输线路

物流运输线路是供运输工具定向移动的通道，也是物流运输赖以运行的基础设施，是构成物流运输系统最重要的要素。在现代物流运输系统中，主要的运输线路有公路、铁路、航线和管道。其中，铁路和公路为陆上运输线路，除了引导运输工具定向行驶外，还需承受运输工具、货物的质量；管道是一种特殊的运输线路，由于其严密的封闭性，既充当了运输工具，又起到了引导货物流动的作用。

（三）物流运输工具

物流运输工具是指在运输线路上用于载重货物并使其发生位移的各种设备装置，它们是物流运输得以顺利进行的基础设备。运输工具按照从事运送活动的独立程度可以分为三类：一是仅提供动力，不具有装载货物容器的运输工具，如铁路机车、牵引车、拖船等；二是没有动力，但具有装载货物容器的从动运输工具，如车皮、挂车、驳船等；三是既提供动力，又具有装载货物容器的独立运输工具，如轮船、汽车、飞机等。

1. 水上载运工具

整个地球表面约 2/3 是海洋、湖泊和河流，水上运输约占世界运输总量的 70%，水上载运工具经过漫长的岁月也由独木舟发展到现在种类繁多的船舶。

（1）船舶分类

船舶是能航行或停泊于水域内，用来执行作战、运输、工程作业等任务的运载工具，是各类船、舰、舢板、筏及水上作业平台等的统称。根据船舶用途，在综合物流中广泛应用的水上载运工具是运输船舶（通常又称为商船）中的货船，又细分为以下几种。

①干货船

干货船包括杂货船、集装箱船、散货船、滚装船、载驳船和冷藏船。

杂货船是用于载运各种包装、桶装以及成箱、成捆等件杂货的船舶。杂货船具有 2～3 层全通甲板，根据船的大小设有 3～6 个货舱，通常设有吊杆或吊车以装卸货物，底部采用双层底结构以保证船舶的安全。近年来，由于集装箱运输的发展，杂货船已很少建造，当前营运的杂货船正向集装箱船型改造或向提供载运大件货物的特种船型发展。

集装箱船是以载运集装箱为主的专用运输船舶。集装箱船在船型与结构方面与常规杂货船有明显不同，它的外形瘦长，通常设置单层甲板，设巨大的货舱口，上甲板平直，货舱内部和甲板上均可积载集装箱。绝大多数的集装箱船不设起重设备，装卸通常由岸上的专用起重机、集装箱装卸桥来进行，装卸效率高，船舶停靠时间短。为加快船舶周转，集装箱船的航速高于杂货船，通常为 20～30 节，航速高的可达 33 节。由于造船技术及港口配套设施的改善，集装箱船已由最初的普通杂货船改建发展到目前的可装载 8000TEU 的第六代专用船，集装箱船还在向更大载箱量的趋势发展。

散货船是指专门用于载运粉末状、颗粒状、块状等非包装类大宗货物的运输船舶。属于这类船舶的有普通散货船、专用散货船、兼用散货船以及特种散货船等。普通散货船一般为单甲板船、尾机型船，或货舱载面呈八角形，舱室的分隔要求不高。大吨位的散货船一般不设置起重设备。专用散货船是根据一些大宗散货对海上运输技术的特殊要求而设计的，主要有运煤船、散装谷物船、矿砂船以及散装水泥船等。兼用散货船则是根据某些特定的散货或大宗散货对海上运输技术的特殊要求而设计建造的，并且具有多种装运功能的船舶，如车辆散货船、矿散油兼用船等。特种散货船有大舱口散货船、自卸散货船和浅吃水肥大型散货船等。

滚装船是把装有集装箱及其他件货的半挂车或装有货物的带轮子的托盘作为货运单位，由牵引车或叉车直接进出货舱进行装卸的船舶。使用滚装船运输货物，能大大提高装卸效率，并有助于水陆直达联运。

载驳船是一种用来运送载货驳船的运输船舶。将各种货物或集装箱装到规格统一的驳船上，驳船在港内装完货后，用母船的起重设备将驳船装到母船上，母船把驳船运到目的地后，卸下驳船，驳船可以被拖运至无法航行的航道或无法停靠的码头运送货物。

冷藏船。冷藏船是指使易腐货物处于冻结或某种低温条件下进行载运的专用船舶。冷藏舱的温度范围一般为 −25℃ ~ 15℃，可以根据不同货物选择适宜的温度。

②液货船

液货船主要是专门用于运输液态货物的船舶，主要包括油轮、液化气船和液体化学品船等。液货船的运量在现代商船中占很大的比例。

油轮是专门用于载运散装石油的液货船，一般油轮分为原油船和成品油船两种。原油船由于油种单一、吨位较大，可以取得规模效益；成品油船受货物批量与港口设备条件的限制，规模普遍比原油船小。

液化气船是专门装运液化气的液货船，船上装有特殊的高压液舱，划分为液化天然气船和液化石油气船。

液体化学品船是专门载运各种液体化学品，如醚、苯、醇、酸等的液货船。因为液体化学品一般具有易燃、易挥发、腐蚀性强等特征，有的还有剧毒，所以对船舶的防火、防爆、防毒、防泄漏、防腐蚀等方面有较高的要求，通常设双层底和双重舷侧。

③驳船、推船与拖船

驳船是内河货物运输的主要运载工具，本身一般没有推进动力装置，依靠推船或拖船等机动船带动形成船队运输。推船是用以顶推驳船或驳船队的机动船，有强大的功率和良好的操纵性能。拖船是专门用于拖曳其他船舶、船队、木排或浮动建筑物的工具，是一种多用途的工作船，与推船一样具备较大的功率和较好的操控性。

（2）运输船舶的主要性能

①船舶的航行性能

为了适应各种海况，船舶必须具有良好的航行性能，以保证航行安全。船舶的航行性能主要包括浮性、稳性、抗沉性、快速性、适航性和操纵性。这些性能是由设计人员在船舶建造前根据船舶拟投入营运的航区等信息来设计，并由船员在船舶营运过程中根据具体要求进行控制。

②船舶的重量性能

运输船舶的重量性能包括船舶的排水量和载重量，计量单位以吨表示。

排水量是指船舶浮于水面时所排开的水的重量，根据不同的装载状态可分为空船排水量、满载排水量、空载排水量以及压载排水量。空船排水量是指船舶造好后的排水量，等于空船重量。满载排水量一般也称为"设计排水量"，是船舶满载时的排水量。空载排水量是船舶空载时排开水的重量，即不装货物时的重量。压载排水量是船舶压载航行时排开水的重量，船舶为了保证空载航行时的航行性能，常在船上加压载水，使船处于压载航行状态。

载重量是指船舶运输货物的能力，有总载重量和净载重量之分。总载重量是指船舶所允许装载的最大重量。它包含货物和旅客、燃料、淡水、粮食、船用备品、船员等的重量以及船舶常数的总和。船舶总载重量等于相应吃水时的船舶排水量减去空船重量。净载重量是指船舶所装载的最大限度的货物重量。船舶净载重量等于船舶总载重量减去燃料、淡水、粮食、船用备品、船员等的重量以及船舶常数后的重量，是总载重量中能够盈利的那部分重量。

为了既保证运输船舶能够在各种条件下安全行驶，又能最大限度地利用船舶的载重量，国家验船机构或其他国家勘定干舷的主管机关，根据船舶航行于不同的航区和季节，分别规定船舶的最小干舷及允许使用的载重水线，即船舶的载重线。它用载重线标志的形式，勘绘在船中两舷外侧，以限制船舶的最大吃水量。

③船舶的容积性能

船舶的容积性能包括货舱容积和船舶登记吨位。

货舱容积是指船舶货舱内部空间，有型容积、散装容积和包装容积三种。型容积是货舱的理论容积，即不包括外板厚度、货舱的骨架等在内，通过丈量所得到的货舱内部的总容积。散装容积是货舱内可以装载的散货，如散粮、矿砂、煤炭、盐等的货舱容积，它是型容积中扣除骨架等之后的容积。包装容积是货舱内能够装载包装件货的货舱容积，一般为散装舱容的 90% ~ 96%。舱容系数是船舶货舱容积与船舶净载重量的比值，即每一净载重吨所能提供的货舱容积数。将船容系数与货物的积载因数相比较，可以判断船舶适宜装重货还是轻货。船容系数越大，船舶越适宜于装轻货；反之，则适宜装重货。

船舶登记吨位。船舶登记吨位指按船舶吨位丈量规范所得到的内部容积，它是为船舶注册登记而规定的一种以容积折算的专门吨位，分为总吨位和净吨位两种。总吨位是通过对船舶所有围蔽处所进行丈量计算后确定的吨位，通常用于表示船舶的大小等级，作为国家统计船舶数量的单位，作为计算造船、买卖船舶及租船费用的依据，作为船舶登记、检验和丈量的收费标准，作为计算海损事故赔偿的基准以及计算净吨位的依据等等。净吨位是指对船舶能够实际营运的载货（客）处所进行丈量计算后得出的吨位。一般用于计算船舶向港口交纳各种费用或计算船舶通行税的依据等。净吨位大致在总吨位的 63% ~ 70% 的范围内。

④船舶航速

船舶的航行速度简称"船舶航速"，是指船舶在航行时相对于陆地或水体在单位时间内所能航行的距离。船舶航速常用的单位为节，即海里 / 小时，1 海里 =1.852 千米。运输船舶的速度性能包括试航航速和服务航速。试航航速是船舶试航时测得的航速。服务航速也称"常用航速"或"营运航速"，是指运输船舶在平时营运时所达到的航速。一般情况下，服务航速是一个平均值，一般比试航航速慢 0.5 ~ 1 节，这主要是由海上风浪变化所致。

⑤船舶的装卸性能

船舶的装卸性能一般影响船舶装卸效率，它随货舱布置、船体结构、起重设备的不同而不同，即具有不同的货舱布置、船体结构和起重设备的船舶，其装卸性能有优劣之分。货舱布置包括船舶货舱数、舱口尺度、舱口数、货舱位置、货舱容积的平衡性等都影响船舶的装卸性能，进而影响船舶的装卸效率。船体结构对船舶装卸性能的影响主要涉及货舱的结构、甲板的层数等。船舶装卸设备的型号、数量、技术性能（包括起重设备的起重量、工作幅度、起升高度、起升速度、旋转速度、变幅速度、皮带输送机的输送量、油泵的输油量等）对船舶的装卸效率起着决定性作用，装卸设备的技术性能越好、数量越多，船舶的装卸效率越高。当前，运输船舶正朝着大型化、专业化方向发展，船舶装卸设备也在朝着专业化和自动化控制方向发展。

2. 道路载运工具

（1）汽车的定义与分类

汽车是指不用轨道、架线，使用自身动力装置驱动的快速而机动的轮式陆路运输工具，一般有4个或4个以上的车轮。

汽车的分类方法有很多，按用途可分为客车、货车、专用车、越野汽车、工矿自卸汽车、农用汽车、牵引汽车和汽车列车等。货车是指运载货物的汽车，亦称"载重汽车"或"卡车"。货车通常采用前置发动机，车身设置为独立的驾驶室和货箱两部分。

货车通常分为以下几种。

①微型货车：载重量不超过1.8吨。

②轻型货车：载重量为1.8～6吨。

③中型货车：载重量为6～14吨。

④重型货车：载重量在14吨以上。

（2）汽车的基本性能

①汽车的动力性。反应汽车的动力性的指标主要有汽车的最高速度、加速时间与最大爬坡度。

汽车的加速能力对平均车速有很大影响，也和行驶的安全性有关，如超车和闪避。它又可分为原地起步加速时间和超车加速时间。汽车的最大爬坡度指汽车满载时，以最低档在良好的路面上能爬上的最大坡度，一般用坡道余角的最大爬坡度表示，货车最大爬坡度一般在30%，即约16.5度，越野汽车最大爬坡度可达到60%，即30度。

②汽车的驱动力与行驶阻力。汽车在路面上以一定的速度行驶，是因为受到来自地面与行驶方向相同的力的推动，还克服了汽车行驶中的各种阻力。驱动力是由发动机产生并由传动至驱动轮得到的，它的产生还要视轮胎与路面的情况，即汽车行驶受轮胎与地面附着条件的限制。汽车行驶过程中的阻力主要有4种，包括滚动阻力、空气阻力、坡度阻力和加速阻力。

③汽车的燃料经济性。当汽车以某档位在一定道路条件下匀速行驶时，耗油量与车速之间的关系称为该车的燃料经济性，油耗量越小，经济性越好。

④汽车的制动性。汽车的制动性是指汽车在行驶中强制减速直至停车的能力。汽车具有良好的制动性能，首先是行驶安全性的需要，其次可提高汽车的平均车速，进而获得较高的运输效率。

⑤汽车的操纵稳定性。汽车的操纵稳定性包括操纵性和稳定性。操纵性是指汽车能够确切地响应驾驶员转向指令的能力；稳定性是指汽车在行驶过程中，具有抵抗改变其行驶方向的各种干扰，并保持稳定行驶而不至于失去控制甚至翻车或侧滑的能力。稳定性直接影响汽车的操纵性。

⑥汽车的行驶平顺性。平顺性是指乘坐舒适性或保持货物完好的能力。

⑦汽车的通过性。通过性也是汽车的重要性能，是指在一定装载质量下，汽车能以足够高的平均速度通过各种地形及各种障碍的能力。

3. 航空载运工具

飞机在诞生之初主要用于军事领域，20世纪20～30年代，飞机开始承接快速空中运输任务，运输机出现了。

（1）飞机的类型

①按运输类型不同，飞机可分为航空公司定期航班或非定期航班使用的各种运输机，为工农业生产飞行、商业飞行、教学飞行等服务的民用航空飞机。

②按航程距离不同，飞机可分为远程飞机、中程飞机、近程飞机和短程飞机。

远程飞机的航程在8000千米以上，主要用于洲际飞行。由于航程远，需耗用大量燃料，其机体尺寸和尺寸都很大，所需跑道也长。中程飞机的航程在3000～5000千米范围内，适用于洲内的主要航线，其最大起飞质量在100吨以上。近程飞机的航程在3000千米以下，适用于国内主要航线，其最大起飞质量在40吨以上。短程飞机的航程在1000千米以下，是主要用于地方支线和通勤运输的飞行，其最大起飞质量在40吨以下。

③按发动机及其产生推力的类型不同，飞机可划分为活塞式飞机、涡轮螺旋式飞机、涡轮喷气式飞机和涡轮风扇喷气式。

活塞式飞机是以汽油发动机为动力来源，带动螺旋桨旋转以产生推动力的飞机。大部分通用航空飞机采用这种类型。

涡轮螺旋式飞机是以燃气涡轮发动机为动力来源，带动螺旋桨旋转以产生推动力的飞机。部分短程支线和通勤运输飞机以及少数双发动机通用航空飞机采用这种类型。

涡轮喷气式飞机是由燃气涡轮发动机向后喷射出高速气流以产生推动力的飞机。早期的喷气式运输机主要采取这种类型，后来被摒弃不用而代之以涡轮风扇喷气式飞机。

涡轮风扇喷气式飞机是在涡轮喷气发动机的前部（或后部）加上一个风扇以产生推动力的飞机。目前，除短程飞机外，其他运输飞机主要采用这种形式。

（2）飞机的性能

飞机的性能包括稳定性、操纵性、尾旋和颤振。

飞机稳定性是指飞机长时间以要求的姿态保持平衡，外力的作用只能暂时打破平衡，外力消失后恢复原来平衡状态的能力。稳定性对飞行安全至关重要，同时对飞机本身的性能也有重要影响，而这一性能与飞机的结构、控制等技术紧密相关。

良好的操纵性是指飞行员不需要用很大的力，就使得飞机改变飞行状态。飞机的操纵性不是越灵敏越好，太灵敏会使飞行员过分紧张，时刻要注意飞机的操纵，易导致飞行员疲劳，影响驾驶工作。飞机的操纵性和飞机的稳定性有密切关系，在具体要求上又往往相互矛盾。稳定性很好的飞机，操纵性可能不灵敏；操纵性灵敏的飞机，稳定性可能又不够好。因此，应根据不同用途飞机的性能要求，适当地协调安排，使稳定性和操纵性综合起来处于最佳状态。

尾旋指是飞机在超过临界迎角后，在绕其自身的三根轴自转的同时，重心沿陡直的螺旋线航迹急剧下降的自发运动。飞机在发生尾旋后，操纵面效率下降，这会导致操纵困难甚至完全失控，因此，尾旋的后果十分严重，经常出现机毁人亡的重大事故。尾旋是各种飞机安全性的大敌，经过几十年的努力，各国已经在飞机设计、模型试验、飞行规范等方面取得了重大进展。

因为飞机必须很轻，在空气载荷的作用下必然会出现变形。这种变形将改变气动载荷的分布，而它反过来又使变形发生变化。在这种相互作用过程中，飞机会产生颤振。当飞机发生颤振时，轻则会出现不稳定和振动现象，重则会致使飞机在空中完全解体，从而发生机毁人亡的惨剧。目前各国正在着力攻克这个难题，特别是计算机和电传操纵系统的发展，给颤振抑制带来了新的希望。

4. 管道载运工具

管道是输送油、气比较理想的工具，也可用来运输粮食和矿石等。管道自身没有动力，主要依靠各种增压设施驱动油、气、矿石沿着管道流向目的地。

（1）运输管道分类

①根据运输介质不同，运输管道可划分为输油管道、输气管道和输送固体料浆的管道。

输油管道是专门输送油品的管道，分为原油管道和成品油管道两种。输送原油的管道需要在沿线设加压泵站，而在输送易凝高黏原油时，还要增设加热站或热泵站进行热处理。输气管道是输送从气田开采出来的天然气和石油伴生气的管道。在世界管道总长度中，输气管道占一半以上。固体料浆管道是指输送煤、铁等矿石的管道，不过煤、铁矿石等需要粉碎成粒状，与适量的液体配置成浆液进行管道运输。

②依据动力驱动机械不同进行分类。根据不同的要求与管道特性，管道内的运输介质由不同类型的泵或压缩机驱动，如往复泵驱动、螺杆泵驱动等。根据泵的驱动机械动力不同，又可分蒸汽机驱动、内燃机驱动、电动机驱动及燃气轮机驱动等。

③根据制造材料不同，运输管道可划分为竹制管道、铁制管道和钢制管道。

（2）运输管道的发展

我国是最早使用管子输送流体的国家，公元前 200 多年就已经用竹筒连接起来输送卤水。1865 年，美国用管径为 50 毫米的熟铁管修建了第一条原油管道，长 9.75 千米，每小时输原油 13 立方米。20 世纪 50 年代，伴随石油开采的迅速发展，各采油国开始大量兴建油气管道。

5. 轨道载运工具

轨道载运工具是沿轨道行驶的各种机车与车辆的总称。轨道载运工具被广泛地应用于城市之间的中长途客货运输，城市内和市郊的公共交通，尤其是大量、快速的公共交通列车、市郊铁路列车、铁路客货运输列车、高速铁路列车以及其他轨道式公共交通车辆或列车等，而各种列车又各有特点。

（四）物流运输的提供者

运输服务是由各种提供者在社会范围内的有机配合共同提供的。主要包括单一方式经营人、专业承运人、联运经营人和非作业性质的中间商。

1. 单一方式经营人

最基本的承运人类型是仅利用一种运输方式提供服务的单一方式经营人，这种单一方式能提高服务的集中度，使承运人业务高度专业化，进而相对提高经营者的运营能力和运营效率。航空公司就是单一方式的物流承运人的典型例子，它们只提供机场至机场的服务。

2. 专业承运人

对于那些批量小、品种多的货物，由于在装运、交货和运输中易产生问题，那些从事大批量物流运输服务的承运人，很难提供价格合理的小批量货物装运服务，服务质量相对较低。于是那些提供专门化小批量服务的公司就可以进入小批量装运服务市场或包裹递送服务市场。如美国的 UPS、DHL，我国的邮政速递等。

3. 联运经营人

联运经营人使用多种运输方式，利用各自的内在经济，在最低成本的条件下提供综合性服务，组成托运人眼中的"一站式"服务。针对每一种多式联运的组合，其目的都是要综合各种运输方式的优点，以实现服务最优化和绩效最大化。

4. 中间商

运输服务的中间商通常不会拥有运输设备或直接经营物流运输业务，他们向其他厂商提供经纪服务。中间商的利润是向托运人收取的费认和向承运人购买的运输服务成本之间的差额。货运中间商使托运人和承运人有机结合起来，既方便了小型托运人的托运活动，同时也简化了承运人的作业行为，并且可以通过合理安排运输方式，避免物流运输资源的浪费。

物流运输服务中间商主要有货运代理人、经纪人和托运人协会等。货运代理人（简称货代）是把来自各种顾客手中的小批量货物装运整合成大批量装载，然后利用专业承运人进行运输，在目的地，他们将大批量装载拆成原来的小件装运量。经纪人实际上就是运输代办，他们大多是精通或具有运输业务知识和能力的人，但往往不具备独立的实力，通过为供求双方提供服务来获取佣金。托运人协会在作业方式上类似于货运代理人，通过把小批量的货物装载整合成大批量的装载实现节约成本、提高效率。

（五）物流运输的参与者

虽然物流运输服务是一种以盈利为目的的商业活动，但是它与普通的商品交易不同。一般的商品交易大多只涉及买卖双方，而物流运输服务往往受到五个方面的影响，分别是托运人、收货人、承运人、政府和公众。

1. 托运人和收货人

托运人和收货人是运输服务和运输利益最直接的参与者和获益人，他们的目的都是在较短的时间内，以尽可能低的成本将货物从起运地转移到目的地。他们有较多的共同利益，也最关注物流运输服务中各个环节的服务质量，比如托运手续的便利性、交付和提取货物的安全性、货物损失率等，这些作业活动的质量高低都会直接影响托运人和收货的实际利益。

2. 承运人

在物流运输中，承运人就是运输部门，是物流运输最重要的参与方之一。作为中间环节，他们希望以最低的作业成本完成运输任务，获得更多的运输收入。

托运人和承运人在物流运输中是一对矛盾的统一体，二者的利益之间存在差距，同时又都希望实现合作，这是双方获利的共同基础。

3. 政府

因为物流运输对经济有着重要的作用和影响，政府要维持物流运输过程的合理、均衡、高效。现代社会更是如此，政府要适度地干预物流运输活动，尤其是承运人的活动，以防止高度趋利行为带来的负面社会效应。政府的干预活动往往采取制定政策或规章制度的形式，通过限制承运人服务范围、管制承运人服务价格来规范他们的行为，也可以通过支持研发或提高道路通行水平来促进物流运输业的发展和提高承运人的盈利水平，甚至以直接承担承运人的部分职责等方式来实现对物流运输服务的有效干预。

4. 公众

经济发展的最终受益者是公众，在合理的价格水平下，公众对商品的需求决定了物流运输需求量。作为某一物流活动的参与方，公众一般更关注物流运输的可达性、费用和效率，公众还关注环境和交通的安全问题，如运输工具的可靠性及其对环境的污染程度等。

一方面，物流运输离不开各方的参与，另一方面，物流运输的参与者使运输关系变得复杂，也增加了运输决策的难度。这就要求物流运输管理者要考虑多方面的因素，顾及所有参与者的利益。

第二节 运输与物流的关系

由于运输在物流中占有重要的地位，有人甚至将物流视同为运输。但实际上，运输与物流之间既有区别，又有联系。

一、运输与物流的区别

物流是物品从供应地到接收地的实体流动过程，包括运输、储存、装卸、搬运、包装、流通加工、配送、信息处理等活动。运输是物流活动的众多子活动之一，也是最重要的活动。它在物流过程中承担了改变空间状态的任务，是改变物品空间状态的主要手段。

概括来讲，与运输相比，物流还存在以下几个突出的特点。

（一）物流在时间上的刚性约束和弹性调整

物流与运输的最大区别就在于物流的全过程都用精确的时间进行控制和组织。物流以满足生产经营需要作为自己的生命线，其仓储、运输、配送活动是以企业的生产、销售计划为前提的。现代生产越来越精益化，这就要求物流服务在时间上更精确，产品的实物流动过快或过慢、送达时间的超前或滞后都是不合理的。物流作业计划也要按照生产需要进行适当的调整和补充，而随生产变化灵活作业是物流服务水准的体现。

（二）物流在范围上的延展性

物流应追求高质量的服务水准，质量要求只有最低标准，没有最高限制。在物流服务过程中，所有用户不满意的地方都要加以改进，这些改进和附加的工作往往会形成新的服务项目或服务产品，为企业带来更多的商机和更高的回报。运输只需将货物按要求在规定的时间内交付托运人就可视为完成任务，不存在追求高质量服务的需求。

（三）物流是企业进行营销的基础

物流企业要加强营销以争取用户，但这种营销不同于传统运输的报价和运输合同的签订，而是为用户设计一整套最优化、最经济的产品物流方案。由此，营销的成败往往取决于是否有一支既懂运输又精通生产、销售和财务管理的人才队伍，取决于他们是否具有创造性、应变和设计能力。

（四）物流更加重视长期伙伴关系

物流与运输的另一个明显不同之处在于高度重视、选择那些可以长期合作的用户，不惜代价与他们建立"一荣俱荣、一损俱损"的伙伴性关系。这种伙伴性关系体现在与具有各种运输方式的协作伙伴关系的巩固、网络化支撑的强大，因此，具备多式联运功能也是物流企业不可或缺的。

二、运输与物流的联系

运输与物流的联系不仅体现在运输是物流的一个环节，还表现在运输与物流活动中的其他环节（如包装、装卸、储存、配送等）的关系也非常密切。

（一）运输与物流各环节的联系

1. 运输与包装的关系

在进行运输之前，通常都要对货物进行包装，货物的包装材料、包装规格、包装方法等都不同程度地影响着物流运输。货物包装的外廓尺寸应该充分与运输车辆的内廓尺寸相吻合，以充分利用车辆的容积，提高货物的装载率。

2. 运输与装卸的关系

一般来说，一次运输过程往往伴随两次装卸活动，即运输前、后的装卸作业。运输前的装卸活动是完成运输的先决条件，装卸质量对物流运输产生巨大的影响，装卸工作组织得力，装卸活动开展顺利，能够使物流运输工作顺利进行；当货物到达目的地后，装卸为运输作补充劳动，使物流运输的目的最终完成；对使用两种以上运输工具的物流运输活动，装卸还是各种运输方式的衔接手段。

3. 运输与储存的关系

储存是货物暂时处于停滞的状态，是货物投入消费前的准备。货物的储存量虽然取决于需要量，然而货物的运输也会给储存带来重大影响：运输活动组织不善或运输工具不得力，就会增加货物储存量，造成储存成本和货物损耗增加；反之，就会在满足消费需求、创造社会效益的同时，获得较好的经济效益。

4. 运输与配送的关系

严格说来，运输和配送是两个不同的概念。在企业的物流活动中，将货物大批量、长距离地从生产工厂直接送达客户或者配送中心称为运输；货物再从配送中心就近发送到地区内各客户手中称为配送。两者的区别如表 3-1 所示。

表 3-1　运输和配送的比较

运输	配送
大量货物长距离的移动	少量货物短距离的移动
货物在物流节点间移动	由企业将货物送交客户
货物在地区间移动	货物在地区内部移动
一次向一地单独运送货物	一次向多处运送货物，每处只获得少量货物

运输和配送之间又有着密切联系，配送往往作为运输的后续活动，而运输活动则为有效的配送作准备。

（二）物流对运输的超越

应该指出的是，虽然运输是物流的主体功能，但它并不是物流活动的全部。物流是对运输的超越，主要体现在以下方面。

1.物流是超出运输范畴的系统化管理

物流管理系统不仅包括运输功能，还包括装卸、包装、存储等诸多功能，它服务于生产、流通和消费的全过程，参与生产企业的供应、生产和销售，并从中获取收益。因此，物流活动的收益要大于运输的收益。

2.物流关注信息流和增值流的同步联动

物流不同于运输只注重实物的流动，它还关注信息流和增值流的同步联动。信息流不仅反映产品的运送、收取情况，更重要的是反映对物流质量的评价。增值流是指物流所创造的形态效用、空间效用和时间效用，它直接影响企业产品的价格和利润。

这是因为：一方面，在同类产品的价格基本相同时，物流费用越少，企业的利润就越高；另一方面，在确定合理利润率的前提下，物流费用越少，产品的价格就越低，竞争力就越强。

3.物流以生产和流通企业的利益为中心

运输只是物流管理控制的必要环节，处于从属地位。从这一意义说：有物流必然有运输，而再完善的运输也还远不是物流。运输企业要开展物流活动，必须主动为企业产品的生产和销售服务，为产品的市场竞争和利益服务；主动开展物流市场调查、市场预测，到企业中做好推销、宣传等业务，根据企业的需要，提供全方位的物流服务。另外，从社会效益上讲，将运输从物流活动中分离出来，也能够促进专业分工的发展。

4.物流比运输更重视先进技术的应用

由于现代物流关心顾客服务水平的提高、总成本的降低以及物流活动的网络化和规模化，一些先进的技术常常首先在物流中而不是在运输中得到应用，如人们先认识到，通过建立 GPS（Global Positioning System，全球卫星定位系统），对物流的全过程进行适时监控、适时货物跟踪和适时调度是很有必要的，然后才有 GPS 在运输中的应用；与顾客，特别是与长期合作的主要顾客建立 EDI（Electronic Data Interchange，电子数据交换系统）联系，在一些物流服务先进的国家已经实现，而它在运输中的应用才刚刚起步。另外，自动装卸机械、自动化立体仓库、自动堆垛机和先进适用的信息系统也在不断推广应用中。

三、运输对于物流的意义

运输在物流活动中占有重要的地位，它是物流活动的中心职能，物流过程中的其他活动都是围绕着运输而进行的，物流合理化在很大程度上取决于运输合理化。由此，运输对物流的意义重大。

（一）运输是物流系统功能的核心

物流系统具有三大功能，即创造物品的空间效用、时间效用和形质效用。这三大功能分别由三种不同的物流活动来实现，时间效用主要由仓储活动来实现，形质效用由流通加工业务来实现，空间效用则通过运输来实现。在上述三种效用中，空间效用处于核心地位，影响甚至决定着其他两种效用。这使得运输成为物流系统中的主导因素，成为所有功能的核心。

（二）运输影响物流的其他构成要素

运输对物流过程的其他环节有着重要影响。比如，运输方式决定着装运货物的包装要求；不同类型的运输工具决定了与其配套使用的装卸搬运设备以及接收和发运站台的设计；企业库存储备量的大小受运输状况的直接影响，发达的运输系统能适量、快速、可靠地补充储备，减少企业库存，降低相应成本。

（三）减少运输费用是降低物流费用的关键

不断降低物流费用，对于提高物流活动的经济和社会效益都起着重要的作用，所谓物流是企业的"第三利润源"，其意义也在此。在物流过程中，直接耗费的活劳动和物化劳动所支付的直接费用主要有运输费、保管费、包装费、装卸搬运费和物流过程中的损耗等。其中，运输费用所占的比重最大，运输安排合理与否，不但关系物流时间的长短，还会影响物流费用的高低。

（四）运输合理化是物流系统合理化的关键

物流合理化是指在各物流子系统合理化的基础上实现物流系统总体功能最优化，即系统以尽可能低的成本创造更多的空间效用、时间效用、形质效用。从物流承担主体的角度来看，物流合理化就是以最低的成本为用户提供更多优质的物流服务。运输是各功能的基础与核心，直接影响着物流子系统的运行，只有运输合理化，才能使物流结构更加合理，总体功能更优化，因此，运输合理化是物流系统合理化的关键。

第四章 物流运输方式

第一节 铁路运输

铁路运输在国民经济中承担着大部分的客货运输任务,是我国交通运输网的骨干。

一、铁路运输概述

(一)铁路运输定义

铁路运输是利用铁路设施和设备运送旅客和货物的一种运输方式。铁路运输业务主要包含铁路客运服务与铁路货运服务。其中,铁路货物运输是指用铁路线路、火车等专用的铁路运输设备将物品从一个地点向另一个地点运送,包含集货、分配、搬运、中转、装入、卸下、分散等一系列操作。

(二)铁路运输特点

铁路运输是现代化运输业的主要运输方式之一,与其他运输方式相比较,具有以下主要特征:

①铁路运输的准确性高、连续性强。铁路运输基本上不受气候影响,一年四季可以不分昼夜地进行定期的、规律的、准确的运转。

②铁路运输速度较快。铁路货车行驶速度每小时可达 160 千米,高铁每小时可达

350 千米，超导磁悬浮列车甚至每小时可达 600 千米。

③铁路运输量较大。铁路运输的运送能力远大于道路运输的单车运量，适合大宗物资的运输。

④铁路运输成本较低。铁路运输使用大功率机车牵引列车运行，运行阻力较小、能源消耗低，系统运行成本费用较低。

⑤铁路运输安全可靠，风险小。

⑥铁路初期建设投资高。铁路运输需要架设桥梁和开挖隧道、铺设轨道，建路工程艰巨复杂，需要消耗大量钢材、木材等，占用土地，初期投资大大超过其他运输方式。

⑦机动性差。铁路车站设置固定，火车不能随处停车，而且只能在固定线路上运行，一般不适宜紧急运输。

⑧铁路按列车组织运行，在运输过程中需要有列车的编组、解体和中转改编等作业环节，占用时间较长，增加货物在途中的时间。

另外，铁路运输由运输、机务、车辆、工务、电务等业务部门组成，各业务部门之间必须协调一致，这就要求在运输指挥方面实行统筹安排。

（三）铁路运输系统组成

1. 铁路线路

铁路线路是机车车辆和列车运行的基础，直接承受机车车轮传来的压力，为了保证列车能按规定的最高速度，安全、平稳和不间断地运行，铁路运输部门完成客货运输任务，铁路线路必须保持完好状态。

铁路线路是由路基、桥隧建筑物和轨道组成的一个整体工程结构。路基是铁路线路承受轨道和列车载荷的基础结构物。按地形条件、线路平面和纵断面设计要求，路基横断面修成路堤、路堑和半路堑三种基本形式。

桥隧建筑包括桥梁、涵洞、隧道等。铁路通过江河、溪沟、谷地和山岭等天然障碍物或跨越公路、其他铁路线时需要修筑各种桥隧建筑物。

轨道是由钢轨、轨枕、连接零件、道床、防爬设备、道岔构成的。

2. 信号与信号设备

铁路信号是向行车和调车人员发出的指示和命令。

铁路信号设备是铁路信号、联锁设备、闭塞设备的总称。信号设备是指挥列车运行、组织运输生产及进行公务联络等的重要工具。

3. 铁路车站

铁路车站既是铁路办理客、货运输的基地，又是铁路系统的一个基层生产单位。在车站上，除办理旅客和货物运输的各项作业以外，还办理和列车运行有关的各项工作，比如列车的接发、会让与越行、车站列车解体与编组、机车的换挂与车辆的检修等。为了完成上述作业，车站上设有客货运输设备及与列车运行有关的各项技术设备，还配备客运、货运、行车、装卸等方面的工作人员。

铁路车站按等级可分为特级站、一至五等级站；按技术作业性质，铁路车站可分为中间站、区段站和编组站；按业务性质，铁路车站可分为铁路枢纽、货运站、港口车站等。

4. 铁路运载设备

（1）机车

机车是牵引或推送铁路车辆运行，本身不装载营业载荷的自推进车辆，俗称火车头。按照机车原动力可将铁路机车划分为蒸汽机车、内燃机车、电力机车。

（2）车辆

铁路车辆是运送旅客和货物的工具，本身没有动力装置，需要把车辆连挂成列，由机车牵引，才能在轨道上运行。一般来说，铁路车辆的基本构造由车体、车底架、走行部、车钩缓冲装置、制动装置等五部分组成。

按照车辆运送对象的不同，把铁路车辆分为客运车辆、货运车辆和客货运车辆。按照车辆的用途或车型，货运车辆可以划分为通用货车（棚车、敞车和平车），专用货车（家畜车、罐车、保温车、水泥车、集装箱车），特种货车（凹型车、落下孔车、钳夹车）。通用货车是一种通用性质较强的车辆，对于大多数的货物都有可以运载的功能；专用货车主要是专供装运某些种类货物的车辆，具有专项性的特征；特种货车是具有某种专门用途或者是特殊用途的车辆。

二、铁路货物运输方式

按照运输条件，铁路货物运输可分为普通运输和特殊运输；依照装货条件，铁路货物运输可分为整车运输、零担运输、集装化运输、高铁快运。整车适用于运输大宗货物；零担适用于运输小批量的零星货物；集装箱适用于运输精密、贵重、易损的货物。

（一）铁路整车货物运输

一批货物的质量、体积或形状需要一辆以上货车进行运输的，按照整车组织托运，主要用于煤炭、石油、矿石、钢铁、焦炭、粮食、化肥、化工、水泥等大宗品类物资的运输。一批质量在40吨以上或体积在80立方米以上的塑料制品、金属制品、工业机械、日用电器、果蔬、饮食品、纺织品、纸制品、文教用品、医药品、瓷砖、板材等批量货物，也按整车组织运输。

1. 整车货物运输的基本条件

①整车货物每一货车所装货物为一批。跨装、爬装及使用游车所装运的货物，以每一车组为一批。某些限按整车办理运输的货物，允许托运人将一车货物托运至两个或三个到站分卸，即整车分卸。

②整车货物按件数、重量承运，但对于规格、件数过多的散装、堆装货物和在装卸作业中难以清点的货物，只按重量承运，不计算件数。

③货车的装载量通常不能超过货车的容许载重量，但部分货车允许增载量。标重为50吨的货车不分车种可增载3吨；标重为60吨的C61、C62A型的敞车，可增载2吨；

装运化工产品的罐车 G3 型可增载 3 吨；其他型罐车可增载 5 吨；凡涂有"免增"字样的货车（包括上述车型车号的货车）都不允许增载。

2. 不能按一批办理的货物

①易腐货物与非易腐货物。

②危险货物与非危险货物。

③根据货物性质，不能混装运输的货物。

④保价运输货物与非保价运输货物。

⑤投保运输险与未投保运输险的货物。

⑥运输条件不同的货物。

（二）铁路零散快运

铁路零散快运是指一批货物的质量、体积、性质或形状不够装一车的货物（不够整车运输条件）时，与其他几批甚至上百批货物共享一辆货车的运输方式。针对一批质量不足 40 吨且体积不足 80 立方米的货物，可按照零散货物快运办理。

1. 不得零担运输的货物

①散堆装货物。

②危险货物、超限超重和超长货物。

③活动物及需冷藏、保温运输的易腐货物。

④易于污染其他货物的污秽货物。

⑤军运、国际联运、需在米轨与准轨换装运输的货物。

⑥在专用线（专用铁路）装卸车的货物。

⑦煤（01）、石油（02）、焦炭（03）、金属矿石（04）、钢铁（05）、非金属矿石（06）、磷矿石（07）七个大宗货物品类，以及用棚车以外车辆装运的货物。

⑧国家法律法规明令禁止运输的货物。

⑨其他不宜作为零散货物运输的货物。

2. 铁路零担货物种类

根据零担货物的性质和作业特点，零担货物划分为普通零担货物、危险零担货物、笨重零担货物和零担易腐货物。

①普通零担货物，简称普零货物，即按零担办理的普通货物，一般使用棚车装运。

②危险零担货物，简称危零货物，即按零担办理的危险货物，一般使用棚车装运。

③笨重零担货物，简称笨零货物，指一件重量在 1 吨以上，体积在 2 立方米或长度在 5 米以上，性质适宜用敞车装运和吊装、吊卸的货物。

④零担易腐货物，即按零担办理的鲜活易腐货物。

3. 铁路零担货物的运输方式

根据零担货物的流向流量、运距长短、集结时间和车站作业能力等因素，组织零担货物的运输方式可分整装零担车（简称整零车）和沿途零担车（简称沿零车）。

整零车按车内货物是否需要中转，分为直达整零车和中转整零车。直达整零车所装的货物不经过中转，可以直接运到货物到站。全车所装的货物到达一个站的，叫一站直达整零车；全车所装的货物到达两个站的，叫两站直达整零车。中转整零车所装的货物为同一去向，但到站分散。组织中转整零车应尽可能装运到距离货物到站最近的中转站，以减少中转次数。另外，为了及时运送零散的长大、笨重或危险货物，整零车中还有同一径路的三站直达整零车，或三站中转整零车。

沿零车是指在指定区段内运行，装运该区段内各站发到的零担货物。沿零车又分为直通沿零车和区段沿零车。直通沿零车即通过几个沿零区段不进行货物的中转（换装）作业，但需要在途中经过几次列车改编的长距离沿零车；区段沿零车，也就是在两个技术站间运行的短距离沿途零担车。

（三）铁路集装化运输

铁路集装化运输是指使用集装器具或捆扎方法，把裸装货物、散粒货物、有商业包装的货物等适宜集装运输的货物，组成具有一定规格的集装货件，经由铁路进行的货物运输。集装化因货制宜地利用一些特制的用具，把货物集零为整、化繁为简，达到便于装卸、搬运、储存和计件同时提高运输效率的目的。集装化的组织方式有集装箱、托盘、捆扎、集装袋、笼、网、预垫、集装架（夹）等。集装箱运输可为客户提供门到门运输和全程物流服务。

1. 集装化运输的基本条件

集装运输的货件，集装后每件体积不应小于 0.5 立方米，或重量不少于 500 千克。棚车装运的，每件重量不得超过 1 吨、长度不超过 1.5 米，体积不超过 2 立方米，到站限制为叉式车配属站。敞车装运的，每件重量不得超过到站的最大起重能力（经到站同意者除外）。

集装化货物与非集装化货物不可一批运输。集装货件符合整车条件的按整车办理，不够整车条件的按零担办理。按零担办理的，一批只能采用同一集装方式。

托运集装化货物，托运人须在铁路运输服务订单和货物运单上注明"集装化运输"字样，车站须加盖"集装化运输"戳记。批准后的集装化运输货物，不得以非集装化方式运输。

2. 铁路集装箱运输的基本条件

①集装箱应在规定的铁路集装箱办理站办理运输。

②集装箱装载运输的货物必须是适箱货物，易于污染和腐蚀箱体的货物、易于损坏箱体的货物、鲜活货物（经铁路局确定，在一定季节和一定区域内不易腐烂的货物除外）及危险货物（另行规定的除外）严防使用铁路通用集装箱装运。

③集装箱货物符合一批办理的条件：集装箱运输每批必须是同一箱型、同一箱主、同一箱态（同一重箱或空箱），至少一箱；最多不超过一辆铁路货车所能装运的箱数或集装箱总重之和不超过货车的容许载重量；铁路集装箱与自备集装箱一般不能按一批

办理。

④集装箱拆、装箱由发货人、收货人负责，集装箱装箱货物由托运人决定。

3. 集装化用具管理

集装化用具原则上由托运人、收货人自备。铁路根据为集装化运输服务的原则，也可准备一部分用具，使用出租的方式供托运人、收货人使用。

集装化用具需要回送时，车站根据运单记载的"集装化运输"戳记和按《铁路货物运输规程》规定签发的"特价运输证明书"办理回送，并按《铁路货物运价规则》规定费率核收运费。

（四）国际联运

国际铁路货物联运是指在跨国及两个以上国家铁路的货物运送中，由参加国家铁路共同使用一份运输票据，并以连带责任办理的全程铁路运送业务。

办理国际联运的相关规定详见《国际铁路货物联运协定》和《国际铁路货物联运协定办事细则》。

"五定"班列，是指定点、定线、定车次、定时间、定价，定点是指装车站和卸车站固定，定线是指运行线路固定，定车次是指班列车次固定，定时间是指货物发到时间固定，定价是指全程运输价格固定。

三、铁路货物运输的基本业务

铁路货物运输的基本业务主要包含货物的发送作业、货物的途中作业和货物的到达作业。

（一）货物的发送作业

货物的发送作业主要包括托运、受理、进货和验货、装车、制票和承运等。整车与零担发送作业的程序不同，整车货物是先装车后承运，零担是先承运后装车，集装箱与零担的发送作业程序基本相同。整车有计划，零担随到随承运。

①托运。托运人向承运人提出运单和运输要求。托运须完成的工作：对货物进行符合运输要求的包装；在货件上标明清晰明显的标记；向车站提交货物运单；备齐必要的证明文件。

②承运人受理。受理托运人提出的运单要求后，经承运人审查，若符合运输条件，则在货物运单上签证货物搬入日期（零担）或者装车日期（整车）的作业。

③进货和验货。进货是在货场内装车的货物，托运人按照承运人受理时签证的搬入日期，将货物搬入车站，堆放在指定货位，完好地交给承运人的作业。验货是车站在接受托运人搬入车站的货物时，按运单记载对品名、件数、运输包装、重量进行检查，确认其符合要求并同意货物进入场、库指定货位的作业。

④装车。装车前要进行运单检查、货物检查和车辆检查。装车完成后要对货车和集装箱进行施封。

⑤制票和承运。进行整车装车与零担集装箱验货后，托运人交付运费，并且办理支票和承运业务。

（二）货物的途中作业

货物的途中作业主要有货物的交接、检查，换装整理，运输合同变更，整车分卸及运输障碍处理等。

①途中货物的交接、检查。对已施封而未在货物运单或票据封套上注明的货车，按不施封货车交接，对油罐车上部封印，交接时不检查。

②货物的换装整理。换装是将不宜继续运行的车中货物卸下，装入安全运输的货车内；整理是就原车货的装载位置、高度进行整理，或卸下超载部分及捡拾散漏货，以便车能继续运行。

③货物运输合同的变更或解除。铁路货物运输合同的变更包括：托运人或收货人由于特殊原因，对已经起运的货物，可按批向货物所在的中途站提出变更到站或变更收货人请求；铁路运输企业在发生交通运输事故或其他运输障碍时，可向托运人提出运输变更。上述变更情况都应取得对方当事人的同意。铁路货物运输合同的解除是指在货物在承运后、起运前，托运人向发站提出取消货物运输要求。解除合同后，发站应退还全部运费与押运人乘车费，但特种车使用费和冷藏车回送费不退。托运人也应按要求支付保管费等费用。

④整车分卸。途中分卸站要进行货物的分卸作业。

⑤运输障碍处理。由于不可抗力（如风灾、水灾、地震等），行车发生中断，货物运输发生阻碍时需绕路运输，或在必要时先将货物卸下，妥善保管，待恢复运输时再行装车继续运输。

（三）货物的到达作业

货物的到达作业是指货物在到站进行的货运作业，包括收货人面向承运人进行的到站查询、交费、领货、接受货物运单事项，以及到站共同完成交付手续；到站向收货人发出货物催领通知，接受到货查询、收费、交货、交单业务，与收货人共同完成收货手续；由铁路部门组织卸车或收货人自己组织卸车，到站向收货人交付货物或办理交接手续。

①货物到达的查询。由承运人组织卸车的货物，到站应在不迟于卸车完次日内，用电话、电邮、微信、短信、QQ等方式，向收货人发出催领通知并在货票内记明通知的方法和时间。有条件的车站可采取电话、短信、电邮、微信、QQ、钉钉等通知方法，收货人也可与到站商定其他通知方法。

②货物的暂存。到达铁路车站的货物，可以在铁路车站免费存放24小时。免费存放期限自铁路车站发出到货催领通知的次日（或卸车的次日）零点起计算。当收货人领取货物已超过免费暂存期限时，应按规定支付货物暂存费。

③到货领取。领取货物时必须凭"领货凭证"和相关证件到货运室办理货物领取手续。收货人为个人的，本人还应持本人证件（户口簿或身份证）；收货人为单位的，应由单位出具所领货物和领货人姓名的证明文件，领货人持本人身份证领取。

用户到铁路托运货物时，不只是和铁路货运员工打交道，实际上也是和铁路货运规章制度打交道。就货运营业方面而说，托运人、收货人和承运人除了要遵守《中华人民共和国铁路法》《铁路危险货物运输安全监督管理规定》《铁路安全管理条例》外，还要共同执行《铁路货物运价规则》《通用货物品名表》《国际联运货车使用规则》《国际铁路货物联运协定（中文）》《国际铁路货物联运统一过境运价规程》等规章制度。

第二节　公路运输

一、公路货物运输特点

①适应性强，能作为其他运输方式的衔接手段。公路运输网的密度大、分布面广。当其他运输方式（如铁路、水路或航空）承担主要长途运输方式时，公路汽车运输则担任其起始点、终到点的货物集散运输方式。

②实现"门到门"直达运输。汽车体积较小，一般在中途无须换装，可以将货物从始发地门口直接运送到目的地门口，实现"门到门"直达运输。

③承担中短途运输，运送速度较快。在中短途运输中，中途不需要倒运、转乘就可以直接将货物运达目的地。

④车辆驾驶技术较易被掌握。公路运输驾驶员的培训要求与火车或飞机驾驶员相比，汽车驾驶技术比较容易掌握，对驾驶员素质要求相对较低。

⑤运行持续性相对较差。在各种运输方式中，公路的平均运距是最短的，运行持续性较差。

⑥安全性较低。

⑦汽车载重量小，行驶阻力较大，消耗的燃料主要是液体汽油或柴油，单位货物消耗能源较多。并且，汽车排出的尾气和引起的噪声严重威胁人类健康，是城市环境污染的最大污染源之一。

二、公路货物运输的基本业务

（一）提出托运

提出托运是指货主委托运输企业运送货物，并为此办理相关手续的统称。托运通常采用书面方式，托运手续的办理就是公路货物运输合同的订立。公路货物运输合同由承运人和托运人本着平等、自愿、公平、诚实、信用的原则签订。

公路货物运输书面合同分为定期货运合同和一次性货运合同。定期运输合同适用于承运人、托运人、货运代办人之间商定时期内的批量货物运输；一次性货运合同适用于每次货物运输。公路货物托运单属于一次性货运合同，须经运输单位审核并由双方签章后方具有法律效力。运单确定承运方与托运方在货物运输过程中的权力、义务和责任，是货主托运货物的原始凭证，也是运输单位承运货物的原始依据。托运人应按运单要求填写相关内容，需要字迹清楚、内容准确，并且注意以下事项：

①一张运单托运的货物必须是同一托运人、收货人。

②托运的货物品种不能在一张运单内逐一填写的，应填写货物清单。

③对拼装分卸货物，应将每一拼装或分卸情况在运单记事栏内注明。

④若自行装卸货物，需在运单内注明。

⑤易腐蚀货物、易碎货物、易污染货物与普通货物以及性质相互抵触的货物不能用一张运单。

⑥托运特种货物，托运人应按要求在运单中注明运输条件和特约事项。

⑦按照国家有关部门规定需办理准运或审批、检验等手续的货物，托运人托运时应将准运证或审批文件提交承运人，并随货同行；托运人委托承运人向收货人代递有关文件时，应在运单中注明文件名称和份数。

⑧已签订运输合同的运单由承运人填写，并在运单托运人签字盖章处填写合同序号。

⑨托运人、承运人修改运单时，需签字盖章。

（二）承运验货

货物承运是承运方对托运的货物进行审核、检查、登记等受理运输业务的工作过程。货物承运自运输单位在托运单上加盖承运章开始。承运人应和托运人约定运输路线，若起运前运输路线发生变化，必须通知托运人，并按最后确定的路线运输。运输期限由承托双方共同约定后，应在运单上注明。

运输单位在托运单上加盖承运章前，应派人验货，即对货物实际数量、质量、包装、标志以及装货现场等情况进行查验。

（三）计划配运

承运方的调度员根据承运货物情况和运输车辆情况编制车辆日运行作业计划，平衡运力运量及优化车辆运行组织，并且根据车辆运行作业计划发布调度命令。

（四）派车装货

根据车辆运行作业计划填发"行车路单"，并派车去装货地点装货。货物装车时，驾驶员要负责点件交接工作，确保货物完好无损和计量准确。车辆装货后，业务员应根据货物托运单及发货单位的发货清单填制运输货票。

（五）起票发车

运输货票是承运的主要凭证，是一种具有财务性质的票据。它在起票站点是向托运人核收运费、缴纳运输费用、统计有关运输指标的依据。起票后，驾驶员按调度员签发的行车路单运送货物。

（六）运送与途中管理

车辆在运送货物过程中，调度员应做好线路车辆运行管理工作，掌握各运输车辆工作进度，及时处理车辆运输过程中临时出现的各类问题，确证车辆日运行计划的充分实施；驾驶员应及时做好货运途中的行车检查，既要保持货物完好无损、无漏失，又要保持车辆技术状况完好。

在货物起运前后，如遇特殊原因托运方或承运方需要变更运输时，应及时由承运和托运双方协商处理，填制汽车运输变更申请书，所发生的变更费用，需按有关规定处理。

（七）运达与卸货交货

货物运达承、托双方约定地点后，承运人认识收货人的，应及时通知收货人。收货人应凭有效单证及时提收货物；收货人逾期提收货物的，应当向承运人支付保管费等费用。收货人不明或者收货人无正当理由拒绝提收货物的，应赔偿承运人因此造成的损失；依照《中华人民共和国合同法》的相关规定，承运人可以提存货物。

货物交付时，承运人与收货人应当做好交接工作，发现货损、货差情况时，由承运人与收货人共同编制货运事故记录，交接双方在货运事故记录上签字确认。货物交接时，如果承、托双方对货物的质量和内容有质疑，均可提出查验与复磅要求，查验和复磅的费用由责任方负担。

（八）运输统计与结算

运输统计是指对已完成的运输任务依据行车路单及运输货票进行有关运输工作指标统计，生成有关统计报表，供运输管理与决策使用。

运输单位内部结算是指对驾驶员完成运输任务应得的工资收入进行定期结算；运输单位外部结算是指对货主（托运人）进行运杂费结算。运杂费包括运费与杂费两项费用。杂费指在整个运输过程中发生的除运费之外的调车费、放空费、养路费、过渡费、车船清扫费、港务费、过驳费，结合装卸进行的灌装封口过磅费和专用线、站台、码头租用费等。

（九）货运事故处理

货物在承运责任期内，因在装卸、运送、保管交付等作业过程中所发生的因货物损坏、变质、误期及数量差错而造成经济损失的，叫作货运事故。

货运事故发生后应努力做好以下工作：

①货运事故发生后，承运人应及时通知收货人或托运人。

②查明原因、落实责任，事故损失由责任方按有关规定计价赔偿。

③承运与托运双方都应积极采取补救措施，力争减少损失和防止损失继续扩大，并做好货运事故记录。

④若对事故处理有争议，应及时提请交通运输主管部门或运输经济合同管理机关调解处理。

⑤当事人不愿和解、调解或者和解、调解不成的，可依仲裁协议向仲裁机构申请仲裁；当事人没有订立仲裁协议或仲裁协议无效的，能够向人民法院起诉。

第三节　水路运输

一、水路运输概述

（一）水路运输定义

水路货物运输是指使用船舶及其他航运工具，以港口或港站为运输基地，在沿海、江河、湖泊、海洋等通航水域载运货物的一种运输方式。水路运输的技术经济特征是载重量大、成本低、投资小，但灵活性小，连续性也差，较适于担负大宗、低值、笨重货物和各种散装货物的中长距离运输，在干线运输中起着重要作用。在内河及沿海地区，水运常作为小型货运的方式，担任补充及衔接大批量干线运输的任务。

（二）水路运输特点

水路运输与其他运输方式相比，具有以下特点：

①运量大。一般驳船载运量在 1000 吨以上，长江干线上一支拖驳或顶推驳船队的载运能力已超万吨。船舶正在向大型化方向发展，如 50 万～60 万吨的巨型油轮。

②适应性强。水路运输适宜运输各种货物，特别是一些用火车、汽车无法运输的特种货物，如石油井架、机车等。

③基本建设投资少，占地少。水运只需利用江河湖海等自然水利资源，整治航道也仅只有铁路建设费用的 1/3～1/5，不占用或较少占用耕地，而铁路和公路平均每千米要占地 20000～27000 平方米。

④运费低。水路运输费用只相当于铁路运输的 20%～30%，公路运输的 7%～20%，美国密西西比河干流的运输成本只有铁路运输的 1/3～1/4。

⑤受自然条件的限制与影响大。水运受海洋与河流的地理分布及其地质、地貌、水文与气象等因素的明显制约与影响，无法在广大陆地上任意延伸，水运应当与铁路、公路和管道运输配合，实行联运。

（三）水路运输的基本条件

水路运输的系统通常由运输通路（航道与航线），运输工具（船舶、运输站场、港口），运输对象（旅客和货物），技术设备和信息网络等组成。

1.船舶

船舶是航行或停泊于水域进行运输或作业的工具。物流运输的货船主要包括散货船、杂货船、冷藏船、木材船、原油船、成品油船、集装箱船、滚装船、载驳船、液化气船等。

2. 港口

港口是具有水陆联运设备和条件，供船舶安全进出和停泊的运输枢纽，是水陆交通的集结点和枢纽，工农业产品和外贸进出口物资的集散地，船舶停泊、装卸货物、上下旅客、补充给养的场所。

港口由水域和陆域组成。

港口水域是供船舶进出港，在港内运转、锚泊和进行装卸作业使用的。港口水域要求有足够的水深和面积，水面基本平静，流速和缓，以便船舶安全操作。水域一般包括进港航道、锚泊地和港池。进港航道要保证船舶安全方便地进出港口，必须有足够的深度和宽度，适当的位置、方向和弯道曲率半径，避免强烈的横风、横流和严重淤积，尽量降低航道的开辟和维护费用；锚泊地是有天然掩护或人工掩护条件，能抵御强风浪的水域，船舶可在此锚泊、等待靠泊码头或离开港口；港池是直接和港口陆域毗连，供船舶靠离码头、临时停泊和调头的水域。

港口陆域是供旅客上下船以及进行货物的装卸、堆存和转运使用的。陆域必须具备适当的高程、岸线长度和纵深，以便安置装卸设备、仓库、堆场、铁路、公路以及各种必要的生产和生活设施等。

港口朝着全方位增值服务中心的方向发展，现代港口应具有"五个中心"的功能：物流服务中心提供船舶、汽车、火车、货物、集装箱的中转、装卸和仓储等综合物流服务；商务中心为用户提供运输、商贸和金融服务；信息与通信服务中心是电子数据交换系统的综合服务网站；现代产业中心有利于人口集中和城市经济的增长；后援服务中心提供人才培训、海员供应、贸易谈判、生活娱乐等后援服务，强化港城一体化关系，优化城市功能。

3. 水上航道与航线

航道是指在内河、湖泊、港湾等水域内供船舶安全航行的通道，由通航水域、助航设施和水域条件组成。航道通常分为海上航道、内河航道和人工航道。

海上航道属自然水道，通过能力基础上不受限制。但是，随着船舶吨位的增加，部分海峡或狭窄水道会对通航船舶产生一定的限制，这要求航运管理员必须知道船舶通行的海上航道有无限制条件。

内河航道大部分是由天然水道加上引航的导标设施构成的。航运管理员必须了解航道的宽度、深度、弯曲半径、水流速度、过船建筑物尺度以及航道的气象条件和地理环境等特征。

人工航道是指在陆上人工开发的航道，包括人工开辟或开凿的运河和其他通航渠道。如平原地区开挖的运河，山区、丘陵地区开凿的沟通水系的越岭运河，可供船舶航行的排、灌渠道或其他输水渠道等。

航线形式是指在固定的港口之间，为完成一定的运输任务，选配符合具体条件的一定数量船舶，并按一定工艺过程组织船舶运行组织形式。

航线由在各航线工作的不同船型、供船舶停靠作业的港口码头以及各种辅助设备构成，可按船舶航行区域、运行状况、航线有效期限以及航线港口数的不同进行分类。按船舶航行区域划分，航线可分为内河航线、沿海航线和远洋航线。内河航线是指符合内河航行条件的船舶，在内河沿岸固定港口间航行而组成的航线；沿海航线是指符合沿海航行条件的船舶，在沿海固定港口间航行而组成的航线；远洋航线主要是为适应国际贸易的需要及第三国的运输需要，按照运输贸易协定规定的航线，由符合远洋航行条件的船舶组成。主要的远洋航线是太平洋航线、大西洋航线、印度洋航线及世界集装箱海运干线等。

二、水路货物运输分类

（一）按航行区域分类

根据航行区域的不同，水路运输划分为沿海运输、近海运输、远洋运输及内河运输四种形式。

沿海运输是使用船舶通过大陆附近沿海航道运送客货的一种方式，一般使用中、小型船舶；近海运输是使用船舶通过大陆邻近国家海上航道运送客货的一种运输形式，视航程可使用中型船舶，也可使用小型船舶；远洋运输是使用船舶跨大洋的长途运输形式，主要依靠运量大的大型船舶；内河运输是使用船舶在陆地内的江、河、湖、川等水道进行运输的一种方式，主要使用中、小型船舶。

（二）水路运输按经营方式分类

依据经营方式的不同，水路运输分为班轮运输和租船运输两种。

1. 班轮运输

班轮运输，又称定期船运输，指班轮公司将船舶按照事先制定的船期表，在特定航线的各挂靠港口之间，为非特定的众多货主提供规则的、反复的货物运输服务，并按运价本或协议运价的规定计收运费的一种营运方式。班轮运输适合于货流稳定、货种多、批量小的杂货运输。

班轮运输具有"四固定一负责"的特点，"四固定"是指固定航线、固定港口、固定船期和相对固定的费率；"一负责"是指班轮运输承运人负责装和卸，承运人对货物负责的时段是从货物装上船起，到货物卸下船为止，即"船舷至船舷"或"钩至钩"，承运双方的权利义务和责任豁免以签发的提单为根据，并受国际公约的约束。

2. 租船运输

租船运输，又称不定期船运输，指货主或其代理人租赁其他人的船舶，将货物送达到目的地的水路货物运输方式。租船运输适用于大宗货物运输，航线、港口、运输货物的种类以及航行的时间等，按照承租人的要求，由船舶所有人确认。租船人与出租人之间的权利义务以双方签订的租船合同确定。

水路运输市场交易的租船形式主要有定期租船、航次租船、包运租船、光船租船等。

定期租船是指船舶所有人将一艘特定的船舶出租给承租人使用一段时间的租船方式。该种租船方式不以完成航运次数为依据，而是以约定使用的一段时间为期限，在此租期内船东收取租金，承租人使用该船的运载能力。租船人负担货物装卸费、理舱费、平舱费、船用燃料费、港口使用费等；其他费用，如船员工资、给养、船舶维修保养等费用由船东负担。

航次租船，也称程租，是由船舶所有人向租船人提供特定的船舶，在指定的港口之间分一个航次或几个航次承运租船人指定的货物，租船人向船舶所有人支付相应运费的租船运输方式。航次租船可分为单航次租船、来回程航次租船、连续单航次租船或连续来回程航次租船。航次租船费用负担与定期租船基本相同。

包运租船是指船舶所有人提供给承租人一定的运力，在确定的港口之间以事先约定的时间、航次周期和每航次较均等的货运量，完成合同规定总运量的租船方式，这是航次租船派生的一种特殊形式。租期的长短取决于货物的总量及船舶航次周期。船舶所承运的货物主要是运量大的干散货或液体散装货。

光船租船，亦称船壳租船，指在租期内船舶所有人只提供一艘空船给承租人使用，而配备船员、供应给养、船舶的营运管理以及一切固定或变动的营运费用都由承租人负担的租船形式。承租人在租期内成为该船临时特定的船东使用船舶。这种租船不具有运输承揽的性质，只相当于一种财产租赁。

三、水路货物运输的基本业务

在不同的水路货物运输类型中，水路运输业务流程有所不同。比如，班轮运输业务主要包括揽货、订舱、备货报检、货物收集与交接、报关、装船、换取提单与结汇、海上运输、卸船及交付货物等；租船货运业务主要包括租船询价、租船报价、租船还价、租船报实盘、接受订租、订租确认书、租船合同等；内河运输业务主要包括签订运输合同、托运货物、运送货物、交付货物等；海运运输业务主要包括确定航线、托运、承运交接货物、办理保险、通关与报关、装运、直达运输（转船）、装卸与交接、结算等。

（一）确定航线

设置航线需要考虑以下因素：

①有无保证船舶正常营运需要的充足且稳定的货源，根据货源情况，考虑基本舱位的多少。

②地理环境、气候条件、航道水深以及沿途港口状况是否适合船舶安全航行。

③所拟航线上各船舶公司的参与情况及其竞争能力情况。

④国家的外交、经贸政策及航线所在地区的政局稳定情况。

（二）托运

货物的托运阶段内容主要包括托运人与其代理人办理托运手续，承运人检验并承运货物。托运人主要业务包含填写水路货物清单、提交托运的货物、支付费用。

（三）承运与交接货物

承运人和港口经营人按照《水路货物运输规则》中的有关规定，审查货物运单和港口作业委托单填制的各项内容；通过港口库场装船的货物，由港口经营人在与作业委托人商定的货物集中时间和地点，按港口作业委托单载明的内容负责验收；通过船边直接装船或托运人自理装船的货物，由承运人或其代理人按货物运单载明的内容负责验收。

（四）办理保险

货主订妥舱位后，在货物集港前，应当向保险公司办理货物海洋运输保险事宜。

（五）报关与通关

按规定，进出口货物需向海关申报，并在交验的进出口载货清单或者装载清单、交接单、运单上，列明所载集装箱件数、箱号、尺码、货物的品名、数量、收发货人、提单或装货单号等内容。

通关作业包括物流监控、报关单电子数据申报、集中审单、接单审核、征收税费、查验、放行等作业环节。

（六）装运

①装船前，承运人应将船舱清扫干净，检查管系，港口经营人应准备好用以保障安全质量的防护措施。

②除承运人和港口经营人双方另有协议外，装船时应做到大票分隔，小票集中，每一大票货物应接单装船，一票一清，同一收货人的几票货物应集中在一起装船。

③装船作业时，承运人应派人看舱。

④装船作业时，港口经营者要严格遵守操作规程和货运质量标准，合理使用装卸工具，轻搬轻放。做到不倒关、破包不装船、重不压轻、木箱不压纸箱、箭头向上、堆码整齐。

⑤计划配装的货物，如果因故必须退装时，按规定办理。

⑥货物装船时，如实装数量与运单记载数量不符时，承运人与港口经营人应编制货运记录。

⑦装船完毕，通过港口库场装船的货物，由承运人和港口经营人在货物交接清单上签章。

（七）转船

在海运业务中，因为至目的港无直达船或无合适的船，目的港不在装载货物的班轮航线上，货物零星分散、班轮不愿停泊目的港，属于联运货物等原因，货物装运后允许在中途港换装其他船舶转至目的港，这一过程称为转船。

（八）装卸与交货

1. 卸船作业

①承运人应及时向港口经营人提供卸船资料。

②承运人应派人指导卸货。

③卸船时，比如在船上发现货物残损、包装破裂、翻钉、松钉、包装完整而内有碎声、分票不清、标志不清、装舱混乱以及积载不当等情况，港口经营人应及时与承运人联系，检查确认，编制货运记录证明，不得拒卸或原船带回。

④卸船时，港口经营人应按规定的操作规程、质量标准操作，合理使用装卸机具。

⑤承运人和港口经营人在卸船作业中，应该随时检查舱内、舱面、作业线路有无漏卸货物。

⑥货物装卸进港区库场，由承运人与港口经营人在船边进行交接。

⑦卸船完毕，承运人和港口经营人或者承运人和收货人应在货物交接清单上签章。未办妥交接手续，船舶不得离港。

2. 交货

收货人接到到货通知后，应当及时提货，不允许因对货物进行检验而使货物滞留船舶。货物运抵到达港后，承运人应当在 24 小时内向收货人发出到货通知。

（九）运费结算

按照约定，在提货时支付运费，并付清滞期费、包装整修费、加固费用以及其他中途垫款等。

第四节　航空运输

一、航空货物运输概述

（一）航空货物运输定义

航空货物运输是指在具有航空线路和飞机场的条件下，使用飞机或其他航空器作为运输工具进行货物运输的一种运输方式。起初，航空货运主要采用客机腹仓进行，现在全货机不断发展壮大。

（二）航空运输特点

航空运输快速及时、价格昂贵，适用于价值高、运费承担能力强的货物运输或者紧急运输。与其他运输方式相比，航空运输主要具有以下特点：

①航空运输时效性高，运输速度快。货物本身的性质导致此类货物对时间的要求特

别高，只能采取航空运输，如海鲜、活动物等鲜活易腐的货物。同时，企业在市场快速变化的经济社会环境中，需要及时对市场变化做出灵敏反应，不仅要考虑生产成本，还要考虑时间成本，如产品的订单生产、服装及时上市以便获取更高利润等，都离不开航空运输的支持。

②航空运输空间跨度大。飞机在空中运行时，受航线条件限制的程度相对较低，可跨越地理障碍将任何两地连接起来，使其成为执行救援、急救等紧急任务中必不可少的手段。

③航空运输破损率低、安全性好。航空货物的价格较高，操作流程环节较其他运输方式严格，加上货物空中受损少，整个航空运输环节货物的破损率低、安全性好。

④基本建设周期短、投资少。航空运输的设施设备条件主要是飞机和机场，与修建铁路和公路相比，机场建设周期短、占地少、投资省、收效快。

⑤运载载运能力低、单位运输成本高。同时，航空运输的机械维护及保养成本高。

⑥受气候条件限制。为保证安全，航空飞行在一定程度上会受到气候条件的限制，影响运输的准点性与正常性。

（三）航空运输体系的构成

航空运输体系主要包括飞机、机场、空中交通管理系统和飞行航线四个部分。这四个部分有机结合，分工协作，共同完成航空运输的各项业务活动。

1. 飞机

飞机是指由动力装置产生前进推力，由固定机翼产生升力，在大气层中飞行的、比空气重的航空器。飞机是航空运输的主要运载工具。

按用途不同，飞机可分为民用飞机和军用飞机。按照不同的运输类型，民用飞机分为运送货物的各种运输机以及为工农业生产作业、抢险救灾、教学训练等服务的通用航空飞机两大类。根据其最大起飞重量的不同，民用机可分为大型、中型、小型飞机。根据航程远近，飞机分为远程、中程、短程飞机。

2. 航空港

航空港一般称为飞机场，是航空运输的经停点，供飞机起降、停放及组织保障的场所，空运旅客、货物的集散地。根据所处的位置不同，航空港分为干线航空港和支线航空港；按照业务范围的不同，航空港分为国际航空港和国内航空港。

航空港主要由飞行区、运输服务区和机务维修区三部分组成。

飞行区是保证飞机安全起降的区域。飞行区内建有跑道、滑行道、停机坪和无线电通信导航系统、目视助航设施及其他保障飞行安全的设施，在航空港内占地面积最大。飞行区上空划有净空区，是规定的障碍物限制面以上的空域，地面物体不得超越限制面侵入。

运输服务区是为客户、货主提供地面服务的区域。其主体是候机楼（航站楼），还包括停机坪、停车场、进出港道路系统等。货运量较大的航空港还专门设有货运站，停机坪附近配有管线加油系统。

机务维修区是进行飞机维护修理和航空港正常工作所必需的含有各种机务设施的区域。区内建有维修厂、维修机库、维修机坪和供水、供电、供热、供冷、下水道等设施，还有消防站、急救站、储油库、铁路专用线等。

3. 航空线网

航空线网主要由航线、航路组建构成。航线是飞机飞行的路线，飞机从事运输飞行必须按照规定的路线行驶；航路是根据地面导航系统建立的走廊式保护空域，供飞机做航线飞行之用，是由多条航线公用的公共空中通道。

世界航空航线主要包括西欧—北美的北大西洋航空线、西欧—中东—远东航空线、远东—北美的北太平洋航线。此外，还有北美—南美、西欧—南美、西欧—非洲、西欧—东南亚—澳新、远东—澳新、北美—澳新等国际航线。

4. 空中交通管理系统

空中交通管理系统是为了保证航空器飞行安全及提高空域和机场飞行区的利用效率而设置的各种助航设备和空中交通管制机构及规则。助航设备分仪表助航设备和目视助航设备。仪表助航设备用于航路、航线、机场的管制飞行，包含通信、导航、监视（雷达）等装置；目视助航设备是指用于引导飞机起降、滑行的装置，包括灯光、信号、标志等。

二、航空货物运输方式

航空货物运输方式主要包括班机运输、包机运输、集中托运和航空快递等。

（一）班机运输

班机运输是指定航线、定始发港、定目的港、定途经港的航空运输。通常为客货混合型飞机，货舱容量较小，运价较贵，但由于航期固定，有利于客户安排鲜活商品或急需商品的运送。部分较大的航空公司在某些航线上开辟定期的货运航班，使用全货机运输。

班机运输有固定的航线、挂靠港、固定的航期，并在一定时间内有相对固定的收费标准，进出口商可以在贸易合同签署之前预测货物的起运和到达时间，核算运费成本，对于合同的履行较有保障。所以，班机运输成为多数贸易商的首选航空货运形式。特别是在货运业竞争加剧的情况下，航空公司不断提高航班的准班率（航班按时到达的比率），强调快捷的地面服务，在吸引传统的鲜活、易腐货物、贵重货物、急需货物的基础上，提出为企业特别是跨国企业提供后勤服务的观点，努力成为跨国公司分拨产品、半成品的得力助手。

但是，不同季节同一航线航班数的变化也会直接影响货物装载的数量，使得班机运输在货物运输方面存在局限性。

（二）包机运输

包机运输是指航空公司按照约定的条件和费率，将整架飞机租给一个或若干个包机人（包机人指发货人或航空货运代理公司），从一个或几个航空站装运货物至指定目的地。包机运输适合于大宗货物的运输，费率一般低于班机。

包机运输可划分为整机包机和部分包机两类。

整机包机是指航空公司按照与租机人事先约定的条件及费用，将整架飞机租给包机人，从一个或几个航空港装运货物至目的地。包机的费用是一次一议，随市场供求情况变化。原则上包机按每一飞行公里固定费率核收费用，并按每一飞行公里费用的80%收取空放费。若只使用单程，运费比较高，故当大批量货物使用包机时，要争取来回程都有货载，以降低费用。

部分包机是由几家航空货运公司或发货人联合包租一架飞机，或由航空公司把一架飞机的舱位分别卖给几家航空货运公司装载货物。相对而言，部分包机适用于运送1吨以上但货量不足整机的货物，货物运费较班机运费低，需要等待其他货主备好货物，运送时间要长一些。

（三）集中托运

集中托运是指集中托运人将若干批单独发运的货物组成一整批，向航空公司办理托运，采取一份航空总运单集中发运到同一目的站，由集中托运人在目的地指定代理人收货，再根据集中托运人签发的航空分运单分拨给各实际收货人的运输方式，是航空货运代理的主要业务之一。

着重指出，集中托运人在运输中具有双重角色，对于各个发货人具有货物运输的责任，地位相当于承运人；而在与航空公司的关系中，集中托运人又被视为集中托运的一整批货物的托运人。

（四）航空快递

航空快递是指航空快递企业利用航空运输收取发件人托运的快件，并按照向发件人承诺的时间将其送交指定地点或者收件人，掌握运送过程的全部情况，并能将即时信息提供给有关人员查询的门对门速递服务。

航空快递的主要业务包括机场到机场、门到门和专人派送业务。机场到机场业务是指发货人在始发机场将货物交给航空公司，然后发货人通知目的地收货人到机场取货；门到门业务是指由发件人在需要时通知快递公司，快递公司迅速派人上门取件，根据目的地进行分拣、整理、制单、报关，然后发往世界各地，到达目的地后，再由当地的分公司办理清关、提货手续，并送至收件人手中；专人派送业务是指由快递公司派专人随机同行，携带并护送快件，直接送到客户手中的特殊服务方式，适用于"情况紧急或物品有特殊要求"的情形。可知，航空快递的特点是中间环节少、速度快、安全可靠，但费用高，只适于运送文件资料、单证和小件货物。

三、航空货物运输的基本业务

不同类型的航空货物运输流程有所差别，这里仅讨论国内班机运输的业务流程。国内班机货物运输的业务流程主要包括委托受理、办理托运、货物收运和货物到达交付。

（一）委托受理

发货人托运货物，通常是寻找合适的航空货运代理人，航空货运代理人接受发货人委托，要求其填制航空货运委托书，以此作为委托与接受委托的依据。委托人同时向代理人提供相关的运输文件，并对货运委托书中所填内容和所提供相关运输文件的正确性和完备性负责。

（二）办理托运

托运人填写货物托运书，向承运人或其代理人办理托运手续。如托运政府规定限制运输的货物，以及需向公安、检疫等有关政府部门办理手续的货物，应该随附有效证明。

（三）货物收运

托运人根据托运书填写航空货运单并连同货物交给承运人。航空货运单是托运人或其代理人与承运人或其代理人之间缔结的货物运输合同契约。

（四）货物到达交付

货物运至目的机场后，承运人或其代理人应当及时向收货人发出到货通知。自发出到货通知的次日起，承运人或代理人免费保管货物 3 日。如果逾期提取，承运人或其代理人按规定核收保管费。收货人凭到货通知单和有效身份证件提货。

第五节　其它运输

一、管道运输

管道运输是货物的运输方式之一，是随着石油生产的发展而产生的一种运输方式。

（一）管道运输概述

1. 管道运输定义

管道运输是由大型钢管、泵站和加压设备等组成的运输系统完成物料输送工作的一种运输方式，是统一运输网中干线运输的特殊组成部分。

管道运输不仅仅运输量大、连续、迅速、经济、安全、可靠、平稳以及投资少、占地少、费用低，还可实现自动控制。除广泛用于石油、天然气的长距离运输外，还可运输矿石、煤炭、建材、化学品和粮食等。管道运输可以节省水运或陆运的中转环节，缩短运输周期，降低运输成本，提高运输效率。

2. 管道运输特点

管道运输表现为物体在管道内顺着压力方向顺序移动，管道运输设备是静止不动的。因此，管道运输适用于担负单向、定点、量大的流体货物运输。

（1）运量大

管道进行不间断的输送，输送连续性强，不产生空驶，运输量大。比如管径为529毫米的管道，年输送能力可达1000万吨；管径为1200毫米的管道，年输送能力可达1亿吨。

（2）资源占用少，有利于环境保护

长途运输管道埋藏于地下的部分占管道总长度的95%以上，对于土地的永久性占用少，分别仅为公路的3%，铁路的10%左右。管道运输受地面气候变化的影响小，不产生噪声，货物漏失污染少，也不污染环境，有助于保护生态。

（3）机械化程度高，降低成本

管道输送流体货物，主要依靠每60～70千米设置的增压站提供压力，设备运行比较简单，易于就地自动化和进行集中遥控。先进的管道增压站可以实现完全无人值守，节约人力，使运输费用大大降低。

（4）安全可靠、连续性强

采用管道运输方式，实现易爆、易燃的石油、天然气等的封闭式输送，既安全，又大大减少挥发损耗，能较好地满足运输工程的绿色化要求。同时，管道运输是连续不断地进行输送，不存在空载回程，连续性强，劳动生产率高。

（5）管道运输适用的局限性

管道运输存在一定的局限性：灵活性差，承运的货物单一，主要是液体和气体以及非常有限的固体货物；一次性固定投资过大，资产具有高度沉没性；不易随便扩展管线，服务范围较小，难以实现"门到门"的运输服务，对普通用户而言，管道运输需要与铁路运输或汽车运输、水路运输配合，才能完成全程输送。

3. 管道运输的基本条件

管道运输系统的基本设施包含管道、储存库、压力站（增压站、泵站）和控制中心。

（1）管道

管道根据其输送的货物种类及输送过程中所要承受的压力大小决定制造材料，可以是金属、塑胶或混凝土。

（2）储存库

管道两端必须建造足够容纳其所承载货物的储存槽。

（3）压力站

压力站是管道运输动力的来源。管道运输压力的来源一般有气压式、水压式、重力式及超导体磁力式。通常气体的动力靠压缩机提供，每隔80～160千米设置一个压力站；液体的输送动力靠泵提供，每隔30～160千米设置一个压力站。

（4）控制中心

控制中心配备监测器及管理和维护人员，随时检测、监视管道运输设备的运转情况，以防止意外事故发生时造成的漏损及危害。

（二）管道运输分类

管道运输按输送介质的不同，主要划分为原油管道运输、成品油管道运输、天然气管道运输、固体料浆管道运输等。

1. 原油管道

原油被开采出来后，经油气分离、脱水、脱沉淀物和稳定后，进入管道。采用管道输送时，根据所输原油的物性（如比重、黏稠度、易凝状况等），选择不同的输送工艺。

原油管道输送工艺可分加热输送和不加热输送两种。稀质的原油（如中东原油）采用不加热输送，而我国的原油属于易凝高黏原油，需采用加热输送。

2. 成品油管道

成品油管道输送经炼油厂加工原油提炼出来的、可直接供使用的燃料油，如汽油、煤油、航煤油、柴油以及液化石油气等。由炼制加工生产的最轻质到重质的燃料油等，都是成品油管道输送的介质。

成品油管道是等温输送管道，不存在沿途加热的问题。成品油管道的特点在于众多不同的油品，比如煤油、汽油、柴油、航空煤油以及各种不同标号的同类油品，顺序输送，要求严格区分，保证油品质量。由于成品油管道是多来源、多品种顺序输送，其管理的复杂程度远超过原油管道。成品油管道连通多个煤油厂，所生产的油品可进入同一管道，直接向沿线的各大城市及县乡镇供应。

3. 天然气管道

天然气管道是将天然气（包括油田生产的伴生气），从开采地或处理厂送到城市配气中心或企业用户的管道。天然气管道与煤气管道的相异之处在于煤气管道是用煤做原料转化为气体，起输压力比较低，而天然气由气田中气井生产，有较高的压力，可以利用气井的压力长距离输送。现代天然气管道输送，由于输送距离和输送量增加，普遍设增压站，配有利用天然气做燃料的燃气机或燃气轮机驱动各种与动力相配套的压缩机。

4. 煤浆管道

煤浆管道是固体料浆管道的一种。将固体破碎成粉粒状与适量的流体混合配制成浆液，经管道增压进行长距离输送。固体浆液管道除用于输送煤浆外，还用来输送赤铁矿、铝矾土和石灰石等。

（三）管道运输生产管理

1. 生产管理内容

管道生产管理是指管道运行过程中利用技术手段对管道运输实行统一的指挥和调度，以保证管道在最优化状态下长期安全且平稳地运行，从而获得最佳经济效益的过程。

管道生产管理包括管道输送计划管理、管道输送技术管理、管道输送设备管理和管道线路管理。前二者又合称为管道运行管理，它是生产管理的中心。

（1）管道输送计划管理

首先，编制合理的管道输送的年度计划，根据年度计划安排管道输送的月计划、批次计划、周期计划等；然后安排管道全线的运行计划，编制管道站、库的输入和输出计划以及分输或配气计划；同时按照输送任务和管道设备状况，编制设备维护检修计划和辅助系统作业计划。

（2）管道输送技术管理

根据管道输送的货物特性，确定输送方式、工艺流程和管道运行的基本参数等，以实现管道生产最优化。管道输送技术管理主要包括随时检测管道运行状况参数，分析输送条件的变化，采取各种适当的控制和调节措施调整运行参数，以充分发挥输送设备的效能，尽可能地减少能耗。对输送过程中出现的技术问题，要随时给予研究解决。管道输送技术管理和管道输送计划管理都是通过管道的日常调度工作来实现的。

（3）管道输送设备管理

管道输送设备管理的主要任务是对管道站、库的设备进行维护和修理，以保证管道的正常运行，具体内容主要包括：①分级设备状况，并进行登记；②记录各种设备的运行状况；③制订设备日常维修和大修计划；④改造和更新陈旧、低效能的设备；⑤保养在线设备等。

（4）管道线路管理

管道线路管理的主要任务是对管道线路进行管理，以防止线路受到自然灾害或其他因素的破坏，具体内容主要包含：①日常的巡线检查；②线路构筑物和穿越、跨越工程设施的维修；③管道防腐层的检漏和维修；④管道的渗漏检查和维修；⑤清管作业和管道沿线的放气、排液作业；⑥管道线路设备的改造和更换；⑦管道线路的抗震管理；⑧管道紧急抢修工程的组织等。

2. 生产管理的检测与监控技术

管道运输线路长，站、库多，输送的货物易燃、易爆、易凝或易沉淀，且在较高的输送压力下连续运行，这些要求管道生产管理具有各种可行的技术手段。技术手段主要是管道监控、管道流体计量和管道通信。

管道监控是利用仪表和信息传输技术测试全线各站、库和线路上各测点的运行工况参数，作为就地控制的依据或输给控制室作为对全线运行工况进行监视和管理的依据。对收集到的运行工况参数进行分析、判断后，下达调度指令，调节或改变运行工艺。

管道流体计量是为管道管理提供输量和油、气质量的基本参数，是履行油品交接、转运和气体调配所必需的，其任务是：①向交运和承运双方提供货物运输量的数据；②为实施输送计划、分析运行工况、控制总流量和分输量的平衡提供依据；③在油品顺序输送中，为批量切换和转换提供依据；④为计算输油和输气成本提供依据；⑤监测管道输送过程中的漏失量。

管道通信是管道全系统利用通信系统沟通情况，传递各种参数信息，下达调度指令实现的监控。通信线路有明线载波、微波、甚高频和特高频等，作为监控信号等的常用信道。为保障通信的可靠性，常用一种以上信道，有的管道用微波、同轴电缆或光纤作为主要通信手段，以甚高频、特高频作为辅助通信手段；有的管道还用通信卫星作为备用手段。海洋管道多用电离层散射等进行站间或管道全系统通信。

二、联合运输

（一）联合运输概述

1. 联合运输定义

联合运输，是指一次委托，由使用两种或者两种以上运输方式，或者不同的运输企业将一批货物运送到目的地的运输。即综合利用某一区间中各种不同运输方式的优势进行不同运输方式的协作，使货主能够按统一的运输规章或制度，使用同一个运输凭证，利用不同运输方式综合优势的一种运输形式。经营联合运输业务的运输企业，一般称为联运经营人。联运经营人以一个单一的运输合同一次交付费用，办理一次保险，通过两种以上运输工具（包括不同归属的同一种运输工具），负责将货物从发货地运到收货地。联合运输是综合运输思想在运输组织领域的体现，是综合性的运输组织工作。这种综合组织是指在一个完整的货物运输过程中，不同运输企业、不同运输区段、不同运输方式和不同运输环节之间的衔接和协调组织。

2. 联合运输的特征

（1）组织运输的全程性

联运经营人或联运管理机构承担从接受货物托运、各区段运输、各区段运输衔接，直到货物交付期间的全部运输及相关服务业务，对运输的全程负责。联运合同是从起运地到运输目的地的全程运输合同。

（2）托运手续的简便性

联运实行"一次托运，一份合同，一次结算费用，一票到底"的全程负责制。与传统的分段运输比较，货主需要办理的手续简化了许多，大大节约了人力与时间，从而提高了综合经济效益。

（3）运程凭证的通用性

联运所使用的商务活动的模式与规则，运输所依照的国际、国内法规，使用的单证文件等，都必须具有通用性，使之能适应不同运输方式、不同企业及其衔接的工作需要。

（4）各类环节的协同性

做好联合运输，依赖于生产、供应、运输、销售、金融、通信等部门在集、装、运、转、卸等环节上紧密协作与配合。这种协同性不但体现在运输组织和管理上协调一致，而且体现在技术装备的协调发展、同步建设方面，使港、站、库、场、集疏运系统相互配套，实现运输设备和设施的有机协调。

（5）联运经营人的双重身份及代理性

联运的代理性特征是指联运企业的业务活动性质具有运输代理企业的特点。这主要是指尽管联运企业（联运经营人）与货方订立全程运输合同，对全程运输负有责任，但它不拥有任何一种运输工具或不拥有全程运输的所有种类的运输工具。因此，它一般并不实际完成所有运输区段或其中的某些区段的运输，而是通过分别与其他企业（一般称为实际承运人）订立分区段的运输合同（通常称为分运或分包合同），借助其他运输企业的力量完成各段的运输。它主要是提供服务与组织衔接，与运输代理企业的业务内容相似。

（二）联合运输分类

1. 按照联合运输的组织方法分类

根据联合运输组织方法的不同，联合运输分为协作式联合运输和衔接式联合运输。

①协作式联合运输是计划经济体制下的一种特有的组织类型，一般是指为了保证指令性计划的货物、重点物资和国防、抢险、救灾等急需物资顺利达到指定地点，在国家和地区计划指导下，统一组织的合同运输。

②衔接式联合运输是指企业通过与货主订立联运合同，开展两种或两种以上运输方式衔接的经营性业务全程联合运输。这种全程运输组织业务多是由多式联运经营人完成的。

2. 按全程运输使用的运输方式分类

按照全程运输使用的运输方式不同，联合运输分为单一方式联合运输和多种方式联合运输。

①单一方式联合运输是指一个联运经营人组织的，由使用同一方式（运输工具）的不同运输企业完成的两程或两程以上的全程连续运输。

②多种方式联合运输简称多式联运，是指依据多式联运合同，使用两种或两种以上的运输方式，由联运经营人组织完成的全程连续运输。多式联运形式主要包括海陆联运、公铁联运、空铁联运、海空联运、铁水联运等。

3. 按联运起点和终点位置分类

根据联运起点和终点位置的不同，联合运输分为国内联合运输和国际联合运输。

国内联合运输是指联运合同中规定的联运经营人接收货物的地点与交付货物的地点是在一个国家之内的联运。国际联合运输是指联运合同规定的联运经营人接收货物的地点与交付货物地点不在同一个国家之内的联运。

在我国，当前开办的联合运输业务主要有以下几种：

①铁水干线货物联运，是按照《铁路和水路货物联运规则》办理的联运。把全国的铁路运输网和沿海、长江以及部分内河干线的水运网，组成一个全国性的铁、水联运网。联运的主要形式有水→铁、水→铁→水、铁→水→铁。

②海江河联运，是按照《国内水路货物运输规则》中"海江河联运"办理的联运。它是水路运输部门内河航区间的联运。联运的主要形式为江→河、江→海、江→海→河等。

③干、支线（包括支线之间）的联运，主要形式有铁→公、海→公、河→公、公→

航空、水→航空、地方铁路→铁路、地方铁路→公路等。

④百杂货干线联运，按干线联运规则办理，组织定期海、江班轮与铁路联运。其特点是把生产、供应、运输、销售有机地结合起来，纳入"一条龙"运输活动。联运的主要形式有海→铁、江→铁等。

⑤国际多式联运。联合国国际多式联运公约定义："国际多式联运是按照多式联运合同，以至少两种不同的运输方式，由多式联运经营人将货物从一国境内接管货物的地点运至另一国境内指定交付地点的货物运输。"

三、国际多式联合运输

国际多式联运是指通过两个以上国家或地区，由一个承运人（运输企业或运输代理企业）承担承运，使用两种以上运输方式或两种以上运输工具，实施"一次托运、包干计费、一票到底、全程负责"的跨国衔接运输或直通运输。

（一）国际多式联运的基本条件

①必须有一个多式联运合同，明确规定多式联运经营人（承运人）和联运人之间的权利、义务、责任、豁免的合同关系和多式联运的性质。

②必须使用一份全程多式联运单据，即证明多式联运合同及证明多式联运经营人已接管货物并负责按照合同条款交付货物所签发的单据。

③必须是至少两种不同运输方式的连贯运输，即在全程运输过程中必须至少使用两种不同的运输方式的连续运输。

④必须是国际间的货物运输，这是其有别于国内运输和是否适合国际法规的限制条件。

⑤必须有一个多式联运经营人，对全程的运输负总的责任。由多式联运经营人去寻找分承运人，实现分段运输。

⑥必须对货主实现全程单一运费费率，即多式联运经营人在对货主负全程运输责任的基础上，制定一个货物发运地至目的地全程单一费率，并以包干形式一次性向货主收取。

（二）国际多式联运的主要形式

1. 海陆联运

海陆联运是国际多式联运的主要组织形式，也是远东、欧洲方向国际多式联运的主要形式之一。目前主要有马士基（Maersk）、地中海航运公司（Mediterranean Shipping Company）、达飞轮船（CMA-CGM）、中国远洋运输集团（COSCO）、赫伯罗特海运有限公司（Hapag-Lloyd）、美国总统轮船有限公司（American President Lines Ltd）、韩进海运公司（Hanjin Shipping Company）等组织和经营远东、欧洲海陆联运业务。这种组织形式以航运公司为主体，签发联运提单，与航线两端的内陆运输部门开展联运业务，与大陆桥运输展开竞争。

2. 陆桥运输

陆桥运输是指采取集装箱专用列车或卡车，把横贯大陆的铁路或公路作为中间"桥梁"，将大陆两端的集装箱海运航线与专用列车或卡车连接起来的一种连贯运输方式。陆桥运输的表现形式为通过大陆两端连接海运的大陆桥运，海陆、陆海联运的小陆桥运输，直接进行水陆联运的微桥运输。

3. 海空联运

海空联运亦称空桥运输。空桥运输与陆桥运输不同，陆桥运输在整个货运过程中使用的是同一个集装箱，不用换装；空桥运输的货物通常要在航空港换入航空集装箱。

海空联运方式，运输时间比全程海运少，运输费用比全程空运便宜。运输距离越远，采用海空联运的优越性越大。

（三）国际多式联运的主要业务和流程

1. 接受托运申请，订立国际多式联运合同

国际多式联运经营人受理托运申请，在交给发货人或其代理人的场站收据的副本联上签章，以证明接受委托，多式联运合同即成立并开始执行。发货人或其代理人根据双方就货物交接方式、时间、地点、付费方式等达成的协议填写场站收据，并交由国际多式联运经营人办理编号手续。

2. 空箱的发放、提取及运送

国际多式联运中使用的集装箱通常应由国际多式联运经营人提供。如由发货人自行装箱，则国际多式联运经营人应签发提箱单（或由租箱公司、分运人签发提箱单），交给发货人或其代理人在规定日期、指定的堆场提取空箱并拖运至装箱地点。发货人亦可委托国际多式联运经营人办理从堆场到装箱地点的空箱拖运。如果是拼箱货或是整箱货但发货人不能自装时，则由国际多式联运经营人将所用空箱调运至接收货物的集装箱货运站。

3. 出口报关

若多式联运从港口开始，则在港口报关；若从内陆地区开始，应在附近的内地海关办理报关。出口报关事宜一般由发货人或其代理人办理，也可委托国际多式联运经营人代为办理，这种情况需加收报关服务费及报关手续费，并由发货人负责支付海关派员所产生的全部费用。报关时应提供场站收据、装箱单、出口许可证等有关单据和文件。

4. 货物装箱及接收货物

发货人可以自行装箱，装箱工作通常要在报关后进行，并请海关派员到装箱地点监装和办理加封事宜。如需理货，还应请理货员现场理货并与之共同制作装箱单。发货人也可委托国际多式联运经营人到货运站装箱（指整箱货情况）。如果是拼箱货物，发货人应负责将货物运至指定的集装箱货运站，由该站按国际多式联运经营人的指示装箱。无论装箱工作由谁负责，装箱人均需制作装箱单，并办理海关监装与加封事宜。针对货主自装的整箱货物，发货人应负责将货物运至双方协议规定的地点，由国际多式联运经营人或其代表（包括委托的堆场业务员）在该地点接收货物。如果是拼箱货，由国际多式联运经营人在指定的集装箱货运站接收货物。验收货物后，代表国际多式联运经营人收取货物的人应在场站收据正本上签章，并将其交给发货人或其代理人。

5. 订舱及安排货物运送

在合同订立后，国际多式联运经营人应制订合同涉及的集装箱货物的运输计划。该计划包括货物的运输路线、区段的划分、各区段实际承运人的选择及各区段间衔接地点的到达、起运时间等内容。这里的订舱泛指国际多式联运经营人按照运输计划安排各区段的运输工具，与选定的各实际承运人订立各区段的分运合同。这些合同的订立由国际多式联运经营人本人（派出机构或代表）或委托的代理人在各转接地办理，也可以请前一区段的实际承运人作为代表向后一区段的实际承运人订舱。

6. 办理保险

在发货人方面，应投保货物运输险。该保险由发货人自行办理，或由发货人承担费用，由国际多式联运经营人代为办理。货物运输保险可以是全程投保，也可分段投保。在国际多式联运经营人方面，应投保货物责任险和集装箱保险，具体由国际多式联运经营人或其代理人与保险公司办理或以其他形式办理。

7. 签发多式联运提单，组织完成货物的全程运输

国际多式联运经营人的代表收取货物后，应向发货人签发多式联运提单。在把提单交给发货人前，应按双方议定的付费分工、内容、数量，向发货人收取全部应付费用。国际多式联运经营人在接收货物后，需要组织各区段实际承运人、各派出机构及代表人共同协调工作，完成全程各区段的运输、各区段之间的衔接工作，运输过程中所涉及的各种服务性工作和运输单据、文件及有关信息传递等组织和协调工作。

8. 运输过程中的海关业务

按惯例，国际多式联运的海关业务主要包括货物及集装箱进口国的通关手续、进口国内陆段保税（海关监管）运输手续及结关等内容。如果陆上运输要通过其他国家海关和内陆运输线路时，还应包括海关的通关及保税运输手续。这些手续一般由国际多式联运经营人的派出机构或代理人办理，也可由各区段的实际承运人作为国际多式联运经营人的代表代为办理，产生的全部费用应由发货人或收货人负担。如货物在目的港交付，则结关应在港口所在地海关进行；若货物在内地交货，则应在口岸办理保税（海关监管）运输手续，海关加封后方可运往内陆目的地，在内陆海关办理结关。

9. 货物交付

当货物运至目的地后，由目的地代理通知收货人提货。收货人需凭多式联运提单提货，国际多式联运经营人或其代理人按合同规定，收取收货人应付的全部费用，收回提单后签发提货单（交货记录），提货人据此到指定堆场（整箱货）或集装箱货运站（拼箱货）提货。如果是整箱提货，则收货人要承担至掏箱地点的运输，并在货物掏出后将集装箱运回指定的堆场，运输合同终止。

10. 货运事故处理

如果在全程运输中发生货运事故，如货物灭失、损害和运输延误等，应按相关赔偿责任进行理赔。

第五章 现代物流体系建设理论

第一节 服务构建新发展格局的现代物流体系建设思路

面对当前复杂的国际形势，把握我国庞大内需扩张和消费升级重大机遇，利用我国适度超前的综合交通运输体系和物流产业良好的发展基础，打造"设施＋通道＋服务＋枢纽城市"的现代物流体系，将为构建新发展格局、支撑国民经济高质量发展提供有力保障。

一、服务构建新发展格局的现代物流体系建设意义

（一）有效支撑构建新发展格局

加快构建以国内大循环为主体、国内国际双循环相互促进的新发展格局，是党中央基于国内发展形势、把握国际发展大势作出重大科学判断和重要战略选择。构建以国内大循环为主体、国内国际双循环相互促进的新发展格局，绝不是关起门来搞封闭经济循环，而是打造更加开放的国内国际双循环，国内国际双循环是有机统一的整体。新发展格局是适应复杂多变的国际环境、抓住我国庞大内需扩张与消费升级重大机遇的必然选

择，为我国经济发展指明了方向。新发展格局要求形成需求牵引供给、供给创造需求的更高水平的动态平衡。我国相对完善的现代产业体系、庞大的内外需市场，为服务构建新发展格局的现代物流体系的建设提供现实可能。

服务构建新发展格局的现代物流体系的建设，不是孤立地再造一个全新的物流系统，而是依托我国日益强大的物流运作基础，结合新发展格局下我国供需空间重构、物流发展新需求，构建与新发展格局相适应的物流系统。服务构建新发展格局的现代物流体系建设，将形成服务国内、辐射国际的全球物流网络，对大规模聚集全球要素资源，进行全球商品辐射，将形成良好支撑，对国内区域中心城市、城市群、都市圈产业和供需空间布局重构，将提供有力保障，并为国内国际双循环畅通注入新动能。

（二）促进我国深度参与全球产业分工合作

伴随我国经济总量不断扩大、市场规模不断扩张，我国在国际经济发展中的地位不断上升。一方面，国际经济贸易产业格局深刻调整，保护主义、单边主义持续蔓延，全球经贸扩张势头放缓，以中美贸易摩擦为典型代表的国际贸易和投资争端加剧，地缘政治矛盾依然存在，全球经济运行风险和不确定性显著上升。另一方面，经济全球化加大了企业在全球范围内配置资源和选择供应商的可能性，制造业全球分工调整背景下，世界经贸格局的深刻变革加快了国际贸易产品结构的根本性变化，以产成品贸易为主的贸易结构向基于物流供应链的以中间贸易为主的贸易结构转变，各国相互联系、相互依存的程度空前加深。国际物流作为国际商品贸易实现的重要支撑手段，在全球经贸格局中的作用更加突出。

服务构建新发展格局的现代物流体系建设，将加快我国畅通水陆空国际物流通道的步伐，促进我国在全球资源产地、进口商品产地、出口商品目的地等进行物流设施布局，并不断拓展我国的全球物流供应链服务。完善的全球物流网络，将促进我国物流企业加快全球网络布局，推动我国龙头商贸企业、生产制造企业、供应链服务企业拓展全球业务，提升我国企业的国际竞争力。并且，利用高效的全球物流服务效率，在全球产业链、价值链和供应链的大视野下，现代物流体系能够更好地满足产品生产全球化布局带来的物流规模增量需求，适应产业现代化升级带来的价值增量需求，有效衔接国内市场、国际市场，加快供应链、产业链、价值链的有机结合与统筹发展，推动我国更高质量地参与全球产业链分工与合作。

（三）加快我国现代化国家建设步伐

从服务构建新发展格局的现代物流体系建设视角来看，我国在农村物流、冷链物流、国际物流等方面还存在明显短板，新发展阶段对我国现代物流业发展提出了更高要求。

服务构建新发展格局的现代物流体系建设，将适应我国现代化建设进程中新型工业化、信息化、城镇化、农业现代化发展的要求，在产业布局和供需空间重构过程中，更好地适应物流需求变革。与此同时，将加快补齐中西部地区和农村地区的物流基础设施短板，增强城市群、都市圈等主要消费地冷链物流等设施能力，推动城乡、区域基础设施和服务均等化，为经济后发地区现代化建设提供强有力支撑。目前正处于新一轮科技革命时期，服务构建新发展格局的现代物流体系建设，将促进现代科技在物流领域的加速应用，推动物流领域技术创新，为我国物流产业升级发展注入新动能。现代物流将成为展现我国现代化水平的重要领域。

（四）推动国家区域战略加快实施

服务构建新发展格局的现代物流体系建设，在基础设施方面，将优先考虑国家战略要求，对加快畅通长江经济带黄金水道、西部陆海新通道，提升京津冀、长三角、粤港澳物流枢纽能力具有重要的推动作用。国内大循环物流体系的构建，也将显著增强京津冀、长三角、粤港澳、成渝双城经济圈与国内外主要经济区的物流联系，对城市群庞大内需将形成良好的物流供给保障，有利于提升中高端产品国内外辐射能级。循环化的物流系统，还将促进我国区域之间形成规模庞大的商流与货物流动，对加快国家区域战略的实施、提升国家区域战略地位将产生巨大的推动作用。

（五）培育我国经济发展新动能

现代物流被誉为企业的第三利润源泉，其能够降低企业物流成本，提高物流效率，从而降低企业综合成本，提升企业产品和服务的市场竞争力。就全社会而言，优化物流运行系统，降低全社会物流运行成本，有利于国内经济循环畅通，促进国民经济高效运转。物流作为复合型产业，已成为国民经济的重要组成部分，我国物流业增加值占GDP 的比例长期保持在 5% 以上，同时，我国物流产业在吸纳社会就业等方面的贡献也十分突出，快递、即时配送成为近几年新增就业的主要领域。我国经济的高质量发展，客观上要求物流业加快拓展全球业务，延伸物流服务链条，促进物流产业价值增值，不断壮大流通经济。

服务构建新发展格局的现代物流体系建设，通过物流组织化运行和规模化运作，能够提高国内国际物流运行效率，降低全社会物流成本，有利于提高我国产品的国际市场竞争力，为我国产业二次扩张发展提供有力支撑。同时，有助于促进我国物流网络化发展，培育我国具有国际竞争力的现代物流企业，从而提高我国物流产业的价值创造能力，有助于将物流产业培育成我国国民经济的支柱产业。服务构建新发展格局的现代物流体系建设，有利于发挥物流枢纽、物流园区等聚集要素资源、营造国内国际物流供应链环境、吸附物流关联产业的优势，有助于在物流枢纽等要素聚集基础上打造枢纽经济区和枢纽产业集群，对培育区域经济发展动能具有非常重要的战略意义。

二、服务构建新发展格局的现代物流体系建设基本原则

（一）政府统筹，企业主导

服务构建新发展格局的现代物流体系建设，应基于新发展格局的总体要求，利用我国良好的物流发展基础，结合国内、国际经济发展形势，更好地发挥政府的引导作用，强化政府对现代物流体系整体规划设计，以及在重要物流基础设施方面布局建设、在现代物流企业培育方面统筹引导的作用，形成现代物流体系建设整体发展合力。同时，也

要发挥市场在资源配置中的决定性作用，由市场主体企业开展现代物流服务网络构建、物流基础设施建设运营工作，并由其提供通道化、网络化物流服务，加大国际物流市场开拓力度，注重企业间物流资源和业务的横向整合，形成物流企业发展合力，确保现代物流体系运行顺畅。

（二）战略牵引，内外协同

服务构建新发展格局的现代物流体系建设，涉及物流基础设施网络布局等，应充分考虑以服务国家战略为主方向，强化国际物流组织、区域物流辐射、产业供应链服务能力，精准对接长江经济带发展、新一轮西部大开发、西部陆海新通道、京津冀协同发展、长三角一体化、粤港澳大湾区建设、成渝地区双城经济圈建设等国家区域战略，注重相关战略区域物流基础设施布局和服务能力提升，形成战略牵引下的现代物流体系。同时，也应考虑"一带一路"倡议等国家开放发展要求，根据国内国际双循环相互促进的发展要求，强化与"一带一路"国家和地区的物流网络衔接，结合我国传统海向贸易主通道，强化全球主要港口及服务腹地物流服务能力建设，推动国内大循环物流服务体系与国际物流服务体系的有机协同、互促发展。

（三）空间重构，枢纽牵引

服务构建新发展格局的现代物流体系建设，应主动适应新发展格局下我国生产力布局调整，以及城市群、都市圈建设下内需加速扩张的要求，按照枢纽化与平台化组织、通道化运作要求，对我国物流体系空间格局进行重构，将主要的物流通道、物流基础设施向产业集中区和需求集中地倾斜，并依托交通运输通道进行有机串接；应发挥国家物流枢纽等在我国物流基础设施网络中的骨干作用，强化国家物流枢纽布局和建设，推动国家物流枢纽功能完善，建立国家物流枢纽牵引的物流基础设施网络，为干支仓配一体的物流运作提供良好支撑。

（四）网络优先，龙头带动

按照建设现代物流体系、支撑加快构建新发展格局的总体要求，应注重物流服务网络的构建，在物流基础设施、物流业务运营、物流信息平台等方面构建多维物流网络，加快形成基于物流基础设施网络和物流信息网络的物流业务运营网络，推动货物循环流动；应发挥龙头物流企业的带动作用，利用其在全国乃至全球构建的铁路货运、航空物流、海运物流等网络，使其在现代物流体系建设中发挥好主力军作用，另外，应注重与国内国际物流网络的有机衔接，为现代物流体系的形成提供强有力的支撑。

（五）要素聚集，产业协同

服务构建新发展格局的现代物流体系建设，应利用现代物流体系建设所形成的物流枢纽、物流通道等设施条件，发挥物流信息平台整合优势，推动物流需求、物流资源和产业要素等加速向枢纽聚集，强化枢纽对资源、技术、市场、人才等各种要素的吸附能力，形成物流成本降低和效率提升下的要素聚集高地，推动与物流关联的信息、交易结算、金融、商务等服务业集聚发展，推动与物流关联度高的商贸流通业、生产制造业在枢纽周边集聚，构建物流枢纽经济区。同时，应注重现代物流体系与产业的协同，深度嵌入生产制造业供应链，服务现代农业和商贸流通业升级，以通道带物流，以物流带经贸，以流通带产业，探索通道经济、枢纽经济、平台经济新范式，培育城市和区域经济发展新动能。

（六）科技智能，绿色保障

服务构建新发展格局的现代物流体系建设，应把握新一轮科技革命机遇，加快现代科技赋能现代物流体系，积极推广使用移动互联网、物联网、大数据、云计算、人工智能、区块链等新一代信息技术，支持高标仓、智慧仓等现代物流设施建设，推动设施网络、技术装备、信息资源互联互通和共享共用，加快升级服务构建新发展格局的物流运行系统。以数字化、智能化、信息化牵引物流系统高端化、高效化发展，优化物流服务组织和产业结构，提高资源配置效率，加强绿色低碳技术与装备的应用，统筹存量与增量物流需求培育、硬件设施与软环境营造，打造绿色、智慧、循环物流系统，推动物流领域碳达峰、碳中和，提升物流产业全生命周期智能、绿色和可持续发展水平。

三、服务构建新发展格局的现代物流体系建设总体思路分析

（一）完善现代物流体系顶层架构

加快构建以国内大循环为主体、国内国际双循环相互促进的新发展格局，关键是要打通生产、分配、流通、消费各环节的堵点，而物流就是贯穿各环节的重要纽带。服务构建新发展格局的现代物流体系建设，不是在国内外再造一个全新的物流体系，而是利用我国庞大的物流市场、良好的物流基础设施条件和不断规模化发展的物流企业，按照新发展格局要求，结合我国对外开放和区域发展战略，利用现代科技手段，对我国物流系统进行优化升级，高效畅通国民经济循环，对构建新发展格局和经济高质量发展形成强有力支撑。对此，应强化现代物流体系的顶层设计，指引我国物流系统加速重构。

服务构建新发展格局的现代物流体系建设，应采用"设施＋通道＋服务＋枢纽城市"的总体架构。其中，物流设施是基础，是进行物流集中运作和规模化组织的核心载体，是吸引要素聚集和资源共享的重要平台，其由国家物流枢纽、物流园区等多层次的物流基础设施构成。物流通道是重要依托，主要是在国家物流枢纽间，利用主要的交通干线，进行通道化物流规模运作。物流服务是根本，物流产业是现代服务业的细分领域，为客户提供物流服务是物流产业发展的核心，物流服务应以满足国内外物流需求为重点，由市场主体企业依托物流通道和枢纽，整合客户物流需求，提供区域间、国内外双向相对均衡的物流服务。物流枢纽城市是重要抓手，通过打造物流枢纽城市，强化物流设施功能，增强对物流要素的吸附能力，提高物流组织化水平，带动城市枢纽经济发展，培育城市或区域发展动能，是物流产业发展的重要目的。

（二）打造高质量的物流基础设施网络

服务构建新发展格局的现代物流体系建设，应充分利用我国在服务内需和外贸发展

中形成的良好的物流基础设施，根据服务构建新发展格局的现代物流体系建设要求，优化物流基础设施空间布局，重点向中西部地区、城市群、都市圈、国际枢纽城市倾斜，构建以国家物流枢纽为核心，以国家骨干冷链物流基地、示范物流园区、多式联运基地等为支撑，以专业物流中心和配送中心为补充的三级物流基础设施网络。按照服务构建新发展格局的要求，现代物流体系建设应完善上述设施功能，加快补齐国际物流、冷链物流、医药物流等设施短板，注重物流信息、物流业务的互联互通，加强与"一带一路"国家和地区等国际物流设施的布局合作，积极布局建设海外仓等境外物流设施，形成现代物流体系基础设施网，为通道化、组织化的物流运作提供基础支撑。

（三）畅通国内国际物流通道

服务构建新发展格局的现代物流体系建设，应利用我国适度超前的交通基础设施网络，围绕国内大循环，重点依托国家中心城市、区域中心城市之间的交通大动脉，发挥国家物流枢纽等基础设施的物流组织作用，合理布局、优化国内大循环物流通道；应扩大商品进出口规模，维护我国全球产业链、供应链安全稳定，依托国际门户城市，合理布局国际陆路联运、国际海运、国际航空货运通道，提升我国国际物流控制力；应重点强化瓶颈路段、交通基础设施短板建设，强化多式联运设施功能，提升口岸国际物流服务能力，形成大运量、强承载力的国内国际物流大通道，为服务构建新发展格局的现代物流体系建设打通主动脉。

（四）完善全球物流服务网络

服务构建新发展格局的现代物流体系建设，关键在于形成网络化、组织化、规模化的物流服务，发挥市场在资源配置中的决定性作用，充分调动各类物流企业的积极性，依托物流枢纽、物流通道等载体，提高物流服务能力和水平；应鼓励网络型骨干物流企业按照服务构建新发展格局的现代物流体系建设要求，拓展国内国际物流服务网络，优化物流服务功能，延伸物流服务链条，强化物流资源整合，开展通道化的物流运作，成为物流服务的主力军；应推动专业物流企业结合我国生产力布局调整要求进行城市群、都市圈空间优化，深耕专业物流服务领域，提升专业物流服务水平，延伸专业物流服务链条，着力构筑服务区域生产制造、商贸流通和城市生活的微循环物流服务网络，并在区域外部加强与网络型骨干物流企业的合作，融入全国甚至全球物流服务网络。

（五）创建国际物流枢纽城市

服务构建新发展格局的现代物流体系建设，离不开城市载体，随着现代产业体系的不断发展、区域协调发展和新型城镇化的持续推进，我国的产业、要素、人口将进一步向中心城市、城市群、都市圈聚集。未来在服务构建新发展格局的现代物流体系建设过程中，我国内陆中心城市和沿海港口城市将扮演更加重要的组织中枢角色，因此应选择有良好的物流发展基础、产业发展潜力较大、国际物流地位突出的城市，通过物流基础设施建设、物流通道畅通、国际化物流企业培育，进一步强化物流组织地位，构建面向全球的国际物流运行系统，支撑打造国际物流枢纽城市。同时，通过国内、国际物流环境营造，吸引国内外资源要素在城市及周边区域聚集，带动物流关联性强的产业加速扩张，培育、壮大枢纽产业，推动物流枢纽城市枢纽经济的跨越式发展，促进物流枢纽城市提升国际枢纽地位。

第二节 服务构建新发展格局的物流设施网络布局建设

一、物流基础设施在现代物流体系建设中的作用

（一）物流网络支撑作用

服务构建新发展格局的现代物流体系建设，所依托的主要设施包含交通基础设施和物流基础设施。我国交通基础设施已经成网，基本适应我国内需和进出口商品运输需求，能够有效支撑国内国际物流大通道畅通。物流基础设施在现代物流体系中具有重要的支撑作用，是进行物流规模化运作的核心载体。虽然我国在物流园区等基础设施建设方面已经形成了较大规模，但是现有国家物流枢纽、物流园区、物流中心等基础设施尚未完全成网运行，服务构建新发展格局的现代物流体系建设，要求我国进行物流基础设施布局优化，并依托物流大通道和物流信息平台进行业务互联互通，更好地发挥物流网络的核心支撑作用。

（二）物流中心组织作用

服务构建新发展格局的现代物流体系建设，核心是物流运作的组织化、规模化。传统的物流运作相对分散，物流基础设施提供的服务也较为单一，难以适应新发展格局的要求。在服务构建新发展格局的现代物流体系建设过程中，物流需求的整合、物流的规模化运作，主要在物流枢纽、物流园区等物流节点设施上进行，这将进一步强化物流基础设施在现代物流体系中的物流组织作用。物流枢纽、物流园区等公共服务型物流基础设施，是各类物流企业集中经营的场所，客观上具有整合物流资源、聚集各类物流市场主体的天然优势，叠加物流信息平台的组织功能，可以有效推动传统物流基础设施向物流服务平台、物流中心升级，更好地适应新发展格局下的物流需求。

（三）资源要素聚集作用

物流枢纽、物流园区等物流基础设施，主要布局在交通枢纽、产业集聚区、城市群和都市圈，通常具备良好的区位交通条件，能够快速接入干线交通网，具有引流、聚流的比较优势。新发展格局下物流的网络化运作，也客观要求货物在枢纽节点进行集散、

中转和分拨配送等作业，物流节点作为物流需求最为集中的区域，最适应承载货物集散的功能。物流枢纽等基础设施，通过物流业务集中运作，在吸引物流资源要素聚集的同时，还将推动金融、信息、中介等各类服务企业在物流节点集中发展，带动资源、人才、技术等各类要素加快聚集，为区域经济发展带来增量要素资源，成为城市培育、壮大物流关联产业、发展枢纽经济的重要因素整合平台。

（四）科技先行先试作用

现代科技的广泛应用是现代物流业发展的重要特点之一，大数据、物联网、自动化分拣设备在物流领域应用场景持续多元，已成为推动物流业升级的重要手段。物流基础设施由于空间相对固定、资产规模庞大，能够为现代科技提供应用试验场景。基于大数据的物流供需匹配、车辆配送路径优化等在物流枢纽等基础设施内广泛应用，物流枢纽等节点设施将成为智慧物流的调度中心。自动化分拣设备在物流设施内广泛应用，对提高仓储作业效率作用显著，物流枢纽等基础设施内的大规模仓储设施的自动化升级改造，将是物流技术应用的重要体现。物流园区、配送中心等设施是新能源配送车辆推广应用的最佳载体，其能够为新能源车辆等提供充电、维修、保养等一站式服务。

（五）改善城市环境作用

传统物流组织模式下物流运作相对分散，物流基础设施规模小、布局分散等问题较为突出，在服务构建新发展格局的现代物流体系建设要求下，物流的集中运作将通过城市物流枢纽、物流园区等核心物流设施开展，相关物流设施区位交通、政策叠加、成本和效率优势明显，将引导城市中存量规模较小、分散的物流设施通过搬迁等向物流枢纽、物流园区等整合，从而实现城市土地资源的集约利用，节省城市空间，发挥改善城市环境的作用。同时，物流枢纽、物流园区等设施通过整合物流需求，开展物流集中化运作，能够为共同配送等业务的开展提供良好的设施条件，将推动货运车辆的集中运营，实现车辆的集约、高效利用，降低城市配送车辆空驶率，从而降低城市货运车辆通行规模、降低货运车辆碳排放量，对改善城市交通和空气环境作用显著。

（六）推动产业发展作用

在服务构建新发展格局的现代物流体系建设下，物流枢纽、物流园区等物流基础设施的功能和作用将进一步放大，除具备传统的物流组织运作功能外，其还将扮演城市产业发展平台的角色。物流枢纽、物流园区等的大规模物流业务运作，将带动交易结算、保险金融、中介代理、商务服务等各类关联服务产业集聚，形成以物流为核心的现代服务产业生态圈，成为城市或区域的现代服务业集聚中心。大规模资源要素的聚集以及物流枢纽等基础设施营造的高效率、低成本的物流环境，将吸引与物流关联性较强的生产制造业、商贸流通业等加快扩张，形成城市或区域的产业发展高地，促进物流枢纽区域经济发展，助力城市打造物流枢纽经济区。

二、服务构建新发展格局的物流设施网络布局

（一）物流基础设施网络总体架构

物流基础设施是物流运行的重要依托，是进行物流组织、货物集散的重要载体，是对接运输通道网络和衔接客户的重要纽带，在服务构建新发展格局的现代物流体系建设中具有中枢、纽带、平台的作用。进入 21 世纪以来，我国物流基础设施建设取得了巨大成就，我国物流基础设施数量、规模均位居世界前列，对国民经济社会发展形成了良好支撑。服务构建新发展格局的现代物流体系建设，将以存量物流基础设施优化调整为主方向，依据物流规模化、组织化、平台化发展要求进行物流基础设施网络构建。

新发展格局下，现代物流体系的物流基础设施总体上将形成三级网络、两个循环的架构。三级物流基础设施网络由国家物流枢纽、区域物流节点和末端物流节点构成，是开展物流资源整合、进行物流规模化运作的主要设施。两个循环分别是国内大循环物流基础设施网和国内国际双循环物流基础设施网，两个循环以物流基础设施为核心，通过物流通道串接，形成物流基础设施网络。其中，国内大循环物流基础设施网以服务国内生产、消费、流通为主，对我国庞大的内需产业和强大的内需市场商品流动形成骨干支撑；国内国际双循环物流基础设施网以服务我国规模庞大的商品进出口业务为重点，对我国新时代对外开放形成有力支撑。

物流基础设施通过物流通道串接，按照国内国际双循环物流组织化运作要求进行层级划分和业务衔接，不同类型物流基础设施在服务构建新发展格局的现代物流体系中扮演不同角色。其中，国家物流枢纽是一级物流基础设施，是进行干线大运量物流组织和运作的基础设施，承接着国内国际物流组织中枢的作用。物流园区、国家骨干冷链物流基地、多式联运基地等区域性物流基础设施作为二级节点，主要为区域产业和居民消费提供服务，通过衔接国家物流枢纽，融入全国乃至国际物流系统。配送中心、专业物流中心作为三级物节点，主要服务于城市终端消费、农业生产"最先一公里"以及为生产制造企业提供配套服务，通过衔接区域物流节点和国家物流枢纽，融入服务构建新发展格局的现代物流体系。

（二）国家物流枢纽布局

国家物流枢纽是物流体系的核心基础设施，是辐射区域更广、集聚效应更强、服务功能更优、运行效率更高的综合性物流枢纽，在全国物流网络中发挥关键节点、重要平台和骨干枢纽的作用。在服务构建新发展格局的现代物流体系建设中，国家物流枢纽的地位将进一步提升、作用将进一步加大，其是现代物流体系的一级物流基础设施，是进行通道化、网络化、循环化、规模化物流运作与组织的核心载体，亦是面向全球进行物流组织的核心中枢。国家物流枢纽主要布局在综合交通枢纽、产业集聚区、消费集中地，高效衔接港口、机场、铁路货运站等交通枢纽设施，通过干线运输、多式联运、航空运输、国际海运等方式，进行国内国际物流组织。

（三）区域性物流基础设施布局

区域性物流基础设施是物流基础设施网络的二级节点设施，是区域进行物流规模运作的重要设施载体。区域性物流基础设施与国家物流枢纽进行业务对接，从区域性物流基础设施功能角度来看，部分区域性物流基础设施可与国家物流枢纽一体布局，作为国家物流枢纽的主要功能区，重点服务区域内生产制造业和居民生活需求。区域性物流基础设施从功能角度划分有多种类型，主要有物流园区、国家骨干冷链物流基地、多式联运基地、公路港等，以下主要介绍前3种。

1. 物流园区

物流园区是物流业规模化和集约化发展的客观要求和必然产物，是为了实现物流运作的共同化，按照城市空间合理布局的要求，集中建设并由统一主体管理，为众多企业提供物流基础设施和公共服务的物流产业集聚区。物流园区功能较为丰富，有仓储设施、转运设施、集疏运通道、信息平台等，对区域物流资源和需求整合能力较强。物流园区具有综合性的服务功能，随着物流园区规模的扩大、资源整合配送能力的增强、信息平台等功能的不断完善，待条件成熟，部分物流园区能够升级为国家物流枢纽，在物流基础设施网络中发挥更重要的作用。物流园区的空间布局，一类是重点布局在国家物流枢纽城市，与国家物流枢纽有机衔接、功能互补；另一类是布局在非国家物流枢纽城市的地级市和经济强县等。

2. 国家骨干冷链物流基地

国家骨干冷链物流基地是依托生鲜农产品优势产区、农产品集散地和主要销区，整合集聚区域内冷链物流市场供需、存储设施，实现冷链物流集约化、规模化运作的重要设施。部分国家骨干冷链物流基地与国家物流枢纽重合，甚至可能是国家物流枢纽的重要功能区。国家骨干冷链物流基地，干线冷链物流运作主要依托国家物流枢纽间的通道网络进行，其是与国家物流枢纽网络高效衔接、进行冷链物流规模化运作的重要基础设施，可以划分为产地型国家骨干冷链物流基地、中转集散型国家骨干冷链物流基地和销地型国家骨干冷链物流基地3种。

（1）产地型国家骨干冷链物流基地

产地型国家骨干冷链物流基地主要围绕我国果蔬、肉类、水产主要产区以及生鲜食品生产基地，高效衔接生鲜农产品产地、生产企业和流通企业，开展生鲜农产品的初加工等服务，与中转集散型和销地型国家骨干冷链物流基地以及国家物流枢纽开展冷链干线运输组织，是服务生鲜农产品产地的冷链物流运作中心。

（2）中转集散型国家骨干冷链物流基地

中转集散型国家骨干冷链物流基地主要依托全国性、区域性农产品批发交易市场冷库群，发挥农产品批发市场生鲜农产品集散规模大、中转速度快、冷链物流需求集中优势，通过存量冷链物流设施改扩建和功能完善，形成大容量生鲜农产品、食品存储和集散能力。中转集散型国家骨干冷链物流基地重点开展生鲜食品冷链加工、冷链干线运输和区域分拨组织服务。

（3）销地型国家骨干冷链物流基地

销地型国家骨干冷链物流基地主要满足终端消费市场的冷链物流需求，结合我国消费市场分布情况，围绕主要城市群和都市圈，对大中型城市冷链物流基础设施进行改扩建，整合城市分散的冷链物流资源，构建服务终端消费市场的冷链物流基地。销地型国家骨干冷链物流基地重点开展生鲜农产品保鲜加工、冷链配送服务，为内需扩张和城市居民消费升级提供有力保障。

结合我国生鲜农产品种植养殖、中转流通、消费地域分布情况，依据产地生鲜农产品规模、农产品批发市场集聚辐射能力、消费市场能力等，适应生鲜农产品流通模式变革和强大内需市场形成的新要求，契合国家区域、城市群发展战略，我国选择具备一定冷链物流发展基础、能够承载国家冷链物流集散功能的城市作为国家骨干冷链物流基地布局承载城市。

3. 多式联运基地

多式联运基地是以不同运输方式进行大规模货物集散、组织的重要物流基础设施。多式联运基地主要围绕我国日臻完善的综合交通运输体系，发挥铁路、港口、机场等不断提升的货运服务能力，以综合货运枢纽、货运场站为依托，对接国家物流枢纽、物流园区和综合交通枢纽，是我国开展大规模多式联运组织的重要物流基础设施。多式联运基地部分已嵌入国家物流枢纽，是国家物流枢纽开展转运业务的重要功能设施。多式联运基地还可以结合我国综合交通枢纽和产业空间分布情况，依托存量多式联运设施，整合区域多式联运资源，适实布局一批增量多式联运枢纽。

（四）末端物流基础设施布局

末端物流基础设施主要服务于城乡"最先一公里"和"最后一公里"，重点满足城市配送、农产品上行、消费品下乡需求，提供面向农村和城市消费者的仓储配送业务，并与国家物流枢纽、物流园区、国家骨干冷链物流基地、多式联运基地进行业务衔接。末端物流基础设施主要以配送中心的形式存在，主要布局在城市城郊区域、农村地区，其数量规模最为庞大，是服务构建新发展格局的现代物流体系建设中不可或缺的直接面向终端客户的物流基础设施。近些年，随着跨境电商的发展，在境外也应结合我国进出口商品的辐射方向，在中欧班列沿线等境外主要消费地集中布局海外仓等末端物流基础设施，以与国内物流基础设施形成业务联动，更好地服务国内国际双循环。

三、服务构建新发展格局的物流基础设施建设与运营

（一）服务构建新发展格局的物流基础设施建设

1. 推进重点物流基础设施建设

新发展格局下，我国生产力布局面临重构，城市群、都市圈的消费逐渐扩张，我国应加快推进长江经济带、"一带一路"、京津冀、长三角、粤港澳、成渝、西部陆海新通道等重点地区新建一批国家物流枢纽、物流园区、国家骨干冷链物流基地、多式联运

基地，并接入现代物流基础设施网络，为重点地区大规模物流运作提供支撑；应推动中西部地区和农村地区新建一批物流园区、冷链物流中心等，补齐物流设施短板，加快经济后发地区现代化发展步伐；应在境外中欧班列通道沿线布局、建设境外集货点和配送中心，加快海外仓等设施布局建设，为国际多式联运、跨境电商等业务扩张提供设施保障。

2. 完善存量物流基础设施功能

结合新发展格局下物流基础设施网络的建设要求，对存量物流基础设施，应按照国家物流枢纽等的功能要求，加快补齐设施短板，提升物流基础设施的综合物流服务能力。国家物流枢纽应重点补齐多式联运、冷链物流、国际物流等设施短板，提升货物集散、转运服务能力，支撑双向通道化的物流运作。物流园区应重点补齐转运等设施短板，强化仓储配送设施能力，提高区域物流服务能力。国家骨干冷链物流基地应重点强化冷链仓储配送设施能力，补齐中央厨房、冷链加工、生鲜农产品预处理等设施短板，提高生鲜食品冷链服务能力。多式联运基地应重点补齐转运设施短板，新建仓储等配套设施，提高货物中转集散的能力。

3. 推动物流设施数字化、智慧化改造升级

围绕服务构建新发展格局的物流基础设施网络，应加快相关设施的数字化、智慧化改造升级：推动智能仓储设施建设和应用，围绕国家物流枢纽、物流园区、国家骨干冷链物流基地、配送中心的仓储设施，实施自动化、无人化、立体化改造升级，提高物流基础设施的仓储作业效率；加快无人、智能、物联网、5G等技术和装备在物流基础设施内的广泛应用，促进物流基础设施数字化、可视化，推动物流基础设施全面"上云上平台"；加大物流枢纽、物流园区、标准化库房节能改造力度，推广应用新能源技术，打造节能型物流基础设施网络；依托国家物流枢纽等，搭建城市或区域物流设施共享共用平台，提高物流设施资源的利用效率。

（二）服务构建新发展格局的物流基础设施运营

1. "干支仓配"一体业务运营

依托物流基础设施，开展"干支仓配"一体的物流业务运营，是提升国内国际物流组织能力、构建双向循环物流运营网络的重要手段，也有利于充分发挥物流基础设施的效能。其中，干线业务主要是依托国家物流枢纽、国家骨干冷链物流基地、多式联运基地和部分物流园区，利用跨区域物流节点间的物流大通道，选择适应物流需求的最经济的运输方式，开展大运量、规模化、组织化、长距离的物流运作，降低干线物流成本。支线业务主要是依托国家物流枢纽、物流园区、国家骨干冷链物流基地等，利用区域交通网络，促进国家物流枢纽与物流园区、国家骨干冷链物流基地等的业务衔接，面向区域开展分拨组织服务。仓配业务主要是利用各类物流基础设施，以服务周边50公里半径内的物流需求为重点，提供货物的仓储及共同配送等服务，降低末端物流成本。"干支仓配"一体物流业务运作，有利于实现物流基础设施间的业务衔接，提高全社会的物

流运作效率。

2. 供应链业务运营

国家物流枢纽、物流园区、国家骨干冷链物流基地等作为公共服务型物流基础设施，除提供传统的仓储、配送等基本服务外，结合物流基础设施所在区域的产业特点，以服务区域内生产制造和商贸流通等产业为重点，还可提供多样化的供应链服务。开展供应链业务运营，既能增强客户企业的黏性，又能充分发挥物流基础设施对区域产业发展的带动作用。供应链集成业务主要服务于国家物流枢纽、物流园区等所在城市的主导产业，重点围绕汽车、化工、新材料、食品工业等物流供应链业务规模较大、能够进行物流规模运作的产业，提供原材料和零部件采购、工位配送、产品分销的全程物流服务。此外，商贸服务型国家物流枢纽等基础设施，还将为商品批发交易、电子商务、跨境电商、国际贸易等商贸业态提供一体化的商贸供应链服务。通过供应链服务，在国家物流枢纽、物流园区、国家骨干冷链物流基地等周边营造良好的物流供应链环境，将有利于促进城市优势产业加快产业链延伸和价值链提升，从而提升城市或区域产业综合竞争力。

3. 信息平台支撑运行

物流基础设施高效运作，为生产制造业、商贸流通业提供精准的供应链服务，都离不开信息平台的支撑。国家物流枢纽、物流园区、配送中心等物流基础设施，应依托现有的信息管理系统或物流信息平台，通过功能完善、服务拓展、资源集成等方式搭建物流供应链云平台，实现产业链上下游企业、第三方物流服务企业、政府管理平台等的信息对接和共享。供应链云平台主要服务于物流基础设施周边地区的生产制造业、商贸流通业，核心对接零部件与原材料供应商、物流供应链企业、制造企业、商贸流通企业等各类主体，通过云平台实现各方采购、物流等各类信息的及时匹配，以提供精准的供应链服务。供应链云平台将深度对接城市政务云平台，主要与城市物流管理部门、交通运输部门、海关等有关职能部门实现互联互通，并与统计等部门实现信息共享，提升城市物流行业治理水平，并为城市物流大数据发展提供基础数据支撑。

物流基础设施物流供应链云平台还将与各业务支撑系统对接，包括大数据中心、金融中心、集采中心，主要实现零部件和原材料的集中采购、仓单质押等金融服务以及基于物流大数据的决策管理等，从而进一步促进城市智慧物流、"互联网＋物流"等物流新业态的发展。同时，供应链云平台顶层将与国家交通运输物流公共信息平台实现信息互联互通，进而推动全国物流公共信息的互联互通。在业务运作层面，主要与国内龙头无车承运人平台对接，高效开展物流资源共享，提高物流设施辐射区域车货匹配效率，提升物流基础设施物流组织能力。

4. 物流基础设施业务互联

物流基础设施的网络化运营，关键是在物流基础设施间形成规模化的业务连接。从设施间的业务关系看，国家物流枢纽间的业务应率先协同，对于已纳入建设名单的国家物流枢纽，应促进其主动加入国家物流枢纽联盟，与国内其他城市的国家物流枢纽展开业务协同，实现业务衔接、信息互联互通，通过功能分工和跨区域物流运作，提高国家物流枢纽物流集约化、规模化、网络化、信息化运作水平。国家物流枢纽间的业务对接，应以国家物流枢纽联盟为依托，以物流信息平台为对接手段，以国家物流枢纽运营主体为业务对接主体，以干线物流通道为业务运作载体。

另外，支撑现代物流体系的其他物流基础设施，也应高度互联和业务协同。物流园区、多式联运基地、国家骨干冷链物流基地应与国家物流枢纽业务互联，协同国家物流枢纽开展物流集散组织，为国家物流枢纽开展区域性大规模货物集散提供保障。配送中心应与物流园区、国家物流枢纽业务互联，以更好地承载区域分拨配送业务。各类物流基础设施应与多式联运基地业务协同，按照多式联运基地的班车、班列、班轮、航班计划，合理组织和调度货源，确保物流基础设施间物流业务紧密衔接，促进物流全网运作效率的提升。各类物流基础设施间的业务互联互通，应当充分发挥国家物流枢纽的信息平台服务作用，将其作为城市或跨区域物流基础设施间业务衔接的重要载体，提高设施间的物流业务协同水平。

第三节 服务构建新发展格局的物流大通道优化与建设

一、物流通道在现代物流体系中的作用

（一）物流通道的形成与发展

1. 物流通道的作用

（1）支撑构建物流基础设施网络

物流基础设施是开展物流运作的重要设施载体，主要由物流节点和物流通道构成。物流节点主要呈点状离散分布，主要围绕交通枢纽、产业集聚区和消费集中地布局，是进行物流供需整合的场所。而物流节点间的干线物流运作，则主要依靠物流通道完成，物流通道通过高效衔接物流枢纽节点，形成"节点＋通道"的物流基础设施网络，共同为物流业务运作提供设施支撑。

（2）支撑物流规模化、网络化运作

现代物流运作具有明显的网络规模经济效应，正是因为物流运作的这一特性，龙头企业纷纷通过构建服务国内、国际的物流网络来提升综合竞争力。物流通道作为衔接主要物流节点的重要物流设施，也具有公共服务属性，是各类物流企业进行干线物流运作的重要载体，物流企业依托物流节点的货物集散能力，通过物流通道的干线运输组织，衔接末端的物流配送网络，共同支撑物流的网络化运作，从而促进物流行业降本增效。

（3）进行干线大运量物流运作，降低物流成本

物流通道主要依托干线交通通道，包括干线铁路、高速公路、内河航道、远洋航道和空中通道。传统模式下，物流业务运作较为分散，并未在枢纽节点先进行物流需求整合再进行干线物流组织，而新发展格局下，国家物流枢纽、多式联运基地等设施，整合中长距离货物运输需求，利用物流通道不同运输方式的经济技术特点，开展干线大运量的运输组织，有利于系统性地降低物流成本。

2. 物流通道的发展

（1）交通基础设施支撑

物流通道概念由运输通道概念演进而来，运输通道的本质是交通基础设施支撑下的运输服务通道，交通基础设施在物流通道的形成过程中有着基础保障作用。从我国交通基础设施的发展过程来看，传统的交通基础设施主要为普通铁路、低等级公路，受运输能力制约，不足以支撑形成物流通道。随着我国交通基础设施的跨越式发展，《"十三五"现代综合交通运输体系发展规划》提出的横贯东西、纵贯南北、内畅外通的"十纵十横"综合运输大通道基本建成，围绕我国运输通道的客货运服务能力大幅提升，为物流通道的形成提供了有力支撑。

（2）产业发展需求牵引

物流通道不同于传统的运输通道，关键在于物流通道所吸附的资源要素，以及在运输服务基础上所拓展的仓储、配送、流通加工、供应链等各类物流服务。传统运输通道兼顾客货运服务功能，是客运通道和货运通道的集合，一般具有公用基础设施的特点，而物流通道主要提供货物运输以及在此基础上延伸的物流增值服务，与传统的客运通道并不完全重叠，因此，沿运输通道的规模化物流需求，是物流通道形成的现实基础和客观要求。我国已经形成门类齐全的产业体系，工业原材料、大宗商品、城市居民消费空间布局相对集中，这对进行通道化的物流运作、支撑物流通道形成起到重要的牵引作用。

（3）现代科技信息赋能

传统货运组织主要靠线下方式进行，货物多式联运组织效率低、衔接不畅等问题普遍存在。而物流通道的形成，要求进行规模化、组织化的物流运作，现代科技信息为物流通道的畅通提供了现实可能。在物流通道各节点上，现代科技的应用能够显著提升装卸等作业效率。在物流通道的物流组织方面，物流公共信息平台的搭建，促进了物流资源供需的高效对接，为物流通道沿线的产业、枢纽节点、通道化的运输组织提供了更精准的适配，可显著提升物流通道的物流组织作业效率。另外，大数据、物联网、云计算等技术在物流通道的应用，能够挖掘物流增值价值，促进沿线产业集聚，反向为物流通道提供更多的增量物流需求，从而促进物流通道的良性发展。

（二）物流通道的建设内容

1. 串接国内国际循环物流运行网

服务构建新发展格局的现代物流体系建设，核心是形成网络化的物流服务系统。物

流通道重点连接国家物流枢纽、物流园区、多式联运基地、国家骨干冷链物流基地等，并构成了新发展格局下现代物流体系的主骨架。物流基础设施在国内国际循环物流网络中发挥着物流组织中心的角色，物流通道则是实现干线规模化物流运行的重要载体，在国内国际循环物流网络中具有不容忽视的重要地位。

2. 提升物流网络系统运行效率

现代物流具有显著的网络规模经济效益，服务构建新发展格局的现代物流体系将充分体现这一经济规律，通过规模化、网络化物流运作，一改传统中相对离散的物流组织方式。物流通道将发挥干线通道运能大、成本低、速度快的优势，提高物流网络的运行效率，降低干线物流运作成本，通过精准、高效地衔接物流基础设施、区域分拨配送网，提升现代物流体系运行效率。

3. 推动交通基础设施优化升级

交通基础设施是物流通道畅通、高效的基础依托，从服务构建新发展格局的国内大循环来看，物流通道应高效串接原材料产地、产业集聚地、消费集中区，从国际循环来看，物流通道应串接我国进出口商品产地、消费地以及进行物流组织的国内外交通枢纽。新发展格局下，我国的生产力空间布局将进一步优化，国内城市群、都市圈的构建也将影响我国物流需求分布，内陆地区扩大开放也将深度影响我国外向型产业布局，这些都对国内外干线物流组织提出了新要求。物流通道随着物流需求变动，将推动运力紧张、设施落后的交通基础设施加快优化升级，驱动货运通道等干线交通基础设施建设，对我国交通基础设施升级形成强大推动力。

4. 推动通道沿线产业加速发展

物流通道作为长距离的干线运输组织通道，其沿线将串接多个物流需求集中地，推动沿线产业、城市物流需求向物流通道上的物流枢纽集中。物流通道在这一运作过程中，将放大通道及通道沿线枢纽节点的物流成本和效率优势，缩短与国外市场的时空距离，扩大物流辐射半径，吸引资源要素沿通道聚集。从服务内需来看，食品加工、耐用消费品制造、快消品生产、纺织服装及制鞋等产业将率先向通道沿线集聚。从服务外需来看，电子、机电产品制造等生产制造业将率先向国际物流通道沿线集聚。总体来看，将促进我国生产力布局优化，推动物流通道沿线产业扩张发展。

5. 提升国际经贸合作发展水平

国内国际相互促进的双循环主要以国际物流通道为依托，新发展格局下，我国中西部地区融入全球开放型经济的步伐加快，以中欧班列为先行探索，极其畅通亚欧国际物流大通道，对深化亚欧经贸合作，密切亚欧供应链、产业链联系发挥了重要作用。海陆空一体的国际物流通道的进一步畅通，将有效串接国内物流节点，构建国内国际循环物流网络。开展国际物流通道化运作，深化我国与通道沿线国家和地区的经贸合作，深度开展全球产业链分工合作，不断拓展国际结算、全球分销等增值服务，有助于增强我国全球供应链控制力。

二、优化建设服务国内大循环的物流通道

（一）国内大循环物流通道布局思路

1. 以干线交通基础设施网为重要依托

交通基础设施网是进行规模化物流运输组织的重要载体，大规模、长距离的运输组织通过干线交通通道运作，具有明显的效率比较优势。我国交通基础设施建设已取得巨大成就，干线铁路、公路、内河航运、沿海海运设施条件基本能够满足大规模物流运作的要求，特别是高铁基础设施的大规模建设和成网运营，逐步分流了普速铁路客流，大幅释放了普速铁路的货运能力，为我国大循环物流通道建设提供了有力支撑，也为大规模的货物快运提供了新的交通设施条件。国内大循环物流通道的布局，以大运能的干线交通网为重要依托，将充分发挥我国交通基础设施网络的良好基础条件。

2. 以物流供需适配、双向相对均衡的规模流动为根本出发点

布局建设国内大循环物流通道的目的，就是为大规模的物流运作提供通道支撑，因此，在物流通道布局建设过程中应充分考虑物流需求的特点，包括物流需求量、需求结构、货物流量流向等，以对物流需求进行整合，按照供应地、需求地以及两地之间的干线交通条件，进行供需适配对接。同时，考虑到国内大循环的经济运行特点，应尽可能地将供需两端互相作为物流供需关系的关键节点，按照干线通道双向运输组织要求进行物流通道布局，进而实现物流通道物流供需的精准适配，推动物流通道的业务运作尽可能地实现双向均衡。

3. 以串接城市群、都市圈为重要方向

当前我国正全面开启全面建设社会主义现代化国家的新征程，我国城镇化仍将持续推进，未来我国农村人口将进一步向城市群、都市圈聚集。从需求端看，人口的庞大内需带来的物流需求将集中在我国主要的城市群和都市圈。从供给端看，满足我国内需的生产力布局也将进一步优化调整，将从沿海等地区向综合物流成本更低、效率更高、时效性更强的中部地区城市群和都市圈聚集。为此，从我国现代化建设过程中城镇化和生产力的布局调整优化趋势来看，在国内大循环物流体系中，串接城市群和都市圈的物流通道将发挥极其重要作用。

（二）国内大循环物流通道布局

我国大循环物流通道布局，应把握新发展格局下我国生产力布局优化和城镇化发展趋势，以服务强大的国内市场为出发点，以供需规模适配和货物双向规模流动为根本要求，充分发挥我国全面建成小康社会过程中形成的良好交通基础设施网络，结合未来国家综合立体交通网建设方向，重点衔接我国物流需求最为集中的城市群、都市圈，推动各种运输方式高效衔接，形成"3纵4横5连"的国内大循环干线物流通道网络；依托并加强城市群核心城市与辐射区域的都市圈、周边地市的物流衔接和组织作用，形成国内大循环物流通道网络。其中，"3纵"分别是沿海、京哈京广、呼北物流通道；"4横"

分别是呼包鄂榆—辽中南、大陆桥、沿长江、滇中—珠三角物流通道；"5连"分别是呼包鄂榆—中原、中原—长三角、成渝—滇中、黔中—长江中游、长江中游—粤闽浙沿海物流通道。

1. 沿海物流通道

沿海物流通道是由铁路、公路、海运、航空运输及铁海、公铁等多式联运构成的综合物流大通道，沿线覆盖了我国经济最发达的东部地区，串接了哈长、辽中南、山东半岛、长三角、粤闽浙沿海、珠三角等城市群，重点将东北的粮食、沿海地区生产的工业品通过沿海物流通道接入国内大循环通道网络，向我国内陆地区提供高品质的粮食和工业品。同时，沿海物流通道与国外物流通道网络衔接，大规模进口资源性、高品质商品，再将其辐射至我国内陆地区。

2. 京哈京广物流通道

京哈京广物流通道是南北向串接我国中部地区的物流大通道，主要依靠铁路、公路和航空运输方式，串接哈长、京津冀、中原、长江中游、珠三角等城市群，重点将东北的粮食、长江中游的内需工业品、粤港澳高端消费品通过该通道进行双向物流运输组织，再与横向物流通道和城市群区域交通通道衔接，进行内需原材料和商品的区域分拨和城市配送。

3. 呼北物流通道

呼北物流通道是西部地区南北向的重要物流通道，也是西部地区陆海联运大通道和出海国际通道的重要组成部分，主要依赖于铁路和公路运输方式。呼北物流通道串接呼包鄂榆、关中平原、成渝、黔中、北部湾等城市群，主要以大宗商品和消费品物流运输组织为重点，将西北的资源性产品运往西南腹地，将西南地区的水果等消费品向西北运输。并且，兼顾西部陆海新通道功能，将进出口商品通过呼北物流通道进行组织，再利用北部湾港衔接国际物流通道。

4. 呼包鄂榆—环渤海物流通道

呼包鄂榆—环渤海物流通道是我国西部、西北部资源输出的重要通道，其串接呼包鄂榆、京津冀、辽中南等城市群，主要依靠铁路和公路的运输方式，负责我国能源物流大动脉的功能，重点将内蒙古西部地区的煤炭等资源通过铁海联运接入国内物流通道，运输至沿海地区，反向开展消费品、进口商品的公铁运输组织，面向京津冀、西部、西北地区提供优质消费品。

5. 大陆桥物流通道

大陆桥物流通道是东西向贯通我国东、中、西的重要物流通道，以铁路运输方式为主，串接山东半岛、中原、关中平原、兰州—西宁、天山北坡等城市群，将西北地区的资源性产品、大宗工业品、高品质农产品面向东中部地区进行运输组织，再衔接国内大循环物流网络进行分拨配送，反向将东部地区的优质消费品和进口商品面向中部地区、西北地区进行辐射。同时，大陆桥物流通道与亚欧国际物流通道重叠，具备国际陆路、陆海多式联运组织等叠加功能。

6. 沿长江物流通道

沿长江物流通道是贯通长江经济带的重要物流通道，以水运方式为主，以铁路、公路和航空运输方式为辅，串接长三角、长江中游、成渝等城市群，是密切联系长江上、中、下游地区产业链，打造世界级产业廊道的重要支撑。沿长江物流通道通过衔接南北向物流通道，将内需型商品运往全国各地，通过铁水联运将东北粮食、沿海商品和进口商品运往长江经济带沿线。该通道和长江经济带出海通道重叠，进一步加强了长江黄金水道国内国际物流组织功能。

7. 滇中—珠三角物流通道

滇中—珠三角物流通道是西南地区与华东地区联系的重要物流通道，以铁路、航空运输方式为主，串接滇中、北部湾、珠三角等城市群，重点将云南、广西地区的优质农产品运往华东地区，反向将高品质的消费品运往广西、云南，满足区域消费升级的需求。该通道还与西部陆海新通道部分重叠，亦是云南出海的重要通道。

8. 连接物流通道

连接物流通道为物流联系紧密的邻近城市群之间的未纳入"3纵4横"国内大循环物流通道的物流通道。连接物流通道主要通过铁路、公路运输方式，发挥邻近城市群之间产业和物流联系紧密的优势，并接入"3纵4横"国内大循环物流通道，有助于加快相关城市群融入国内国际双循环物流通道网络的步伐。

连接物流通道如表5-1所示。

表5-1 连接物流通道

编号	连接物流通道名称	主要运输方式	通道主要功能
1	呼包鄂榆—中原	铁路、公路	将内蒙古西部的煤炭等矿产资源向中部运输，反向开展消费品运输组织
2	中原—长三角	铁路、公路	与中原地区出海通道重叠，将中原地区的工业品、出口商品运往长三角，以及将西北的煤炭等资源运往长三角，反向开展消费品、进口商品的运输组织
3	成渝—滇中	铁路、公路	主要与呼北物流通道衔接，开展资源性商品和大宗商品的运输组织
4	黔中—长江中游	铁路、公路、空运	主要与沿长江、京哈京广物流通道衔接，将贵州等地的优质农产品运往全国各地，反向开展消费品运输组织

5	长江中游—粤闽浙沿海	铁路、公路	发挥长江中游与粤闽浙沿海产业互补的优势，开展工业品和消费品的双向运输组织，满足辐射区域的内需

（三）国内大循环物流通道建设运营

1. 加快物流通道短板基础设施建设

我国应利用不断完善的综合交通运输网络，重点围绕"3纵4横5连"的国内大循环干线物流通道网络，进一步推动部分路段的干线货运路网建设，推动瓶颈路段的扩能改造，提高干线通道的交通承载力；围绕我国主要资源产地、农产品产地、工业集中区和城市消费地，适应大规模通道化的物流运作需求，通过改造或新建方式，构建一批专用货运通道；加强干线物流通道衔接点城市群转运设施和集疏运路网的建设，提升机场货运能力，提高港口、铁路货场、公路港的集疏运效率，为通道化、规模化的物流组织提供强有力的支撑。

2. 推动干线通道的数字化升级

我国应充分把握新一轮科技革命战略机遇期，抓住5G、物联网、大数据等技术的普及应用机会，推动干线公路、普速铁路的智能化升级改造。对主要干线物流通道上的高速公路，实施5G网络全覆盖，探索在高速公路设置专用货运车道，并且对其实施物联网改造，推动服务区、货运场站等实施自动化加油、加气、充电、泊车升级改造，为货物在途实时监控、无人驾驶技术的应用提供智能基础设施保障。

3. 开展多种形式的货运服务

围绕我国资源产地和产业集聚区，开发路企直通、矿企直达多式联运产品，将煤炭、矿石等大宗资源性产品直送至电厂、化工企业、冶金企业。发挥城市群物流需求集中的优势，利用干线通道的大运量服务能力，发展多种形式的货运服务。围绕城市群、都市圈对冷链食品持续扩大的需求，在主要农产品供应地和销地之间开行冷链班列。利用我国电商快递持续高速发展的规模需求，依托干线铁路和高铁网，开行小编组、夕发朝至的电商专列和当日达的高铁电商班列，提高我国电商快递物流的组织化水平。围绕鄂州等航空货运枢纽，建立面向全国的"轴辐式"航空货运网络，提高我国航空物流运作效率。

三、优化畅通双循环国际物流通道

（一）双循环国际物流通道布局思路

1. 海陆空多通道合理统筹

国际物流运作与国内物流运作有较大区别，国内供需地相对集中、时空距离较近，且以陆路运输为主，不同运输方式在空间上叠加相对容易。国际物流的空间距离、地理特征、运输方式等决定了不同运输方式在空间上相对错位，所以，在国际物流通道布局上要考虑各种运输方式的空间特性，合理统筹。

2. 以维护我国产业链、供应链安全稳定为目的

当今世界虽然面临各种挑战，但全球经贸合作的主旋律不会改变，我国进出口规模依然保持稳定增长的态势。我国面向全球提供优质产品，大规模进口全球商品，与全球产业链、供应链的合作将更加紧密。国际物流通道布局应以服务我国与全球主要国家和地区的经贸合作为重点，充分考虑各种突发情况造成的通道中断风险，织密至全球主要国家和地区的国际物流通道网络，为我国产业链、供应链安全稳定"保驾护航"。

（二）双循环国际物流通道布局

依托我国规模庞大的国际物流业务基础，充分发挥海运、国际陆路多式联运、国际航空运输等不同运输方式的经济技术特点和比较优势，以服务我国商品和货物进出口为出发点，以维护我国产业链、供应链安全稳定为目的，构筑并形成"85N"的海陆空一体国际物流通道网络。其中，"8"指8条海上国际物流通道，这8条海上国际物流通道负担着我国90%以上的进出口货运量，分别是中日韩、中国—北美、中国—南美、中国—东盟、中国—西亚、中国—欧洲、中国—非洲、中国—大洋洲；"5"指5条陆路国际物流通道，主要以中欧班列、跨境公路运输等为主，分别是中蒙俄、新亚欧大陆桥、中国—中亚—西亚、中尼印、中国—东盟；"N"是指依托国际航空货运，织密至全球主要地区的航空货运网络，开通N条国际航空物流通道。

1. 海上国际物流通道（见表5-2）

表5-2　海上国际物流通道

编号	海上国际物流通道	连接主要国家和地区	通道主要功能
1	中日韩	日本、韩国、朝鲜、俄罗斯远东地区	密切中日韩及俄罗斯远东地区经贸合作的重要通道，主要开展汽车及零部件、轻工产品、电子产品的进出口干线航运服务
2	中国—北美	美国、加拿大、墨西哥等	中国与北美经贸合作的主要通道，主要开展农产品、木材、矿产资源等大宗商品进口和汽车，金属材料、纺织服装、轻工产品出口干线航运服务
3	中国—南美	巴西、阿根廷、智利、厄瓜多尔等	中国与南美经贸合作的主要通道，主要开展农产品、海产品、矿产品等大宗商品进口和机电产品、纺织服装、轻工产品出口干线航运服务

4	中国—东盟	越南、马来西亚、新加坡、泰国、印度尼西亚、菲律宾等	主要开展电子产品、小商品、机电产品等商品出口和农产品等进口干线航运服务
5	中国—西亚	沙特阿拉伯、阿联酋、卡塔尔、科威特、伊朗等	我国重要的能源供应保障通道，主要开展石油、天然气进口和轻工产品、机电产品出口干线航运服务
6	中国—欧洲	荷兰、德国、西班牙、英国意大利等	该通道经过苏伊士运河，是中欧经贸往来的主要通道，主要开展汽车零部件、机电产品进口和纺织品、电子产品、轻工产品出口干线航运服务
7	中国—非洲	埃及、安哥拉、南非等	密切我国与非洲经贸联系的物流通道，主要开展机电产品、纺织品、轻工产品出口和石油、木材、矿石等资源性产品进口干线航运服务
8	中国—大洋洲	澳大利亚、新西兰等	该通道是我国进口铁矿石的主要航线，主要开展铁矿石、石油和其他初级原材料进口和服装、陶瓷、建筑材料等出口干线航运服务

　　全球经济版图的空间距离、地理特征，决定了全球的货物运输依旧以海运方式为主。海运在全球货运中具备运量大、成本低的显著比较优势，在大宗商品和传统货物贸易运输中将长期处于优势地位。我国在成为全球贸易第一大国的过程中，基本织密了至全球主要国家和地区的海运网络。在服务构建新发展格局的现代物流体系建设中，海上国际物流通道重点服务我国传统商品的出口、大宗原材料和高品质消费品的进口，并与国内大循环物流通道网络衔接，在加快我国由贸易大国向贸易强国迈进方面发挥了极其重要作用。

2.陆上国际物流通道（见表5-3）

表5-3　陆上国际物流通道

编号	陆上国际物流通道	连接主要国家和地区	通道主要功能
1	中蒙俄	蒙古国、俄罗斯、欧洲大陆	该通道有两大方向，一是从二连浩特出关至蒙古国及经蒙古国连接俄罗斯和欧洲的铁路通道，二是经满洲里和绥芬河出关至俄罗斯及欧洲的铁路、公路通道。该通道是中欧班列运行的主通道之一，同样也是中国进口蒙古国和俄罗斯矿产资源、木材、粮食的重要陆上通道，对保障我国国际能源、资源供应作用重大
2	新亚欧大陆桥	哈萨克斯坦、白俄罗斯、俄罗斯及欧洲大陆	该通道是经过哈萨克斯坦、俄罗斯、白俄罗斯、波兰等至欧洲的以铁路运输为主的物流通道，同样也是中欧班列运行的主通道之一。该通道是我国电子产品、高品质轻工产品出口以及平行进口汽车、红酒、化妆品等高品质消费品进口的重要陆上通道，重点发挥运输时效和综合成本比较优势，与海上国际物流通道、航空国际物流通道形成补充
3	中国—中亚—西亚	乌兹别克斯坦、阿富汗、巴基斯坦、伊拉克、土耳其等	该通道连接我国与中亚、西亚各国和地区，以铁路运输方式为主。该通道是我国轻工产品、机电产品、汽车等出口和粮食等商品进口的重要通道，对保障我国粮食等的供应有重要作用
4	中国—东盟	缅甸、老挝、越南、泰国、柬埔寨等	该通道以铁路和跨境公路运输为主，包含几个分支通道，一是广西至越南、泰国、柬埔寨等，二是云南至老挝、泰国等，三是云南至缅甸等，主要发挥跨境运输的时效优势，是我国电子产品、轻工产品出口和水果、海产品等进口的重要通道
5	中尼印	尼泊尔、印度等	该通道以跨境公路运输为主，是我国机电产品、轻工产品等的出口通道，该通道物流需求尚待培育

亚欧大陆作为世界上面积最大的大陆，一端连接经济最具活力的东亚，一端连接欧洲发达经济体，亚欧大陆腹地资源富集，在"一带一路"倡议的实施下，亚欧大陆经济联系日益紧密，东中西合作不断强化。在中欧班列的先行探索下，亚欧陆上国际多式联运通道日益畅通，亚欧陆上国际物流通道以服务辐射不同区域、国家，总体上形成了五大陆上国际物流通道，重点密切了我国与周边地区、中亚、西亚以及欧洲的陆上物流联系。亚欧陆上国际物流通道重点发挥运输时效和综合成本比较优势，推动亚欧大陆开展产业链、供应链的深度合作，共同应对全球化发展挑战，并且与海上国际物流通道、航空国际物流通道形成互补，在维护中欧产业链、供应链安全稳定方面发挥了重要作用。

3. 航空国际物流通道

航空国际物流通道主要发挥航空货运时效性、机动性强的比较优势，重点满足高端电子产品出口，高端水产海鲜、生物医药进口，以及高附加值跨境电商货物运输需求。我国应以上海、北京、广州、深圳、西安、郑州、成都、重庆、鄂州等地的机场为依托，以与我国经贸联系密切的主要国家和地区为重点，打通至全球的航空物流通道，重点畅通至欧洲、东南亚、非洲、大洋洲、北美、南美等航空货运需求量大的国家或地区的航空物流通道，稳步开通国际货运航线，通过打造定期货运航线或货运包机的方式，形成安全、稳定的全球航空货运通道网络。

（三）双循环国际物流通道建设运营

1. 合作共建海外通道交通基础设施

为保障双循环国际物流通道畅通，必须先行推动交通基础设施的互联互通，提升交通基础设施的货运服务能力：围绕海上国际物流通道建设，重点开展境外港口码头的合作建设工作，推动港口码头的智能化改造升级，重点与希腊、埃及、马来西亚、巴基斯坦等国家合作建设一批国际枢纽港，提升海上国际物流通道的集疏运能力；围绕陆上国际物流通道建设，重点加强边境口岸的扩能改造力度，提高陆路口岸的通关能力，联合通道沿线国家，推动中欧班列主通道境外段铁路瓶颈路段、宽窄轨换装站、集散中心的建设和改造，提高国际铁路通道的货运能力；合作推动境外高等级公路建设，提升与周边国家和地区的交通基础设施互联互通水平，为跨境公路运输发展提供设施支撑；积极参与境外航空货运基础设施建设，提高境外航空货运集疏运能力。

2. 提升国际海运、航空货运服务能力

我国应以服务我国商品进出口为导向，以龙头海运企业为依托，进一步整合国内外海运资源，推动船舶、航线、港口码头等资源共享共用，开展国际海运通道化、组织化运作，提升我国国际海运市场竞争力；推动龙头航空货运、跨境电商、快递企业通过业务合作、成立合资公司等方式组建国际货航机队，打造国际货运航线品牌，织密我国至全球的航空货运网络，提高我国航空货运服务能力和国际竞争力。

3. 丰富国际陆路通道货运产品

我国应推动中欧班列高质量发展，加快建立沿线国家海关、铁路、运输协定、贸易

规则、信息交换、金融结算等协调机制，实现中欧班列单、证、货、信息标准化；鼓励中欧班列运营公司与沿线国家和地区的境外企业加强合作，合作拓展境外的干仓配（干线运输＋仓储＋配送）物流服务网络，提高中欧班列境外物流组织水平；大力发展国际跨境公路货运，进一步促进我国与周边国家签署跨境公路运输合作协定，提高跨境公路运输通道服务能力，密切我国与周边国家和地区的经贸联系。

第六章 现代物流运输产业与经济

第一节 物流运输市场与组织

一、物流运输市场

在市场经济条件下，物流运输需求方与运输供给方是通过市场进行交易的，物流运输资源通过运输市场进行配置。物流运输市场既错综复杂，又变化多端，物流运输企业必须充分利用各种资源优势，满足货主的需求，达到物流运输企业的战略目标。

（一）运输市场的含义

物流运输市场有狭义和广义之分。狭义的物流运输市场是指为完成货物的空间位移而提供货位的场所，即运输需求方（货主）、运输供给方（运输业者）及运输代理者进行托运交易的场所。广义的物流运输市场是整个市场体系的一部分，指运输参与各方在交易中所产生的经济活动和经济关系的总和，即运输市场不仅是运输服务交换的场所，并且包括运输产品的生产者和消费者之间、运输供给和运输需求之间、运输部门和其他部门之间的经济关系，还包括运输市场结构、运输市场机制、运输市场调节和管理以及企业在运输市场中的经营等。这里主要讨论广义的运输市场问题。

广义的物流运输市场是一个具有多重含义概念，从不同角度去理解，它具有不同的含义。

①物流运输市场是运输服务进行交换的场所。物流运输市场是一个地理概念或空间概念，常被看作一个交易场所，供运输需求方与运输供给方进行交换。

②物流运输市场是运输服务供求关系的总和。物流运输市场是由不同的运输产品、劳务、资金、技术、信息等供给和需求构成。

③物流运输市场是在一定时空条件下对运输服务需求（现实需求和潜在需求）的总和。服务的需求总和是消费群体在一定时间和空间条件下表现出来的需求总量，所以市场是由具有现实需求和潜在需求的消费者所组成的。

（二）物流运输市场的参与者

物流运输市场是多层次、多要素的集合体，构成物流运输市场的参与者主要包括以下四个方面：

1. 物流运输需求者

物流运输需求者包括各种各样的货物运输需求者，就是货主。运输需求主体参与运输市场活动，目的有二：一是通过运输服务获得运输效用；二是追求经济性，即用较少的费用获得运输效用的满足。

2. 物流运输供给者

物流运输供给者包括提供运输服务的单位和当事人，即提供各种运输方式的运输业者以及运输业者的行业组织。运输供给主体提供运输服务，以获得相应的经济效益为目标。

3. 物流运输中介

物流运输中介包括介于运输需求和供给双方之间，以中间人的身份提供各种与运输服务相关的货运代理公司、经纪人、信息咨询公司等。作为独立的市场经济组织，运输中间商通过服务于供需双方来参与运输市场活动，并且以追求自身经济效益为目标。

4. 政府

政府也是构成运输市场的重要因素，包含政府相关机构和各级交通运输管理部门。它们代表国家及公众的利益，对运输市场进行监督、管理、调控。

在物流运输市场交易活动中，需求者、供给者、中介直接从事货物运输交换活动，属于运输市场行为主体。政府以管理、监督、调控者身份出现，不是市场运行的行为主体，不参与市场主体的决策过程，而主要通过经济手段、法律手段来制定运输市场运行的一般准则，规范、约束运输市场主体的行为，使运输市场有序运行。

（三）物流运输市场的地位

1. 物流运输市场是市场体系的基础

物流运输是商品流通的载体，没有货运市场的最终形成，商品市场的形成和完善是不可能的。物流运输市场是市场体系的基础，可以把运输市场看作要素市场之一，物流运输的发展规模和水平决定商品生产和交换的规模和程度。

2. 物流运输市场是整个市场体系的子系统

作为市场体系的子系统，物流运输市场的运行方式、市场秩序、市场调节过程，受到市场体系基本规则的制约，运输市场规则的建立和完善，不允许超出市场体系基本规则的框架，应和市场体系基本规则同步。

（四）物流运输市场的作用

只要有商品生产和商品交换的存在，市场就要发挥其功能。物流运输市场的作用体现在以下几个方面：

1. 提供运输供求信息

提供运输供求信息是运输市场的最基本功能。从某种意义上讲，运输市场是进行运输活动、促成交易达成的信息网络或信息系统。运输市场的信息流是双向的，第一个信息流向是它使运输生产的企业或个人按照市场的需求状况，来决策自己的生产规模和应提供什么样的产品或服务，得到期望的经济效益；第二个信息流向是它让运输需求者充分选择运输生产者和运输方式，使运输支出得到最大程度的效用满足。

2. 协调经济构成比例

运输市场协调经济比例的功能表现在两个方面：①协调运输业与其他行业在国民经济中的比例关系。运输需求过大的市场就会刺激运输部门扩大生产，增加供给，提高经济效益；运输供给过大的市场就会使运输企业因无利可图而转向其他行业。②在运输体系内部，运输市场调整各种运输方式在市场中占有的比例。所以，政府必须对物流运输业采取一定的管制措施，让运输业内部保持合理的、一定程度的竞争，以使社会拥有低成本、高效率的运输系统。

3. 促进生产力发展

物流运输是社会分工的产物，社会分工越发达，运输市场规模越大；运输市场规模越大，反过来又推动社会分工的发展，社会生产力的发展则在较小程度上受到时空的限制。物流畅通的运输市场使一个国家的生产实现专业化、规模化、区域化和科学化，还使社会生产成为世界性的生产，使全球各个区域的经济联系得到加强，充分利用国内和国际两个市场，促进生产力的发展。

二、物流运输市场的结构组织和特征

依据不同的标准，运输市场结构有不同的分类，在运行过程中也表现出不同的特征。

（一）运输市场的结构

1. 运输市场的状态结构

运输市场的状态结构是指由运输市场运行的不同状况而形成的市场结构。运输市场

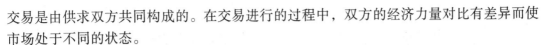

交易是由供求双方共同构成的。在交易进行的过程中，双方的经济力量对比有差异而使市场处于不同的状态。

（1）运输买方市场

运输买方市场是指在买卖双方的力量对比中由买方占主导地位的市场。在这种运输市场状态下，运输供给大于需求，买方掌握着市场的主动权，成为市场运行的主导力量，货主有很大的回旋余地，有选择多种不同运输服务的自由；而运输企业则不然，都尽力为自己的产品寻找销路，彼此之间竞争激烈。竞争主要通过两种途径，即价格竞争与非价格竞争。其中非价格竞争以质量竞争（包括服务竞争）为核心，运输供给方竞争的结果是运输需求方得益。

（2）运输卖方市场

运输卖方市场是指在买卖双方的力量对比中由卖方占主导地位的市场。在这种运输市场状态下，运输供给小于运输需求，卖方掌握着市场的主动权，成为市场运行的主导力量，卖者的回旋余地很大，可以待价而沽；而买者则处于被动地位，竞争激烈，甚至不惜出高价去购买运输服务。卖方市场对运输供给方有利，但运输业者容易出现不良经济行为，比如缺乏竞争意识、忽视技术进步、借机牟取利益等，所以这种市场状态结构对运输业乃至整个国民经济的发展是不利的。

（3）运输均势市场

运输均势市场是指运输市场上买卖双方的力量对比旗鼓相当、处于均势状态的市场，这是一种比较完善的市场状态。在这种市场状态下，运输供给与需求大体平衡，价格也相对平稳，双方均无明显优势和劣势，运输业的发展和国民经济的发展均处于平稳状态，因而是理想的市场结构。

2. 运输市场的空间结构

运输市场空间是指运输主体及其所支配的运输市场客体的活动范围。现实的运输市场总是具有一定活动空间的市场，各类市场由于扩散和吸引能力的大小而有所不同。运输市场的空间结构是指各等级、各层次的市场空间在整个市场体系中所占有的地位及其相互关系。运输市场的空间结构从大的方面来说可以划分为三个基本层次。

（1）区域性的地方运输市场

区域性的地方运输市场是以区域为活动空间的运输市场，包括城市运输市场、城间运输市场、农村运输市场、城乡运输市场、南方市场、北方市场等。区域性的地方运输市场通常以大大小小的经济区为主。在地域分工和生产专业化的基础上逐步形成，并循序渐进地发展和扩大。

（2）全国统一的运输市场

全国统一的运输市场是以整个国家领土、领空、领海为活动空间的运输市场，包括各个地区、各种运输方式在内的统一的运输市场。它以市场经济的充分发展为基础，在区域运输市场充分发展的前提下得以形成。

（3）国际运输市场

国际运输市场是指不仅以本国，而且以其他国家为活动空间的运输市场。它是随着国际的商品交换及经济社会文化交流的增加而逐渐形成的，是国际产业分工、世界经济发展和消费生活全球化的必然结果，也是市场经济发展的客观要求和必然趋势。

3. 运输市场的时间结构

运输市场的时间结构是指市场主体支配交换客体运行轨迹的时间量度。由于运输市场交易中，市场主体之间对交换对象——运输服务的权利转移与其价值运动过程可以有不同的时间轨迹。一般来说，运输市场按时间结构包括两种情况。

（1）运输现货交易市场

运输现货交易市场是进行运输现货交易的市场，由拥有运输服务（现货）并准备交割的运输供给者和想得到运输劳务的运输需求者组成。在运输现货交易中，运输市场上出售运输服务与货币转移是同时进行的，因此也称即期交易。广义的现货交易还包括远期交易，供求双方只签订运输合同，约定在一定时期内按合同条款履行义务并进行交割。如果现货交易通过签订运输合同进行，则运输服务必须在规定的时间内完成，买卖双方只有在相互同意的情况下才能够修改或取消所签的合同。

（2）运输期货交易市场

运输期货交易市场是从事买卖标准化的运输期货交易合同的市场。运输期货交易是在交易所通过签订标准化的运输期货交易合同而成交的。运输期货交易不但可以先签订期货交易合同，然后在某一特定时间交割，而且能"买空卖空"和根据交易人的需要自由买卖。

4. 运输市场的竞争结构

运输市场的竞争结构是指市场上运输服务的竞争关系与组合模式，它反映了运输市场竞争的态势和程度。决定运输市场结构的主要因素有两个：一是参与运输市场交易的供给者和需求者的数量；二是成交的运输服务的差异程度。

根据运输服务的竞争关系与组合模式，运输市场可以划分为四种结构模式：

（1）完全竞争运输市场

完全竞争运输市场又称纯粹竞争市场，其特征是：运输市场上存在大量的运输供给者（或代理人）和运输需求者（或代理人），他们各自的交易额相对于整个市场的交易规模只是很小的一部分，因而不能影响市场的运价，个别的运输供给者和运输需求者只能接受市价；所有的运输供给者都是独立地进行决策的，以相同的方式向运输市场提供同类、同质的运输服务，即完全可以互相取代；运输供给者只要具备一定的经营条件和运力，就是可进入市场，并且退出市场的伸缩性小，决定进、出市场的唯一条件是经济上是否有利可图；这种市场没有政府的干涉。由于没有差异，市场竞争激烈，运输供给者只能获得正常利润。在现实中，这种理想模式是不存在的，近似具备这种市场条件的是发达国家的跨州（省）公路货运市场以及海运中的不定期船市场。

（2）垄断竞争运输市场

垄断竞争运输市场是一种介于完全竞争和完全垄断之间且近于前者的市场结构。与完全竞争运输市场相似，市场上存在大量的运输供给者（或代理人）和运输需求者（或代理人），他们提供具有一定差别的、能从整体上或局部上加以区别的而且可以互为相近替代品的运输服务。但是，他们各自的交易额相对于整个市场的交易规模只是一小部分，所以任何一个运输供给者和运输需求者都不可能独立地控制运价，也无法控制整个市场。运输企业进入市场容易、运输企业多、运输服务替代性大，所以市场竞争激烈，运输供给者也只能获得正常利润。在垄断竞争运输市场上，竞争不仅表现为价格竞争，也表现为非价格竞争。一些运输供给者集中经营某一细分市场，以特异的方式满足顾客需求并赚取利润。为了提高市场占有率，各运输供给者重视运输质量与运输特色，同时广告宣传等促销工作也成为运输企业市场营销活动的重点。例如，在交通运输市场占比高达75%的快运行业，其前20名的行业集中度只有2.9%。

（3）寡头垄断运输市场

寡头垄断运输市场是介于完全竞争和完全垄断之间且近于后者的一种市场结构，可以分为完全寡头垄断市场和差别寡头垄断市场。完全寡头垄断市场由少数几家运输供给者控制市场，向市场提供相同的或差别不大的运输服务，控制着市场的绝大部分运力，整个市场的运价由这些运输供给者垄断。运输服务不具备差异性，因而获取竞争优势的唯一方法是降低成本。差别寡头垄断市场是由少数几家有部分差别的运输服务供给者组成的。

（4）完全垄断运输市场

完全垄断运输市场又叫独占运输市场。这种市场主要表现为某一国家或地区的运输市场上只存在一家运输供应者。市场上运输服务的唯一供应商对运价具有相当程度的控制权，不存在或基本不存在竞争。这种垄断的产生可能是管制法令、许可证、规模经济或其他原因。处于不受管制的完全垄断地位的运输企业，其营销目标往往是通过索要高价，提供最低程度的服务，利用垄断地位最大程度地赚取利润。在存在潜在竞争威胁时，垄断者会更多地投资于服务和技术，设法阻止其他竞争者的加入，尽可能维护甚至加强其市场垄断地位，而受到管制的垄断者则主要考虑如何在合理的运价水平上尽可能保质保量地满足市场的运输需求。由于运输市场放开，现实中的完全垄断运输市场几乎不存在。

（二）运输市场的特征

运输市场作为市场体系的组成部分，毫无疑问具有一般市场的共性。如供给方与需求方构成市场主体的两大阵营；供给与需求的变化虽然都受不同因素的影响，但最终都要受价值规律支配，交换要遵循等价交换的原则。由于运输生产过程、运输需求过程以及运输产品的特殊性，运输市场除具有普通市场共性外，还具有区别于其他产品市场的不同特点。

1. 运输市场上交换的产品具有无形性、服务性

运输市场与一般的商品市场不同，交换的不是普通的实物产品，而是不具有实物形态的运输服务。在交换过程中虽然也发生像普通商品交换那样的所有权转移行为，但是运输服务的购买者取得这种所有权后，不能消费具体的物质产品，而只是改变货物在空间和时间上的存在状态，它包括货物的具体数量、起运和到达的具体时间、地点等。

2. 运输市场不能以储存来调节产品供求

在运输市场中，运输服务的生产、消费具有同步性。货物是与运输工具一起运行的，并且随着运输工具的场所变动而改变其所在的空间位置。运输劳动所创造的服务在生产过程中同时被消费掉，因此不存在任何可以存储、转移或调拨的"成品"。可见，运输服务的供给只能表现在各种运输方式的现实运输能力之中，不能以储存、调拨的方式来对运输供求状况进行调节，而只能以提高运输效率或新增运输能力来满足不断增长的运输需求，而万一需求下降，一些供给能力就会闲置。

3. 运输市场既有空间上的广泛性，又有具体位移的特定性

运输服务进行交换的场所是纵横交错、遍布各地的运输线路和车站，这些线路和车站联结城乡，跨越省区甚至超越国界，相互贯通，交织成网。货运市场中的交换主要集中在车站、码头、机场等地，甚至十分分散，哪里有货物运输需求，哪里就会有货运交易的场所。同时，运输服务又具有矢量的特点，不同的到达地和出发地之间的运输形成不同的运输服务，它们之间不能相互替代，即便是相同的到达地和出发地之间的运输也有运输线路问题，只有相同货物在相同起运点、终点并经过相同线路的运输才是相同的运输服务。不能用运水果的服务代替运石油的服务，也不能用兰州向乌鲁木齐的运输代替广州向上海的运输，甚至在同一运输线上不同方向的运输也是完全不同的运输服务。

4. 运输市场供求不平衡，具有较强的波动性

一般地，价值规律在一定程度上促使市场供求均衡发展和供求双方矛盾调和，使供求关系在质量、种类等方面保持均衡。但对于运输需求的多样性、不平衡性、运输业的"超前发展"和先行地位以及运输市场管理办法、措施和手段的限制等，运输市场在供求上是不均衡的。同时，运输受各种因素影响变动较大，波动性较强。应发挥运输市场调节机能，凭着敏感的价值规律的自动反馈和调节系统，使运输市场在供求上力求趋向平衡或使不平衡的差值限制在一定范围之内。

5. 运输服务的可替代性较强，各种运输方式之间竞争激烈

在具体的运输市场上，不同运输生产者的竞争，不仅发生在同一运输方式内部的不同企业之间，也发生在不同的运输方式之间。同一种运输服务可以由不同的运输方式提供，铁路、公路、水路、航空、管道等多种运输方式都可以实现货物位移，即并行的几种运输方式可以提供数量相同但质量（如运输速度、舒适度、方便度等）不同的运输服务。因此，具有较强的可替代性，消费者的选择性较强。互相替代的运输方式共同组成运输市场上的供给方，它们之间存在着竞争关系，而且根据提供运输服务质量的差别保

持一定的运价比。为促进各种运输方式的协调发展，充分发挥各自的优势，防止盲目竞争，需要国家对运输业进行宏观调控和系统规划，打破条块分割、部门各自为政的局面，以便优化资源配置，发展综合运输。

6. 运输市场天然容易形成垄断

在运输业的一定发展阶段，某种运输方式往往会在运输市场上形成强大的垄断势力，即使是运输市场比较完善的时期，垄断的痕迹仍然存在。比如，许多发达国家都曾有过运河的大规模建设时期，水运运量占统治地位，其后铁路又在相当长时期成为运输业的霸主。即使到了现在，虽然多种现代运输方式并存，竞争成为运输市场运行的主要特征，但各种运输方式仍旧在自己的优势领域维持着一定的独占性。特别是铁路和民航等运输行业必须有高度集中的生产指挥系统，铁路和管道在线路方面的独占性又使其自然地产生垄断性的经营。容易出现垄断的市场恰恰最不容易成为比较完善的市场，因此各国对运输市场一般要加以管制。

第二节　物流运输需求与供给

一、物流运输的需求

需求和需要是两个不同的概念。从经济学上讲，有支付能力的需要，构成了对商品或服务的需求。物流运输活动的主要内容是实现货物的空间移动，故只有了解了运输对象的市场需求状况，企业才能进行有效的运输活动。

（一）运输需求的含义

物流运输需求是指在一定时期内、一定的价格水平下，社会经济生活在货物空间位移方面提出的具有支付能力的需要。因此，运输需求应具有两个条件：一是有购买运输服务的欲望或要求，只有运输需求者有运输需求，运输供给者才有可能去满足这种需求；二是具有购买能力，在一定的价格水平下，购买者的收入越高，购买能力越强。上述两个条件缺一不可。

运输需求一般包括以下六个要素：

①流体，即运输的对象，也即运输货物的品种。

②流量，即运输的需求量。

③流向，即货物发生空间位移时的空间走势，表明货流的产生地与消费地。

④流程，又称运程，即运输距离，指货物进行空间位移的起始地到终点的距离。

⑤流速，又称运速，即货物的运送速度。

⑥运输价格，即运输单位重量或体积的货物所需的运输费用。

（二）运输需求的类型

1. 根据需求范围划分

根据需求范围的不同，运输需求能够分为个别需求、局部需求和总需求。

（1）个别需求

个别需求是指特定的运输需求者在一定时期、一定运价下提出的运输需求。货运方面，货物因本身的物理、化学性质不同对运输的需求不同，如煤炭、木材等大宗散货需要低廉的运费，海鲜要保证运输时间，化学危险品要保障运输中货物安全。

（2）局部需求

由于各地区自然条件、经济发展的相异，产生了不同的运输需求。发达地区运输需求量大，欠发达地区运输需求量小，靠近江河、湖泊或沿海地区水路运输需求量大，内陆地区则对公路、铁路、航空运输需求量比较大。

（3）总需求

总需求是从宏观经济角度出发分析的运输需求，指在一定时期、一定运价下，个别需求与局部需求的总和。

2. 根据运输对象划分

根据运输对象的不同，运输需求可以分为客运需求和货运需求。

（1）客运需求

客运需求可以分为生产性需求和消费性需求。

（2）货运需求

货运需求是因为货物交换双方的需要而产生的运输需求。供应商、生产商、批发商、经销商、分销商、零售商和最终消费者，都会因商品交换的需要而产生运输需求。

一般来说，货物运输需求产生的来源主要有以下三个方面：

①地区间商品品种、质量、性能、价格上的差异。地区之间、国家之间技术水平、产业优势不同，产品的质量、品种、价格等方面就会存在很大差异，这就会引起货物在空间上的流动，从而产生运输需求。

②生产力与消费群体的分离。社会经济基础的差异，各地区间经济发展水平和产业结构的差异，决定了生产性消费分布的存在。伴随生产社会化、专业化的发展，生产与消费在空间上日益分离，也就必然产生了运输需求。

③自然资源的地区分布不均衡，生产力布局与资源产地分离。自然资源地区分布不均衡是自然现象，并且，生产力分布不均衡，不可能完全与资源产地相配合，这就必然产生运输需求。

（三）物流运输需求的影响因素

影响运输需求的因素多种多样，及时了解影响运输市场活动的因素，借助于经济学中的需求分析来预测市场态势，将会使运输组织活动更富目的性。

1. 经济发展水平

货物运输需求是派生需求，这种需求的大小取决于经济发展水平。从西方发达国家的交通运输发展进程看，工业化初期，开采业和原材料对大宗、散装货物的需求急剧增加；到机械加工工业发展时期，原材料运输继续增长，但增长速度已不如前一时期，而运输需求开始多样化，对运输速度和运输质量方面的要求有所提高；进入精加工工业时期，经济增长对原材料的依赖明显减少，运输需求在数量方面的增长速度放慢，但运输需求越发多样化，在方便、及时、低损耗等运输质量方面的需求越来越高。

2. 国民经济产业结构和产品结构

首先，生产不同产品所引发的厂外运量（包括原材料、附件、能源、半成品和产成品等）差别很大。如生产 1 吨棉纱引起厂外运量 2.5 ~ 3 吨，生产 1 吨水泥引起厂外运量 4 ~ 5 吨，生产 1 吨钢引起厂外运量 7 ~ 8 吨。其次，不同产品利用某种运输方式的产运系数（即产品的运输量与其总产量的比值）是不同的，如煤炭和基础原材料工业对铁路的依赖比较大，而其他产品则可能更多地利用公路等运输方式。最后，不同的产业构成，在运输需求的量与质上要求不同。若用单位 GDP 所产生的货物周转量来表示货运强度，则重工业的货运强度大于轻工业，轻工业的货运强度大于服务业，随着产业结构层次的提高，货运强度将逐步下降。

3. 运输网的布局与运输能力

运输网的布局与运输能力直接影响货源的吸引范围和运输需求的适应程度。如国际航空线路的开辟，为鲜活易腐货物的国际运输需求提供质量保证。地处优越的交通地理位置、高质量、高效率的运输网络不但能满足本地区运输需求，而且还可吸引过境货物、中转货物。完善、合理的运输网布局，方便、快捷、高质量的运输能力，无疑会大大刺激运输需求；而滞后的运输网络与运输能力会抑制运输需求。

4. 市场价格的变动

运输价格和运输商品的市场价格变动，也会引起运输需求的变动。一般来说，运价下降时，运输需求上升，而运价上涨时，短期内需求会受到一定抑制。同时，两地市场商品价格差别增大，会刺激该商品在两地间的运输需求；商品价格差别缩小，则会减少两地间对于该商品的运输需求。此外，燃油、运输工具等价格变动也会引起运价的变动，从而导致运输需求的变动。

5. 国家经济政策和经济体制

当产品交流和物资分配体制从计划经济体制转向市场经济体制时，运输需求的市场调节比重增大，货物流通的范围扩大，频率增强。因此，政府运用政策对流通领域的宏观调控是影响和调控货运需求的有力工具。

6. 人口增长与分布

人口增长与分布的变化对货运需求也有很大影响，人口增长快，必然引起粮食、油料、副食品、日用工业消费品等供应量的增加，引起对运输需求的增加；大量人口流入城市必然引起城市消费能力的增加，也会使大量的粮食、副食品及日用工业消费品等运往城市，继而使货运需求增加。

二、物流运输的供给

生产力水平的提高，社会生产和人民生活不断发生变化，致使了生产、生活消费模式的改变，这对交通运输提出了新的要求。运输需求方开始更多地关注运输品质、运输水平、运输协调等一系列与运输供给相关的现实问题。运输供给方根据运输成本、运输价格以及运输能力等因素进行运输供给分析，结合运输市场的整体情况开展运输组织工作，满足运输需求。

运输供给是运输市场中与运输需求相对应的一个范畴，影响着运输方式的选择、运输费用的高低和运输质量的好坏等。

（一）运输供给的含义

供给是指生产者在一定时期和一定价格水平下愿意并且能够提供的某种商品的数量。供给在市场上的实现要同时具有两个条件：一是生产者有出售商品的愿望；二是生产者有生产的能力。

运输供给是指在一定时间、空间内，一定运输水平下，运输生产者愿意并能够提供的运输产品或服务。运输供给有两个必备的条件，即运输生产者有提供运输产品或服务的愿望，并且运输生产者有提供这种运输产品和服务的能力，两个条件缺一不可。

（二）运输供给的特征

1. 非储存性

运输业属第三产业，即服务业。非储存性是各种服务产业的共同特点：生产过程与消费过程相结合。运输业的生产活动是通过运输工具使运输对象发生空间位置的变化，运输产品的生产和消费是同时进行的，即运输产品不能脱离生产过程而单独存在。所以，运输产品不能像普通产品一样储存起来，这就是运输产品的非储存性。运输产品的非储存性，决定了运输业不能采取运输产品储备的形式，而只能采取储备运输能力的形式来适应运输市场变化。

运输业具有固定设备多、固定资产投资大、投资回收期长等特点，运输能力的设计多按运输高峰的需求设计，具有一定的超前量。运输能力的超前建设与运输能力的储备对运输供给来说，既可能抓住市场需求增长的机遇，又可能因市场供过于求而遇到风险。运力储备越大，运输供给承担的风险越大，适应市场需求的能力也大；相反，运力储备小或没有储备，承担的风险小，那么适应市场需求的能力也小。

2. 不平衡性

运输供给的不平衡性既表现在时间上也表现在空间上。在时间上，运输供给的不平衡性表现在运输供给随运输需求淡旺季的变化而变化。运输旺季时，运输需求增多，运输供给就相应增加；相反，运输淡季时运输供给减少。运输需求的季节性不平衡，导致运输供给出现高峰与低谷。

在空间上，经济和贸易发展的不平衡性以及各地产业的不同特点，使运输供给在不同国家（地区）之间也呈现出一定的不平衡性。经济发达的国家（地区）的运输供给量比较充分，经济比较落后的国家（地区）的运输供给量则相对滞后。运输供给的不平衡性还表现在运输方向上。比如，矿区对外运矿（如煤）的运力需求要远远大于其他生产及生活资料的向内运输。为实现供需时空结合，企业要经常付出空载行驶的代价。这种因供给与需求之间在时间、空间方面的差异性所造成的生产与消费的差异，使运输供给必须承担运力损失、空载行驶等经济风险。

3. 可替代性

运输供给由铁路、公路、水运、航空、管道等多种运输方式和多个运输生产者的生产能力构成。两地间的运输可由多种运输方式完成，并且一次运输也可由多个运输生产者承担，所以运输需求者可以依据实际情况，选择最佳的运输方式和运输供给商，运输生产者也可以在确定运输方案时选择合适的运输方式，这就是运输供给的可替代性。

同时，运输产品在时间、空间上的限制，人们对运输服务的经济性、方便性和舒适性的要求等，使得不同运输方式间或同一运输方式中替代性受到限制，这种限制又使得每种运输方式间或同种运输方式中具有差别的运输服务可能在某一领域的运输供给上形成一定程度的垄断。但是，这种可替代性也是有条件的，因为运输方式间存在差异性。例如，在国际贸易中大宗货物的远洋运输，通常只能选择海路的运输方式。运输供给具有部分可替代性，它的替代性和不可替代性是同时存在的，运输市场的供给既存在竞争也存在垄断。

4. 外部性

外部性是指向市场以外的其他人强加的成本和利益，发达运输可带动周边区域的经济发展。"要想富，先修路"说的就是运输业的正外部性，它能使区域繁荣、商品价格下降、地价上扬，产生巨大的经济效益，以致大多数大城市均在沿海沿江交通便利的地域形成。再如，一条航线的开通，会带动当地旅游业的发展；一条运输线路的开通，会带动沿线很多产业的发展。

同时，运输也具有巨大的负外部性。运输活动带来的噪声和对空气、水等的环境污染，对能源和其他资源的过度消耗以及交通阻塞的成本消耗等均可能给整个社会造成经济损失。运输业在获取利润的同时，将成本部分转移到运输业的外部，即产生成本转移。运输供给所造成的大气污染、交通噪声、水体污染、交通拥挤、交通事故等，均属于外部成本。

（三）运输供给的类型

1. 个别供给

个别供给是指特定的运输生产者在一定时期、一定条件下，能够并愿意提供的供给。在市场经济条件下，各个运输生产者由于经济成分和运输方式的不同，提供的产品或服务也不同。例如，UPS（联邦快递）主要满足客户快速、安全、准确的运输需求。

2. 总供给

总供给是从宏观经济角度分析运输供给，指在一定时期、一定条件下，某一区域所有个别供给的总和，即该区域范围可能向运输市场提供的运输产品。它体现在不同的价格下与之相应的运输产品的所有生产者所能供给的总量。运输产品的总供给不仅取决于决定单个生产者供给量的所有因素，还取决于市场中这种生产者的数量。在一定时间内、在一定区域或运输线路的市场上，某些运输方式或某些运输企业占有运输总供给中相对或绝对多数的份额，形成运输市场的垄断现象。

第三节　物流运输价格与费用

一、铁路运输价格与费用

（一）铁路货物运输费用概念

铁路货物运输费用是铁路运输企业所提供的各项生产服务消耗的补偿，包含运行费用、车站费用和额外占用铁路设备的费用等，即铁路货物运输费用包括运费和杂费。

（二）铁路货物运价及种类

铁路货物运价按货物运输种类划分为整车货物运价、零担货物运价和集装箱货物运价三种。

1. 整车货物运价

整车货物运价是铁路对整车运输的货物所规定的运价，由按货物种别的每吨的发到基价和每吨/千米或每轴/千米的运行基价组成。保温车货物运价是整车货物运价的组成部分，是为按保温车运输的货物所规定的运价，整车货物运价见表 6-1 所列。

表 6-1　整车货物运价

办理类别名称	运价号	基价 1		基价 2	
		单位	标准	单位	标准
整车	1	——	——	元/轴千米	0.525
整车	2	元/吨	9.50	元/（吨·千米）	0.086
整车	3	元/吨	12.80	元/（吨·千米）	0.091
整车	4	元/吨	16.30	元/（吨·千米）	0.098

整车	5	元/吨	18.60	元/（吨·千米）	0.103
整车	6	元/吨	26.00	元/（吨·千米）	0.138
整车	机械冷藏车	元/吨	20.00	元/（吨·千米）	0.140
零担	21	元/10千克	0.22	元/（10千克·千米）	0.00111
零担	22	元/10千克	0.28	元/（10千克·千米）	0.00155
集装箱	20英尺箱	元/箱	440.00	元/（箱·千米）	3.185
集装箱	40英尺箱	元/箱	532.00	元/（箱·千米）	3.357

2.零担货物运价

零担货物运价是铁路按零担运输的货物所设定的运价，由按货物种别的每10千克的发到基价和每10千克/千米的运行基价组成。

3.集装箱货物运价

集装箱货物运价是铁路对按集装箱运输的货物所规定的运价，由每箱的发到基价和每箱/千米的运行基价组成。

我国铁路货物运价将运价设立为若干个运价号，就是实行分号运价制。整车货物运价为6个号（1号~6号）；保温车货物运价可按机械冷藏车确定，等同于1个运价号；零担货物运价分为2个号（21号~22号）；集装箱货物运价按20英尺箱和40英尺箱型确定，相对于2个运价号。通常来说，运价号越大，运价越高。表6-2是常见货物品名及运价号。

表6-2　常见货物品名及运价号

货物品名	运价号	货物品名	运价号	货物品名	运价号
煤	4	洗精煤	5	水泥	5
化肥	2	粮食	2	食用盐	1
钢材	5	渣油	7	汽柴油	7
原油	7	铝锭	5	硅铁	5
电石	7	石灰氮	7	木材	5
焦炭	4	机械设备	8	白糖	6
纸	6	卷烟	6	烟叶	4
苹果	6	土豆	2	石膏	2

（三）铁路货运杂费及其他

1. 运杂费

铁路货运杂费是铁路运输的货物在承运至交付的全过程中，铁路运输企业向托运人、收货人提供的辅助作业、劳务，托运人或收货人额外占用铁路设备、使用用具、备品所发生的费用，简称货运杂费。货物杂费分为货运营运杂费，延期使用运输设备、违约及委托办务杂费，租占用运输设备杂费三大类，每类都有各自的项目和费率。各项杂费按从杂费费率表中查出的费率与规定的计算单位相乘进行计算。各项杂费凡不满一个计算单位的，都按一个单位计算（另有规定者除外）。铁路货物运输费用包括货物作业过程中实际发生的各种杂费。

2. 其他费用

一批货物除运费、杂费外，还可能产生铁路建设基金、电气化附加费、新路新价均摊运费、加价运费（在统一运价的基础上再加收一部分运价）和其他代收款（如印花税）等费用。这些费用在计算时，发生几项便计算几项。

二、公路运输价格与费用

公路运输劳务的销售价格是公路运输劳务价值的货币表现。制定公路运价的基本原则是补偿劳动消耗原则。运价以价值为基础，应该符合价值规律的要求，大体上与运输生产消耗的社会必要劳动量相一致。公路运价由单位运输量的成本与赢利（含税金和利润）构成。

（一）公路货运价格管理

公路货物运价有计程运价与计时运价两种。计程运价又按照整车运输和零担运输分别计算，整车运输以元/（吨·千米）、零担运输以元/（千克·千米）或元/（吨·千米）为单位计价，按货物等级、一次托运重量、运距等分别制定。根据各类货物运输组织工作的难易程度不同，我国将公路运输的普通货物分为三等。以普通中型吨位车辆在正常营运路线从事长途整车运输一等货物的运价为基本运价，二等货物加成15%，三等货物加成30%，查阅《汽车运价规则》确定货物等级和相应的加成率或减成率。再结合零担、短途、某些专项物资或非营运路线单程货物运输和在特殊运行条件下运输的货物，将运价在一定幅度内加成或减成。对短途运输货物运价，按递进递增原则采取里程分段或基本运价加吨次（1吨货物托运一次为1吨次）费的办法计算。对于特种货物（长大、笨重、危险、贵重、鲜活等货物），规定有特种货物分类表，按不同级别实行幅度不同的加成运价。用专用运输汽车（液罐汽车、冷藏汽车和其他专用车）运输特定货物和应托运人要求以小型车辆运输货物的，也实行加成运价。专用运输汽车载运普通货物按普通货物运价计费。计时运价以吨位小时为单位计价，适用于特大型汽车或挂车及计时包车运输的货物。此外，随货物运输而发生的空驶调车、装卸延滞、装货落空、停运（由于客观原因）、保管货物等事项，也都按一定的标准收费。

（二）公路费用结算

公路运费均以"元/（吨·千米）"为计算单位，一般有两种计算标准，一种是按货物等级规定基本运费费率；另一种是以路面等级规定基本运价。凡是一条运输路线包含两种或两种以上的等级公路时，则以实际行驶里程分别计算运价。针对特殊道路，如山岭、河床、原野地段的运价，则由承托双方另议商定。

公路运费费率分为整车（FCL）和零担（LCL）两种，后者一般比前者高30%～50%，按照我国公路运输部门规定，一次托运货物在2吨半以上的为整车运输，适用整车费率；不满2吨半的为零担运输，适用零担费率。凡1千克的货物，体积超过4立方分米的为轻泡货物（或尺码货物）。整车轻泡货物的运费按装载车辆核定吨位计算，且货物的最长、最宽、最高不能超过道路交通安全规定的限度；零担轻泡货物，按其包装最长、最宽、最高计算体积，每4立方分米折合1千克，以千克为计费单位，或者每立方米折合333千克计算其计费质量。另外，尚有包车费率，即按车辆使用时间（小时或天）计算。

1. 计费办法

首先要确定所运货物等级和计费质量；其次是核查货物的计费率；然后是计算计费里程；最后是其他杂费的核算，这些费用包括装卸费、保管费、手续费、延滞费、过桥费以及保价费、代收货款手续费、送货上门费、上门接货费、包装费、签收回单费、信息服务费等。

计费公式如下：

运费 =（货物计费质量 × 计费里程 × 运价率）+ 其他杂费

=（货物计费质量 × 计费里程 × 运价率）

+（货物计费质量 × 计费里程 × 运价率 × 加成率）

或

运费 =（货物计费质量 × 运价率）+ 其他杂费

=（货物计费质量 × 运价率）+（货物计费质量 × 运价率 × 加成率）

两个公式的区别在于，前者是以"吨千米"计费，后者以"吨"计费。

此外，若车辆无法计算里程或者车辆速度难以测定时，计费办法按时间计算。

2. 特种货物计费

特种货物的计费要按特定运价来计算。

①对于易碎、超长（货物长度超7米）、烈危货物，按质量计费。

②对于超重（每件货物质量超250千克）及轻泡货物，按整车计费。

③对于同一托运人托运的双程运输货物，按其运价率的85%计费。

④超重货物按运价加成30%计费，而烈危货物按运价加成110%计费。

⑤过境公路运输采用的是全程包干计费，或者按合同条款规定办法。

⑥对于特大型货物，采用协商议价办法。

⑦对于同一托运人以去程或返程运送所装货物包装的，按其运价的50%计费。

3. 收款办法

运杂费的收款办法主要有下列几种：

①预收费用方式，指托运人在货物运输之前将运杂费预付给承运人，在结算时多退少补。

②现金结算方式，指按每次实际发生的运杂费总额向托运人收取现金。

③托收结算方式，指承运人先垫付运杂费，定期凭运单回执汇总所有费用总额，通过银行向托运人托收运费。

④预交转账支票方法。

三、水路班轮运输价格与费用

班轮运费是班轮公司为运输货物而向货主收取的费用。

（一）班轮运费的特点

1. 班轮运价高于租船价格

班轮运输船舶要有较高的技术性能，造价成本高，挂靠港口多，要求服务网络多，这些增加了运营成本，班轮需按固定时间挂靠固定港口，难以保证船舶满舱，影响航次营运收入，故班轮运价高于租船价格。

2. 班轮运价相对稳定

班轮运价通过运价本的形式予以公布，包含的货物种类繁多、航线复杂，运价一旦制订后在短期内相对稳定。为稳定运价，1983 年 10 月生效的《联合国班轮公会行动守则公约》规定，两次运价调整的时间间隔不得少于 15 个月。

3. 班轮运价是垄断性的价格

班轮运输投资巨大，大部分班轮运输航线被少数大的班轮公司垄断。班轮运输航线通常是由班轮公会所控制的，班轮公会拥有统一的班轮运价或括制定最低运价标准。不过目前班轮公会的势力已被大大削弱。

4. 班轮货物有较强的运费承受能力

班轮运输的商品大都是附加值较高的工业制成品，运费占商品价格的 1% ~ 28%，相对而言，租船运输的商品大都是大宗廉价货物，运费占商品价格的 30% ~ 50%。

（二）班轮运价表

班轮公司运输货物所收取的运输费用是按照班轮运价表的规定计收的。运价表又称费率本或运价本，是船公司承运货物向托运人据以收取运费的费率表的汇总。不同的班轮公司或班轮公会有不同的班轮运价表。按运价制定形式不同，运价本分为等级费率本和列名费率本。

1.等级费率表

等级费率表中的运价是按商品等级来确定的。这种运价是依照货物负担运费能力的定价原则，根据货物价格将货物划分为若干等级，确定不同等级的货物在不同航线或港口间的不同等级的运价。同一等级的商品在同一航线或港口间运输时使用相同的运价。

2.列名费率表

列名费率表又称单项费率运价表，其中的运价是根据商品名称来确定的。对各种不同货物在不同航线上逐一确定的运价称为单项费率运价。按照货物名称和航线名编制的运价表也称为"商品运价表（commodity freight rate tariff）"。根据货物名称和运输航线即可直接查出该货物在该航线上运输的运价。在商品运价表中对每一个商品都给定一个运价。列名费率本在商品分类部分的商品后面注明了商品编号费率，部分则按编号列出每一编号的商品的不同目的地费率。根据商品的种类确定费率的理论也是货物负担运费能力定价原则。在这种运价本中，每一种货物的运价明确，但是运价本使用不方便，其查阅量大，且新产品必须随时登记新运价。

（三）班轮运价的构成

班轮运费包括基本运费和附加费，前者是指货物从装运港到卸货港所应收取的基本运费，它是构成全程运费的主要部分；后者是指对一些需要特殊处理的货物、因突然事件的发生或因客观情况变化等原因而需另外加收的费用。附加费种类很多，并且随着客观情况的变化而变化。常见的附加费有：

①燃油附加费，实践中称为 FAF（Fuel Adjustment Factor）。在燃油价格突然上涨时加收，以补偿因燃油价格上升而造成的运输成本的提高。

②货币贬值附加费，在货币贬值时，船方为保证实际收入不致减少而按基本运价的一定百分比加收的附加费，以弥补兑换过程中的汇兑损失。

③转船附加费，凡运往非基本港的货物需转船运往目的港时，船方收取的附加费，其中包括转船费和二程运费。

④直航附加费，当运往非基本港的货物达到一定的货量，船公司可安排直航该港而不转船时所加收的附加费。

⑤超重附加费、超长附加费和超大附加费，当一件货物的毛重、长度或体积超过或达到运价本规定的数值时加收的附加费，实务中散杂件货长度超过9米或单件货物质量超过5吨时要收此项附加费。

⑥港口附加费，有些港口因设备条件差或装卸效率低以及其他原因，船公司加收的附加费。

⑦港口拥挤附加费，有些港口由于拥挤，船舶停泊时间增加而加收的附加费。

⑧选港附加费，货方托运时尚不能确定具体卸港，要求在预先提出的两个或两个以上港口中选择一港卸货，船方加收的附加费。

⑨变更卸货港附加费，货主要求改变货物原来规定的港口，在有关当局如海关准许，船方又同意的情况下所加收的附加费。

⑩绕航附加费，因为正常航道受阻不能通行，船舶必须绕道才能将货物运至目的港时，船方所加收的附加费。

四、航空运输价格与费用

（一）航空货物运输区划

在国际航空运输中，有关费用的各项规章制度、运费水平由国际航协统一协调制定。国际航协将全球分为三个航协区，分别为第一航协区、第二航协区和第三航协区。每个航协区内又分成几个亚区。

第一航协区（TC1）：包括北美、中美、南美、格陵兰、百慕大和夏威夷群岛。

第二航协区（TC2）：整个欧洲大陆（包括俄罗斯的欧洲部分）及相邻岛屿，包括冰岛、亚速尔群岛、非洲大陆和毗邻群岛、亚洲的伊朗及伊朗以西地区。本区主要有三个亚区。

（1）非洲区：含非洲大多数国家及地区，但非洲北部的摩洛哥、阿尔及利亚、突尼斯、埃及和苏丹不包括在内。

（2）欧洲区：包括欧洲国家和非洲北部的摩洛哥、阿尔及利亚、突尼斯三个国家和土耳其（既包括欧洲部分，也包括亚洲部分），俄罗斯仅包括其欧洲部分。

（3）中东区：包括巴林、塞浦路斯、埃及、伊朗、伊拉克、以色列、约旦、科威特、黎巴嫩、阿曼、卡塔尔、沙特阿拉伯、苏丹、叙利亚、阿联酋、也门等。

第三航协区（TC3）：整个亚洲大陆及毗邻岛屿（已包括在二区的部分除外），澳大利亚、新西兰及毗邻岛屿，太平洋岛屿（已包括在一区的部分除外）。其中又分为几个亚区：

（1）南亚次大陆区：包括阿富汗、印度、巴基斯坦、斯里兰卡等南亚国家。

（2）东南亚区：包括中国（含港、澳、台地区）、东南亚诸国、蒙古、俄罗斯亚洲部分及土库曼斯坦等独联体国家、密克罗尼西亚等群岛地区。

（3）西南太平洋洲区：包括澳大利亚、新西兰、所罗门群岛等。

（二）计费质量

在计算航空货物运输费用时，要考虑货物的计费质量、运价和费用以及货物的声明价值。其中，计费质量按实际质量和体积质量两者之中较高的一种计收，就是在货物体积小、质量大的情况下，以实际质量（即毛量）作为计费质量；在货物体积大、质量小的情况下，以货物的体积质量作为计费质量。

1. 实际质量

实际质量是指一批货物包括包装在内的实际总质量。凡质量大而体积相对小的货物用实际质量作为计费质量。具体界限是每6000立方厘米或366立方英寸的体积，其质量大于1千克，或者166立方英寸体积，其质量大于1磅的称为质量货物。质量货物以实际质量当作计费质量。如果货物的毛重以千克表示，计费质量的最小单位是0.5千克，当质量不足0.5千克时，按0.5千克计算；超过0.5千克不足1千克时，按1千克计算。

2. 体积质量

对于体积大而质量相对小的轻泡货物，就是凡 1 千克质量体积超过 6000 立方厘米或 366 立方英寸，或 1 磅质量体积超过 166 立方英寸者，以体积质量作为计费质量。体积质量的计算方法是：

①不考虑货物的几何形状，分别量出货物的最长、最宽和最高的部分，单位为厘米或英寸，三者相乘得出体积，尾数四舍五入。

②将体积折算成千克（或磅）

国际航空货物运输组织规定在计算体积质量时，以 7000 立方厘米折合为 1 千克，即体积质量 = 货物体积 /7000 立方厘米 / 千克；中国民航则规定以 6000 立方厘米折合为 1 千克为计算标准，即体积质量 = 货物体积 /6000 立方厘米 / 千克。例如，一批货物体积为 21000 立方厘米，实际质量为 2 千克，则其体积质量为 3 千克（21000/7000）。

计费质量是按货物的实际毛重和体积质量两者之中较高的计算的。如上例中以 3 千克计费。当一批货物由几件不同的货物所组成，如集中托运的货物，其中有重货也有轻泡货，其计费质量则使用整批货物的总毛重或总的体积质量两者之中较高的一个计算。

3. 航空货运运价

航空货物运输运价按照制定的途径可分为双边协议运价和多边协议运价。双边协议运价是指根据两国政府签订的通航协议中有关运价条款，由通航的双方航空公司通过磋商，达成协议并报双方政府获得批准的运价。多边协议运价是指在某地区内或地区间各有关航空公司通过多边磋商、取得共识，从而制定并报经各有关国家政府，获得批准的运价。航空货运运价按照公布的形式可分为公布直达运价和非公布直达运价：公布直达运价指承运人直接公布的，从运输始发地机场至目的地机场间的直达运价，包括普通货物运价、特种货物运价（指定商品运价）、等级货物运价和集装箱货物运价；非公布直达运价指当始发地机场至目的地机场间没有公布直达运价，承运人可使用两段或几段运价的组合，包含比例运价和分段相加运价。

（1）公布的直达航空运价的种类（直达航空运价）

①特种货物运价

特种货物运价又称指定商品运价（Specific Commodity Rates，SCR），指自指定的始发地至指定的目的地而公布的适用于特定商品、特定品名的低于普通货物运价的某些指定商品的运价。由参加国际航空运输协会的航空公司，依据在不同航线上有经常性特种货物运输的发货人的要求，或为促进某地区的某种货物的运输，向国际航空运输协会提出申请，经同意后制定的运价。

特种货物运价用于在特定的始发站和到达站航线上运输的特种货物。公布特种货物运价时，同时公布起码质量一般低于普通货物的运价。

国际航空运输协会公布特种货物运价时，将货物划分为以下类型：

0001 ~ 0999　食用动物和植物产品；

1000 ~ 1999　活动物和非食用动物及植物产品；

2000 ～ 2999　纺织品、纤维及其制品；

3000 ～ 3999　金属及其制品，但不包括机械、车辆和电器设备；

4000 ～ 4999　机械、车辆和电器设备；

5000 ～ 5999　非金属矿物质及其制品；

6000 ～ 6999　化工品及相关产品；

7000 ～ 7999　纸张、芦苇、橡胶和木材制品；

8000 ～ 8999　科学、精密仪器、器械及配件；

9000 ～ 9999　其他货物。

其中每一组又细分为 10 个小组，每个小组再细分。这样基本上所有的商品都有一个对应的组号，公布特种货物运价时只要指出本运价适用于哪一组货物即可。

承运人制定特种运价的初衷主要是使运价更具竞争力，吸引更多客户使用航空货运形式，使航空公司的运力得到更充分使用。适用特种运价的货物除了满足航线和货物种类的要求外，还必须达到承运人所规定的起码运量（如 100 千克）。如果货量不足，而托运人又希望适用特种运价，那么货物的计费质量就要以所规定的最低运量（100 千克）为准，该批货物的运费就是计费质量（在此是最低运量）与所适用的特种货物运价的乘积。

②货物的等级运价

货物的等级运价（Class Rate Surcharge or Class Rate Reduction）仅适用于在指定地区内少数货物的运输，一般是在普通货物运价基础上加减一定百分比。当某一种货物没有特种货物运价可适用时，方可使用合适的等级运价，其起码质量规定为 5 千克。

适用等级运价的主要货物是：①活动物、活动物的集装箱和笼子；②贵重物品；③尸体；④报纸、杂志、定期刊物、书籍、商品目录、盲人和聋哑人专用设备和书籍等出版物；⑤作为货物托运的行李。

其中 A ～ C 项通常在普通货物运价基础上增加 50% ～ 100%，称为等级运价加价（Surcharged rates）；D ～ E 项在普通货物运价的基础上减少 50%，称为等级运价减价（Rebates rates）。

③普通货物运价

当一批货物没有特种货物运价，也没有可适用的等级运价时，就必须使用普通货物运价（Normal general cargo rates）。普通货物运价适用于承运一般的货物，通常各航空公司公布的普通货物运价针对所承运货物数量的不同，规定几个计费质量分界点（Breakpoints）。最常见的是 45 千克分界点，将货物分为 45 千克以下的货物（该种运价又被称为标准普通货物运价，即 Normal rate，运价类别代号 N）和 45 千克以上（含 45 千克）的货物（等档运价，即 Quantity rate 运价类别代号 Q）。中国采用 45 千克、100 千克、300 千克三级质量分界点及运价。另外，中国国内航空邮件运费，普通邮件按普通货物基础运价计收，特快专递邮件运费按普通基础运价 150% 计收。

对较高的质量点提供较低的运价，一批 40 千克的货物，按 45 千克以下的普通货物运价所计收的运费可能反而高于一批 45 千克的货物。按 45 千克以上的普通货物运价计收的运费，以北京—伦敦航线为例，普通货物运价明细见表6-3所列。

表6-3 普通货物运价明细

质量	运价类别代号	价格（元／千克）
45 千克以下	N	37.25
45 千克以上	Q	26.66
300 千克以上	Q	24.30
500 千克以上	Q	19.71
1000 千克以上	Q	18.10

当一个较高的起码质量能提供较低的运费时，可使用较高的起码质量作为计费质量。这个原则也适合于普通货物运价加减一个百分比的等级运价。

④起码运费

起码运费（minimum charges，运价类别代号为M）是航空公司办理一批货物所能接受的最低运费，是航空公司在考虑到办理即使很小的一批货物也会产生的固定费用后制定的。

如果承运人收取的运费低于起码运费，就不能弥补运送成本。因此，航空公司规定无论所运送的货物适用哪一种航空运价，所计算出来的运费总额都不得低于起码运费。若计算出的数值低于起码运费，则以起码运费计收，另有规定除外。

不同地区有不同的起码运费，不论使用哪一种运价，运费都不能低于公布的起码运费。但对特种货物运价有时例外，一般在运价前标注一个特种号码，说明"一般起码运费不适用"。

航空货运中除以上介绍的四种公布的直达运价外，还有一种特殊的运价，即成组货物运价（United Consignment Rate，UCR；United Load Device Rate，ULDR），适用于托盘或集装箱货物。

（2）公布的非直达航空运价

在航空货物运价（The Air Cargo Rates，TAC Rates）中，当货物的始发地与目的地之间无公布的直达运价，可采取比例运价或分段相加运价的办法，组成最低全程运价。

①比例运价

比例运价（construction rates）是运价手册上公布的一种不能单独使用的运价附加数（add on amount），当货物的始发地与目的地无公布直达运价时，可将比例运价与已知的公布直达运价相加构成非公布直达运价。

比例运价的制定：运价制定的主要原则是根据航空运输成本和运输距离，在TACT（The Air Cargo Tariff，航空货物运价）手册中公布世界各主要城市间的直达运价，但未能将所有的城市（较小城市）的运价都公布。为弥补这一缺欠，同时为方便使用者自行构成运价，按照运价制定原则规定一个运价的比例范围。只要是运输距离在同一个距离的比例范围内（或接近这个范围），可使用以某一点为运价的组合点，然后用组合点至始发地或目的地的公布运价与组合点至始发地或目的地的比例数相加或相减，构成全程运价。

②分段相加运价

货物的始发地至目的地无公布直达运价，同时也不能采用比例运价构成全程运价时，可使用分段相加运价（Sector rates）。在选择运价相加点时，应选择若干个不同的运价相加点相互比较，取其中构成最低运价的一点。

运价相加原则：

运价相加原则参见表6-4所列。

表6-4 运价相加原则

运价类别	可相加运价
国际普通货物运价（International GCR）	（1）普通货物比例运价（Constructionrates of GCR） （2）国内运价（Domestic rates） （3）国际普通货物运价（International GCR） （4）过境运价（Tran border rates）
国际指定商品运价（International SCR）	（1）指定商品比例运价（Construction rates of SCR） （2）国内运价（Domestic rates） （3）过境运价（Tran border rates）
国际等级货物运价（International Class Rates）	（1）国内运价（Domestic rates） （2）过境运价（Tran border rates）

货币换算：

公布直达运价是以始发地国家的货币公布的，货物航空运费也是以始发国货币计算的。因此，分段相加运价中，各段运价的货币必须统一换算成始发国货币。

③航空附加费

声明价值费：与海运或铁路运输的承运人类似，航空承运人也要求将自己对货方的责任限制在一定的范围内，以限制经营风险。

按照《华沙公约》规定，对由于承运人的失职而造成的货物损坏、丢失或错误等所承担的责任，其赔偿的金额为每千克 20 美元或 675 英镑或相等的当地货币，如果货物的价值超过上述值时，也就是增加承运人的责任，承运人要在收取运费的同时收取声明价值费；否则，即使出现更多的损失，承运人对超出的部分也不承担赔偿责任。

货物的声明价值是针对整件货物而言的，不允许对货物的某部分声明价值。声明价值费的收取依据货物的实际毛重而定。计算公式：

声明价值费 = （货物价值－货物毛重 × 20 美元 / 千克）× 声明价值费费率

声明价值费的费率通常为 0.5%。部分的航空公司在规定声明价值费率的同时还要规定声明价值费的最低收费标准。如果根据上述公式计算出来的声明价值费低于航空公司的最低标准，则托运人要按照航空公司的最低标准缴纳声明价值费。

其他附加费：

在国际航空货物：运输中，航空运费是指自运输始发地机场至运输目的地机场之间的航空费用，在实际工作中，对于航空公司或其代理人将收运的货物自托运人手中运至收货人手中的整个运输组织过程，除了发生航空运费外，在运输的始发站、中转站、目的站经常发生与航空运输相关的其他费用。

其他附加费（other charges）是指除了航空运费和声明价值附加费以外的费用，如货到付款劳务费、货运单费、中转手续费等。货到付款劳务费是指承运人接受发货人的委托，在货物到达目的地后交给收货人的同时，代为收回运单上规定的金额，承运人则按货列付款金额收取规定的劳务费用。

4. 择优使用航空运价

众所周知，航空运价有特种货物运价、等级运价和普通货物运价。航空运费选择其中一种运价计算，但是若遇两种运价均可适用时，则应首先使用特种货物运价，其次是等级运价，最后是普通货物运价，这是选用航空运价的原则。若一些质量起点的运价低于特种货物运价时，可使用这个较低的普通货物运价，目的是尽可能为发货人提供最低的运价。

当使用等级运价或普通货物运价计算出的运费低于按特种货物运价计算出的运费时，可使用这个等级运价或普通货物运价，但下列情况除外：

①如果在同一起码质量下特种货物运价高于等级运价或普通货物运价，就应该使用这个特种货物运价；

②如果等级运价高于普通货物运价，就应该使用这个等级运价。

5. 有关运价的规定

各种不同的航空运价和费用具有下列共同点：

①所报的运价是指从一个机场到另一个机场的费用，而且只适用于单一的方向。

②从机场到机场的运价，不包括其他额外费用，如提货、进出口报关、交接和仓储费用等。

③运价一律适用于当地公布的货币。

④用当地货币公布的运价是按每千克或每磅为单位计算的。

⑤航空运单中的运价是按出具运单之日所适用的运价。

五、联合运输价格与费用 —— 以集装箱为例

（一）国际集装箱多式联运运价

任何一个多式联运经营人，在制定多式联运运价表之前，首先必须确定出具体的经营线路，就各运输区段的各单一运输方式做好安排，再依据各单一运输方式的运输成本及其他运杂费，估算出各条营运线路的实际成本，从而制定一个合理的多式联运运价表。

从结构上讲，国际集装箱多式联运运价表采取两种形式：一种是城市间的门到门费率。这种费率结构可以是以整箱货或拼箱货为计费单位的货物等级费率，也可以是按TEU或FEU计费的包箱费率，这是一种真正意义上的多式联运运价。另一种形式与海运运价表相似，是港到港间费率加上内陆运费率。这种费率结构形式较灵活，但从竞争角度看，由于这种形式将海运运价与内陆运价分开，因此于竞争不利。

在多式联运运价分为海运运价和内陆运价两部分的情况下，应注意运价表的内陆运价部分必须包含以下内容：

①一般性条款，如关税及清关费用、货物的包装、无效运输以及更改运输线路与方向等；

②公路、铁路及内河运输的装箱时间及延滞费；

③额外服务及附加费的计收，如因货主原因而使用有关设备等。

内陆运价应真实反映各种运输方式的成本状况及因采用集装箱运输而增加的成本项目。同时，在确定内陆运价时，既要考虑集装箱的装载能力，也要考虑运输工具的承载能力。这时可能会发生货主利益与承运人利益相互冲突的情况。例如，由于集装箱载重能力或内容积的限制，承运人在运输集装箱货物时不能达到运输工具允许的最大承载能力，从而给承运人造成一定的亏载损失。

为充分发挥国际集装箱多式联运的优越性，国际多式联运运价应该比分段运输的运价对货主更具吸引力，而绝对不是各单一运输方式运费率的简单相加。当前，多式联运经营人，主要是无船承运人，大多采用"集并运输"（consolidation）方式来减少运输成本。集并运输又称"组装化运输"（groupage），指作为货运代理人的无船承运人将起运地若干发货人运往同一目的地多个收货人的小批量、不足一箱的货物汇集起来，拼装成整箱货物托运。货物运往目的地后，由当地集并运输代理人将它们分别交付给各个收货人。主要目的是从海上承运人较低的整箱货运费率中获益，从而降低海上运输成本。多式联运经营人降低海上运输成本的另一个途径是采用前述的运量折扣费率（TVC）形式，通过与海上承运人签订TVC合同，获取较低的海运运费率。此外，多式联运经营人还可以通过向非班轮公会会员船公司托运货物的方式来降低海运成本，因为非会员船公司的费率水平通常比会员船公司的低。

除海上运输外，国际集装箱多式联运经营人也可采用类似的方法降低内陆运输（包

括航空运输）成本，如使用运量折扣费率，加强与公路和铁路等内陆运输承运人之间的合作，获得优惠费率。

（二）国际集装箱多式联运的计费方式

国际集装箱多式联运全程运费由多式联运经营人向货主一次计收。目前，多式联运运费的计收方式主要有单一运费制和分段运费制两种。

1. 按单一运费制计算运费

单一运费制是指集装箱从托运到交付，凡运输区段均按照一个相同的运费率计算全程运费。西伯利亚大陆桥（SLB）运输采用的便是这种计费方式。苏联从 1986 年起修订原来的 1 级费率，采用不分货种的、以箱为计费单位的 FAK 统一费率。陆桥运输开办初期，从日本任何一个港口到布列斯特（苏联西部边境站）的费率为 385 卢布 / TEU，陆桥运输的运费比班轮公会的海运运费低 20% ~ 30%。

2. 按分段运费制计算运费

分段运费制按照组成多式联运的各运输区段，分别计算海运、陆运（铁路、汽车）、空运及港站等各项费用，然后合计为多式联运的全程运费，由多式联运经营人向货主一次计收。各运输区段的费用再由多式联运经营人与各区段的实际承运人分别结算。目前大部分多式联运的全程运费均使用这种计费方式，如欧洲到澳大利亚的国际集装箱多式联运，日本到欧洲内陆或北美内陆的国际集装箱多式联运等。

第四节　现代物流产业与经济增长

一、现代物流的产业属性

（一）现代物流的产业内涵

现代物流的产业内涵可以从以下几方面来理解。

1. 对现代物流活动的认识

物流是一个古老的话题，只要有商品交换，就有物品（货物）的流动；物流又是一个现代的概念，现代物流概念强调物流组织或部门向市场提供专业化、社会化物流服务。其中除了独立性的物流企业为社会提供物品，还有非独立的经济组织和企业内部物流服务部门从事的生产配送、产成品储运等物流服务活动，其目的是协助企业完成经营活动，实现经营目标。企业物流服务部门是企业所属的相关部门，而非独立的经济组织，通常称之为企业物流。但是，不论是独立的经济组织，还是非独立的经济组织，它们所涉及的物流活动，已经成为我国国民经济发展中不可缺少的、重要的、规模巨大的产业活动。

2. 产业经济学

产业是社会生产力发展的结果，是社会分工的产物，并伴随社会生产力水平和分工专业化程度的提高而不断变化和发展。现代物流之所以已具备了产业的形态和特征，主要在于存在众多的为物流市场提供物流服务的物流组织。国外第三方物流企业服务于物流市场的规模，已达到整个物流市场规模的 50% 以上，有的国家甚至高达 80%。这足以说明，物流业已具备了相对独立的产业形态。现代物流在我国尚处于起步阶段，第三方物流和专业化物流服务组织所能提供的社会化物流的规模占整个规模的比例较低。随着社会分工及专业化发展，这一比例将会迅速提高。目前，许多企业物流（货主物流）已经开始转变为社会化的物流服务体系。因此，现代物流的产业化进程是逐渐发展的，伴随这一发展进程，物流产业的特点也将越来越明显。

3. 产业分类

从产业的种类看，以国家标准《国民经济行业分类与代码》（GD/T4754—2017）的基本分类为依据，按产业作用划分成的交通运输业、仓储及邮电业，属于现代物流的产业范围。

4. 产业联系

从产业联系来看，与物流产业发展密切相关的产业或行业主要有物流基础设施业（如公路、铁路、港口、机场等）、物流装备制造业（如货运汽车、火车、轮船、管道、集装箱等相关制造业），这些产业的发展与现代物流产业活动的效率、效益及服务的市场范围和规模有着直接的关联，发展现代物流产业可以带动这些产业的发展和结构升级。

5. 产业技术基础

从产业技术基础来看，现代物流技术主要是由与提高物流活动的效率和效益有关的信息技术、系统技术、管理技术等组成的技术群。无论技术应用的对象是经济组织，还是企业的物流部门，其技术应用的目的都是提高物流活动的效率和效益，因此，物流技术的应用基础并无差异。

6. 产业布局

从产业布局来看，产业发展必然要落实在一定的空间上，物流产业也不例外。物流园区、物流基地、物流中心、配送中心、货场、港口、交易市场等物流活动集散地的规划和建设涉及物流产业在不同地区的空间布局。我国大中型城市和沿海中心城市在规划现代物流产业的发展中，把物流产业的空间规划作为一项极为重要的物流产业发展规划内容。

概括来讲，随着社会分工的深化和发展，现代物流产业已具备了产业形态的主要特征。现代物流产业作为一个新兴的产业，与国民经济的其他产业一样，有着其自身产业发展的一般规律。现代物流产业是一个新兴的产业形态，是社会分工深化的结果。现代物流产业的主体是专门从事为市场提供物流服务的经济组织或对物流活动提供支持的部门及其物流活动的集合。在经济全球化的背景下，现代物流产业的发展水平是一个国家或地区综合经济实力的重要标志。现代物流产业的发展将促进产业升级和结构优化。发展我国现代物流产业的根本目的在于促进物流活动及资源在区域及国家层次的优化配置，提高国家或区域经济发展的质量、效率和竞争力。

（二）现代物流的产业特征

现代物流是在对"传统"物流活动不断进行拓展和升级的基础上，通过充分吸收、广泛应用现代科学技术，对社会物流资源进行全方位整合而产生的。作为一种复合型产业和国民经济的基础性产业，现代物流产业具有如下几个特征：

1.现代物流产业对相关产业及社会物流资源的整合性

现代物流产业是社会分工与专业化深入发展的结果。国民经济各产业部门由以往的物流活动内部化，逐步转变为物流活动外部化和社会化。这一切均是从社会总效益、总成本、总流通费用的角度出发，力求降低流通成本、交易成本及减少流通环节。就产业组织个体而言，企业物流是物流产业发展的基础，客观环境迫切需要一个专业化的物流产业群体，其发展水平必须达到一定的阶段，搭建一个功能完备的物流平台，为社会及企业提供支持，满足其不断增长的服务需求。在整个社会经济发展的大环境的孕育下，逐步诞生出社会化、市场化和专业化的物流产业。因此，物流产业的产生与发展建立在国民经济各产业部门资源整合的基础之上，物流产业将社会中较为零散的物流资源进行重组与整合，同时向社会各产业部门提供个性化、差异化、标准化的物流服务。

2.现代物流产业与国民经济各产业部门之间的高度耦合性

现代物流产业与国民经济中各产业部门之间的高度耦合性，主要体现在：现代物流产业的形成与发展是基于社会对物流活动的大量需求。社会需要现代物流产业提供规范化、标准化、个性化的物流服务，解决物流服务供给与需求的矛盾，使其职能和作用得以充分发挥，进而使社会经济发展趋于平衡。从社会分工的角度来看，在其他投入要素日臻完善的今天，物流这块"短板"始终是社会总体经济效益提高的制约因素。而按照社会技术进步的一般历史规律，生产领域的技术创新往往先于并较多地运用于流通领域。

3.现代物流行业准入壁垒的相对坚固性

现代物流产业以高效化的物流活动助推国民经济各产业部门的发展。物流产业作为全社会的"后勤"服务部门，其社会职能是其他产业部门无法替代的。传统意义上的物流部门的社会职能过于单一，被分在交通运输业、仓储业、流通加工业、包装业等，并且还依附于其他产业部门。现代物流产业则大量应用现代科学技术和现代管理方法，进行持续和大量的技术投入、设施和设备投入、资金投入以及人力资本投入，这使现代物流产业成为知识、技术和资金密集度极高的产业。伴随第三方物流与第四方物流产业组织的出现，物流产业的知识与技术含量增加。物流产业的行业壁垒像一道无形的屏障，在产业发展过程中，成为新进入者的障碍。这同时也是产业升级过程中行业内优胜劣汰的关键。因此，物流产业部门中行业壁垒的坚固性，是由现代物流产业的管理、技术、人力资源储备及其他相关手段与核心技术所决定的。

4.现代物流产业的社会化和市场化属性

一个产业的社会化和市场化特征，很大程度上取决于该产业市场竞争的激烈程度和状况、产业部门的组织化程度等。现代物流产业在我国是一个刚刚起步的产业，近年来涌现出大批物流企业及组织，担任着专业化的社会职能，发挥着特殊的市场作用。尽管目前组织化程度较低，但物流企业已经开始朝着社会化和市场化方向迈进。

二、现代物流与经济增长的相互关系

（一）现代物流对经济增长的作用研究

1.现代物流对经济增长的基础性作用

根据相关文献的研究结论，通常认为现代物流对经济增长的作用表现在两个方面：一，如果物流能够适应经济发展的需要，物流对经济的作用主要体现在支持经济的增长和发展上，如果不能适应经济发展的需要，将对经济发展起着阻碍作用，也就是说，以阻碍经济发展的消极方式来显示其在经济发展中的作用；二，物流在经济增长中的作用不仅表现在支持经济的增长和发展上，而且还体现在刺激经济的增长和发展上，推动着经济的增长和发展。

现代物流在经济增长中起基础性作用。其基础性作用表现在：物流的发展为经济的增长提供保障，是经济增长的前提条件，经济的增长与发展是以物流的发展为基础的，物流对经济增长起着支撑的作用。

社会化大生产是一个复杂的过程，社会专业化分工的出现，使生产、分配、交换和消费在一个极其广大的空间内进行，并且同样可能存在时间的差异性，只有依靠物流这一纽带，才能将整个复杂过程的各个环节连接起来，使社会化大生产得以实现。

在社会化大生产中，生产过程产出有形产品的物质实体，然后通过分配、交换，将这些物质实体送到消费者手中，并通过消费使得价值得以实现。生产、分配、交换、消费构成了人类经济循环的一个完整过程。物质资料的生产是这一经济循环的前提，是其得以形成的基础。消费则使生产创造的价值得以实现，它既是生产的最终目的，也反过来促进生产的发展。分配和交换则将生产与消费统一起来，对生产与消费的发展都发挥着巨大的作用，而分配和交换得以实现的前提是必须有比较完善的物流系统。因此，一方面，物流系统将各物质资料生产企业联系起来，在它们之间转移原材料和半成品，使实体产品的生产能够进行；另一方面，物流系统将物质资料生产企业生产的最终消费品通过各种渠道与方式送到消费者手中，使其价值得以实现。从经济社会的空间来看，只有通过物流这一纽带，才能把原料产地和工厂、油田和工厂、工厂和市场、城市和乡村、沿海和内陆、国内和国外等连接起来；从功能上看，只有通过物流这一纽带，才能把生产、分配、交换和消费几个环节有机结合起来。所以，完善的物流网络体系是保证社会专业化分工得以实现的前提，物流的发展对经济增长的快速发展起到保障性的基础性作用。

2. 现代物流对经济增长的促进作用

除了对经济增长起基础性作用，物流的快速发展还可以刺激经济的进一步增长和发展。现代物流对经济增长的促进作用，并且可以利用相应的经济增长理论对其可能的原因进行解释，主要表现在以下几个方面。

（1）现代物流的本质是社会分工发展的产物，同时现代物流的发展又促进了分工的进一步深化，从而进一步促进经济的增长。

物流发展到现代物流阶段，出现了一种新的组织方式——物流联盟，而物流联盟的出现正是交易费用与分工收益相互协调发展的结果。物流联盟一方面将各项物流活动外包给专业的物流服务提供商，即第三方物流服务提供商，从这个角度看，现代物流的发展加深了社会专业化分工；另一方面，专业物流服务商与物流服务需求企业也形成了一种相互信任、共担风险、共享收益的物流伙伴关系，即"物流联盟"，这种物流联盟合作关系的出现也极大降低了交易费用。

在物流发展的初期，物流活动以运输、仓储、包装、装卸搬运、采购等分割的形式分散在企业生产的各个环节，各个企业也基本以自给自足的方式，独立完成企业自身的各项物流活动。随着生产力的发展、管理水平和管理技术的提高，市场竞争的需要，企业需要改变内部的分工结构以提高效率。通过在企业内部进行分工组织实验，再加上自身的经验，企业逐步发现运输、仓储、包装、装卸搬运、采购等功能是紧密相关的，可以形成一种新的分工，实现专业化带来的收益递增。因此，从20世纪50年代开始，企业内部开始出现物流管理一体化，通过对运输、仓储、包装、装卸搬运、采购等物流活动的集成化管理，提高了生产率，降低了成本和风险，并提高了顾客服务水平。从20世纪80年代开始，伴随企业对竞争能力的重视，以及信息技术的发展和应用，传统的管理方式和交易方式发生了改变，一种新的市场化分工组织——第三方物流供应商迅速发展起来。企业将一些原本由企业自己来实施的物流活动，交给外部专业的第三方物流供应商来承担，通过快速沟通的信息技术与第三方物流供应商实现高效合作。由此企业可以专注于自己的业务，加速提高自己的竞争能力，第三方物流供应商也能够通过在内部进行物流设计和物流运作等功能的进一步分工，提高专业化水平，实现物流成本的降低和更高效率的物流运作。

现代物流对普遍降低交易成本的贡献可以在对物流联盟企业之间的交易过程和交易主体行为的考察中得到证实。一方面，从交易的全过程看，现代物流的发展有助于物流联盟各个合作伙伴在交易过程中减少相关交易费用。物流合作伙伴之间经常沟通与合作，可使搜寻交易对象信息方面的费用大为降低；因提供个性化物流服务而建立起来的相互信任和承诺，可以有助于减少各种履约风险，即便在服务过程中产生冲突，也会因为合同时效的长期性，通过协商加以解决，从而避免产生仲裁、法律诉讼等行为导致的费用。另一方面，从交易主体行为看，物流联盟的出现将促使伙伴之间进行互相学习，从而提高对方对不确定性环境的认知能力，减少因交易主体的"有限理性"产生的交易费用，即物流联盟企业之间的长期合作将在很大程度上抑制交易双方之间的机会主义，这使得因机会主义而产生的交易费用大大降低。

（2）现代物流的发展促进了现代化大工业的发展。现代物流的发展对现代化大工业的促进作用，实际上是现代物流使社会分工不断深化的结果。现代化大工业以大量耗用矿物能源的制造业为主体，以分工、集中生产和规模化生产为特征。它依赖物流远距离运入大量原材料，又依赖物流远距离运出大量半成品、成品。从历史上看，现代化大工业的建立，是当地物流体系的性能改进和完善达到一定程度后带动的。若没有相对于当时而言便捷的、网络化的、高效的和其费用能为经济社会所承受的物流网络体系的建立，集中生产所能覆盖的空间就要受到限制，社会分工的程度也要受到限制，规模生产就无法实现，那么，现代化工业也就不能出现。现代化工业出现后，每个阶段的进一步发展，相较于前一个阶段而言的便捷的、网络化的、高效的和其费用能为社会经济所承受的物流体系又发挥出非常重要的作用。所以说，现代化大工业的建立，是由物流体系的改进和完善所带动的，而现代化大工业的进一步发展，又离不开物流体系的不断改进和完善。

（3）现代物流的发展加快了全球经济一体化的进程。现代物流对经济一体化的促进作用体现在全球经济一体化过程中。现代物流对经济增长的促进作用，也是现代物流促进社会专业化分工在全球范围内不断发展、不断深化的结果。经济一体化是当今世界经济发展的重要特征，跨国生产、跨国销售是经济一体化的主要特点，谁也不能否认物流体系对于跨国生产、跨国销售以及全球经济一体化所做出的突出贡献。正是由于现代物流体系的不断完善，社会分工才可以在全球范围内得以实现。同时现代物流的发展可以促进社会分工在全球范围内的不断深化，使得一个国家或地区的经济与其他国家和地区的经济密切相连，进一步促进经济一体化。

现代物流的发展一方面可以确保全球采购的实现，另一方面也可以使商品在全球范围内的销售成为可能。有研究表明，物流成本的 2/3 与运输有关，从这个意义上可以说重要的物流活动之一就是运输。现阶段的大型化、散装化运输和成品、半成品的国际集装箱多式联运，极大地提高了运输能力，提高了国际货物运输的快速性、便捷性、多样性、安全性、合理性、高效性。因此，现代物流的发展可以促进社会专业化分工在全球范围内的深化，使得一个国家和地区的经济和全球经济的发展密切相关，促进全球经济的一体化进程。

（4）现代物流的发展对社会人力资本投资产生了重大影响。投资对经济的影响，一方面表现为实物投资对经济增长的影响，另一方面表现为人力资本投入对经济增长的影响。现代物流不但是一个技术密集的产业，还是一个劳动密集的产业，大量的劳动，特别是最后阶段的"末端服务"都要靠人力来完成。现代物流的发展影响社会人力资本的投入，通过充分利用社会上的人力资本，物流可对经济增长产生一定的促进作用。

（二）经济增长对现代物流发展的影响

现代物流被认为是经济发展到一定阶段的产物，经济发展对现代物流的影响一方面体现在经济的增长将带来物流需求的增加，而物流需求的增加可以推动现代物流的发展；另一方面体现在经济的发展水平决定了现代物流的发展水平。经济的大幅增长，必然导致巨大的物资产品的流动，也就必然导致物流量的增加，这是经济发展的必然规律，也是物流发展的必然规律。20 世纪 50 年代日本的国民经济快速发展，进而需要将物资运到世界各地，或者从各地把货物运进来，产生了巨大的物流需求，带动了物流的发展。而我国出现的"物流热"，也被认为是经济增长的必然结果。

1. 经济的快速增长带来物流需求的增加

在经济增长的过程中，经济发展处于不同阶段，对物流有不同的需求。经济增长对物流需求增加的促进作用，在经济增长理论中可以找到其可能的解释。

在商品经济时代，随着经济的增长，社会化专业分工逐渐形成并完善，生产和消费逐渐分离，在生产和消费规模都不太大时，物流的重要性不是很明显。但随着工业的崛起，社会生产和消费（再生产）规模越来越大，大生产方式、专业化分工方式的使用，生产和消费分离的趋势不断显现，因此对物流的需求越来越大，而物流需求增大必然带来物流的不断发展。

20 世纪 70 年代以来，经济与技术的发展要求物流服务方式以及它们与社会物流系统各环节之间可以更有效和更合理地衔接配合。人类正在大步走向信息时代，电子商务的兴起带来了特殊的专业化分工，同时对物流提出了新的要求。在电子商务时代，生产依然是商品流通之本，而生产的顺利进行需要各类物流活动的支持。从原材料采购开始的供应物流、各生产工艺之间的生产物流，到物资回收的回收物流及废弃物流，整个过程就是一个系列化的物流活动。消费者通过上网点击购物，完成了商品所有权的交割过程，即商流过程。但到此电子商务的活动并没有结束，只有商品和服务真正转移到消费者手中，商务活动才算结束。在整个电子商务的交易过程中，物流实际上是以商流的后续者和服务者的角色出现的。

总之，在市场经济条件下，经济迅速增长，社会化专业分工进一步深化，对物流有了更高要求，物流需求不断增加。而在市场经济条件下，物流需求的增加是刺激物流供给、促进物流发展的重要市场信号。所以经济的快速增长，带来社会化专业分工的进一步深化，引起物流需求的增加，最后刺激物流不断发展，物流体系不断完善。

2. 经济的发展状况决定了物流的现代化程度

物流是社会经济总体架构的一个组成部分，因此经济对其发展的影响可以从人力、财力、物力支撑等方面显现。在经济发展的不同阶段，社会对物流的需求不同，相应产业对物流的重视程度也不同，因此物流的发展状况也不同。

在经济起飞阶段，国家面临着投资短缺的问题，需要对优先发展哪种产业做出选择。这个阶段，针对不同的情况可能存在不同的结果，但人们普遍认为物流产业是一种基础产业，投资规模大、建设周期长、收益慢、投资效率低，不宜优先发展。故"物流"概念传入我国的很长一段时间内，并没有得到人们的重视，其主要原因就是当时我国的经济发展基础还不够。

在经济相对发展时期，投资不再短缺，同时经济的快速发展带来巨大的物流需求，产生发展现代物流的动力，刺激着物流的不断发展。此时，各级政府和各界人士认识到了"物流"的重要性，加大了对物流的投资，从而促进了物流的发展。近几年，我国经济快速发展，产生了巨大的物流需求，人们对物流的认识逐步深入，也是经济快速增长的必然结果。

纵观西方发达国家物流发展的历程，我们同样可以看出经济增长对物流的刺激作用，如在 20 世纪 60 年代，欧洲主要国家全面由"卖方市场"转变为"买方市场"，这使得消费品市场竞争变得日益激烈，产生了以"高效率、低费用"的方式提供服务的需求，谁能够高效率、低费用地向市场提供产品，谁就有竞争力。因此，这时产生了对物流发展的巨大需求，从那时候起，伴随着经济的快速发展，物流也不断向前发展。

总之，物流的发展需要基础设施的投资、完善，而基础设施的投资具有投资规模大、投资周期长、投资回收期长的特点，所以只有经济发展到一定的水平，社会才有足够的人力、物力、财力对物流基础设施进行投资，才能够进一步推动物流的发展。

（三）现代物流和经济增长的相互作用机制

通过对现代物流与经济增长的作用分析，我们能够看出现代物流与经济增长是相互依存的统一体，现代物流是经济增长的主要促进要素，是经济系统形成与发展的一种主导力量，现代物流在经济发展中具有双重功能，即从属功能和引导功能（也即基础性作用与促进作用）。同时，经济增长越迅速，对物流的需求就越高，经济对物流的依存度也就越大，物流在经济增长中就越重要，进而经济对物流发展的推动作用也就越大。

但是现代物流和经济增长之间并不是简单的、单向的促进关系，它们之间是相互作用、相互促进的双向关系。张文杰在《区域经济发展与物流》等文章中运用经济学与交易理论对经济和物流之间的相互关系做了分析，总结得出经济和物流之间的相互作用关系表现在：经济的全球化、区域经济的一体化、区域中的企业对利润和核心竞争能力的追求，以及我国经济发展的现实促进了现代物流的发展；同时现代物流的发展也改变着经济的增长方式、促进新的产业形态的形成、优化区域产业结构、促进以城市为中心的区域市场的形成和发展。

系统动力学在物流研究中的应用比较广泛，在物流系统优化的研究中常用的系统动力学模拟模型有：库存模型，复杂的排队等待问题模拟模型，物流费用分析模拟模型。系统动力学模拟技术主要运用于物流管理的如下方面：物流大系统的优化、物流设施的平面布置、库存控制系统、仓库规划、装卸搬运系统的分析，装配流水线作业计划等。近年来，计算机模拟技术在建模方法、模拟优化方法、模拟语言发展、模拟结果分析等方面均有很大发展，并形成了一些专用于物流系统的模拟模型，其中较典型的有克莱顿·希尔模拟模型、哈佛大学的物流系统模拟模型。

同系统动力学在其他物流研究领域的应用一样，系统动力学在研究现代物流与经济增长的相互关系时也取得了较好的效果。一方面，现代物流对经济增长的基础和促进作用可以通过物流发展带来物流体系的完善，从而对经济增长产生作用；另一方面，经济增长通过增加物流需求促进物流的发展。在我国目前情况下，随着物流产业市场化机制的进一步完善，这些反馈机制将起着更加明显的作用。

虽然系统动力学在物流研究中应用比较广泛，但在现代物流与经济增长关系的研究中，其应用仍然存在局限，主要体现在：虽然因果关系图可以非常清晰地描述物流与经济之间的相互作用关系，但若对其进行量化分析，将带来很多较难克服的问题，这是由于系统动力学是介于定性分析和定量分析的一种方法，其在描述变量之间的关系时，表现出相对强的说服力，然而在进行模拟分析时，通常在各参数、系数的选择以及各个变量之间关系方程的选择上存在一定的随意性，若有比较完善的理论以及实证经验的支持，其结果将是非常可靠和合理的，但当今对物流与经济增长关系的研究还不成熟，也不够完善，因此利用系统动力学对现代物流与经济增长关系进行模拟分析存在一定的困难。

第七章 现代物流的发展与创新

第一节 现代物流发展

一、现代企业物流的发展模式

（一）企业物流系统的输入——供应物流

企业供应物流是指企业生产所需的所有生产资料的采购、进货运输、仓储、库存管理、用料管理和供料运输。供应物流与生产系统、搬运系统、财务系统等企业内部及企业外部的资源市场、运输条件等密切相关。将在 2021 年 12 月正式实施的《中华人民共和国国家标准：物流术语》中，对供应物流的定义是，为生产企业提供原材料、零部件或其他物品时所发生的物流活动。

企业的生产是以充足的原材料、燃料、辅料、零部件等作为前提条件的。而这些物料若没有及时到位，生产就不能进行。因此，原材料、燃料、零部件、辅料的及时和充足供应对生产起着重要作用。

一般来说，企业采购的零部件和辅料要占到最终产品销售价值的 40% ~ 60%。这意味着，在获得物料方面所做的成本节约对利润产生的影响，要大于企业其他领域内相同数量的节约给利润带来的影响。并且，企业作为大批量商品生产的主体，也需要大批量商品的采购。譬如，一辆典型的家用四门轿车一般包括 6000 多个零部件，货车的零部件总数达到 7000 ~ 8000 个。这么多的零部件都是通过采购获取的。维持汽车装配线的正常运行就需要强有力的供应活动来保证。

人们对供应物流的认识经过了购买、采购、供应三个阶段。人们对供应物流的最初认识就是购买，固然，购买行为比较简单，是最原始的阶段。第二个阶段是采购，采购的外延比购买广泛，包括购买、储存、运输、接收、检验、废料处理。近年来，随着供应链管理的兴起，"供应"一词正在逐步取代"采购"。供应是采购部门实现业务增值的活动，它是以流程为导向的，不断强化与供应商的关系。

1. 供应物流的基本程序

供应物流的基本程序是先取得资源，然后将所需资源合理组织到企业，再按照企业内各部门的需要计划组织内部物流（如图 7-1 所示）。

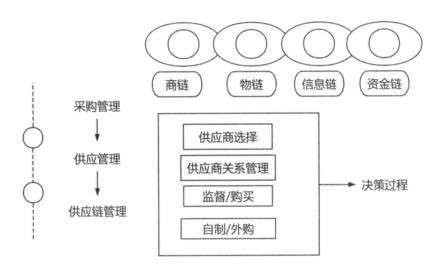

图 7-1 企业供应链变化

2. 供应物流的组织模式

企业的供应物流有以下三种组织模式：
①委托社会销售企业代理供应物流。
②委托第三方物流企业代理供应物流。
③企业自供物流。

（二）企业物流系统的转换——生产物流

不同的生产过程有着不同的生产物流，生产物流的模式取决于下列因素：

1. 生产类型

企业的生产类型是生产的产品产量、品种和专业化程度在企业技术、组织和经济上的综合反映和表现。它在很大程度上决定企业和车间的生产结构、工艺流程和工艺装备的特点。生产过程的组织形式及生产管理方法同时也决定了与之匹配的生产物流类型。不同的生产类型，它的产品品种、结构的复杂程度、精度等级、工艺要求以及原料准备等不尽相同。这些特点影响着生产物流的构成以及构成要素相互间的比例关系。在通常情况下，企业生产的产品产量越大，产品的品种则越少，生产专业化程度也越高，而物流过程的稳定性和重复性也就越大；反之，企业生产的产品产量越小，产品的品种则越多，生产的专业化程度也越低，而物流过程的稳定性和重复性亦越小。可见，物流类型与决定生产类型的产品产量、产品品种和专业化程度有着内在的联系，并对生产组织产生不同的影响和要求。

2. 生产规模

生产规模是指单位时间内的产品产量，一般以年产量来表示。如果生产规模越大，那么生产过程的构成环节就越齐全，物流量也越大。如大型企业铸造生产中有铸铁、铸钢、有色金属铸造之分。反之，生产规模小，生产过程的构成环节就没有条件划分得很细，物流量也较小。

3. 企业的专业化与协作水平

企业专业化和协作水平提高，其内部生产过程就趋于简化，物流流程缩短。

某些基本工艺阶段的半成品，如毛坯、零部件等，就可由其他专业工厂提供。

合理组织生产物流的基本要求如下：

（1）物流过程的连续性

企业生产是一道工序、一道工序地往下进行的，因此就要求原料能顺畅地、最快地、最节省地走完各个工序，直至成为产品。每个工序的不正常停工都会造成不同程度的物流阻塞，影响整个企业生产的进行。

（2）物流过程的平行性

一家企业通常生产多种产品，每一种产品又包括多种零部件。在组织生产时，企业要将各个零部件分配在各个车间的各个工序上，因此就要求各个支流平行流动，如果一个支流发生问题，整个物流都会受到影响。

（3）物流过程的节奏性

物流过程的节奏性是指在产品生产过程中的各个阶段——从投料到最后完成入库——都能确保按计划、有节奏地、均衡地进行，要求在相同的时间间隔内生产数量大致相同，能够均衡地完成生产任务。

（4）物流过程的比例性

组成产品生产过程的各个物流量是不同的，而且有一定的比例，因此形成了物流过程的比例性。

（5）物流过程的适应性

当企业产品更新换代或品种发生变化时，生产过程应具有较强的应变能力。也就是说，生产过程应具备在较短的时间内可以由一种产品的迅速生产转为另一种产品的生产能力。物流过程同时应具备相应的应变能力，与生产过程相适应。

（三）企业物流系统的输出——销售物流

销售物流是生产企业、流通企业在出售商品时，商品从供方向需方的实体流动。

销售物流有三种组织模式。

①由生产者企业自己组织销售物流。

②委托第三方组织销售物流。

③由购买方上门取货。

二、现代物流的发展方向

（一）现代物流发展领域

1. 绿色物流

绿色物流是指以减少对环境的污染、减少资源消耗为目标，利用先进物流技术规划和实施物资的运输、储存、包装、装卸、流通加工等的物流活动。它连接了绿色供给主体和绿色需求主体，是一种有效的、快速的商品和服务的绿色经济管理活动，也可称之为环保物流。为了可持续发展，我们在进行与物流相关的生产活动时，应该做到尽量不破坏生态环境，只有这样才能在促进经济增长的同时保障人类长远发展。当前，越来越多的国家认识到保护环境、发展绿色物流的重要性，在制定物流方面的法律法规时，都对环保运输、物资循环利用等进行了相关的规定，并对企业开展绿色物流提出了一定的要求。

2. 低碳物流

伴随二氧化碳排放日益增多，臭氧层被破坏，气候问题越来越严重，全球开始兴起"低碳革命"，人们逐渐进入低排放、低污染、低能耗的低碳生活方式。低碳物流成为物流发展的新浪潮。物流必须走低碳化道路，着眼于发展绿色物流服务、低碳物流和低碳智能信息化，只有这样才能促进物流行业向高端服务业发展。然而，如何让企业真正认识低碳物流的作用，了解低碳物流的发展前景，并依据企业实际情况制定合理的低碳物流行业标准，是决定低碳物流得到贯彻落实的重要因素。

3. 电子商务物流

电子商务物流是随着 Web 3.0 的发展与信息技术的进步，由互联网平台带动发展起来的物流新商业模式，故而又称网上物流。物流企业可以通过相关的物流平台公布自身信息与物流业务，使其能被全国甚至全球范围内的客户认识和了解。同样，有运输需求的货主可以通过互联网平台选择合适的物流公司。互联网平台致力于为有物流需求的货主与能够提供物流服务的物流公司提供一个可信赖的、方便的、快捷的、自由的线上沟通交易场所。目前，越来越多的物流企业通过网上交易平台找到了客户，扩充了业务，扩大了市场范围。互联网时代的到来给物流企业与货主带来了新的发展，提供了更多的机会。

4. 物流金融

物流金融是物流在运营过程中，通过应用和开发各种金融产品，有效地组织和调剂物流领域中货币资金的运动。这些资金运动包含企业物流活动中的各种存款、贷款、投资、信托、租赁、抵押、贴现、保险、有价证券发行与交易以及金融机构所办理的各类涉及物流企业的中间业务等。

5. 众包物流

众包物流是一种全新的、社会化的物流服务模式，指发包方利用网络平台将物品派送任务外包给不固定的、具有闲置时间和劳动能力的社会大众群体。它是共享经济环境下依托互联网出现的新兴物流模式，能够降低物流配送成本、提高物流配送效率。与传统物流模式相比，众包物流具有获取外部信息迅速、配送过程灵活的优势。我国已涌现出一批具有一定规模的众包物流服务公司。

（二）物流运作系统化

现代企业呈现物流运作系统化的发展趋势，主要体现在以下几个方面：

①物流目标合理化。物流管理的具体原则很多，但最根本的指导原则是保证物流目标合理化的实现。企业从系统角度统筹规划各种物流活动，必须设立合理化的物流目标，理顺物流活动过程中各环节、各功能要素之间的关系，通过企业物流资源的有效配置，形成物流运作的高效体系，实现物流活动的整体优化。

②物流作业规范化。企业物流更加强调物流作业流程、作业方法、作业标准，使复杂的物流操作变成简单的、易于推广和考核的物流作业，不断提高物流作业的质量和效率。

③物流功能集成化。现代通信技术和信息技术的发展，为企业集成多种物流功能提供了技术支持。企业物流不但提供单一的仓储、运输、包装功能等服务，还必须开展以供应链为基础的物流功能的集成和整合。它主要包括物流渠道的集成、物流功能的集成、物流环节的集成等。

④物流技术一体化。企业物流必须使用先进的物流技术、设备与管理为生产经营提供服务，并以现代信息技术为基础，融合各种先进物流技术，实现企业物流技术一体化。

（三）物流合理化

1. 物流合理化概念

所谓物流合理化，就是对物流设备配置和物流活动进行调整和改进，从而实现物流系统整体优化的过程。它具体表现在兼顾成本与服务上。物流成本是物流系统为提高物流服务所投入的活劳动和物化劳动的货币表现，物流服务是物流系统投入后的产出。

合理化是指投入和产出比的合理化，就是以尽可能低的物流成本，获得可以接受的物流服务，或以可以接受的物流成本达到尽可能高的服务水平。

2. 物流合理化的基本思想

物流活动各种成本之间经常存在着此消彼长的关系，物流合理化的一个基本思想就是"均衡"，从物流总成本的角度权衡得失。比如，对物流费用的分析，均衡的观点是从总物流费用入手，即使某一物流环节要求高成本，如果其他环节能够降低成本或获得利益，就可以认为是均衡的，是合理、可取的。

在物流管理实践中，切记物流合理化的原则和均衡的思想，做到不仅要注意局部的合理化，更要注重整体的均衡。这样的物流管理对于企业最大经济效益的取得才是最有成效的。

（四）物流服务网络化

物流服务网络化主要体现在以下几个方面。

1. 增加便利的物流服务

一切能够简化手续、简化操作的物流服务都是增值性服务。在提供电子商务方面的物流服务时，提供完备的操作或作业提示、免费培训、免费维护、省力化设计或安装、代办业务、单一接触点、24小时营业、自动订货、物流全过程追踪等都是物流增值性服务。

为此，企业必须重新设计适合生产经营需要的物流渠道，优化物流服务网络系统，减少物流环节，简化物流流程，提高物流服务系统的快速反应能力。

2. 降低成本的物流服务

企业需要能够不断降低成本的物流服务。企业必须考虑采用供应链管理办法，建立系统各方相互协作、相互联合的物流服务网络，采取物流共同化计划，通过采用先进的物流技术和设备，推行物流管理技术，提高物流的效率和效益，持续降低物流成本。

3. 延伸功能的物流服务

企业物流强调对物流服务功能的恰当定位，使之完善化、网络化，除了一般的储存、运输包装、流通加工等服务外，还应在功能上扩展至市场调查与预测、采购及订单处理、物流管理咨询、物流方案的选择与规划、库存控制的策略与建议、货款回收与结算、教育与培训、物流系统设计与规划方案的制作等。

4. 强化支持的物流服务

企业为了保证向生产经营活动提供快速的、全方位的物流支持，必须强化、完善和健全物流服务网络体系，实现物流服务网络的系统性和一致性，以确保整个物流网络得到优化。企业只有形成物流服务网络，才能满足现代生产经营的需要。

（五）物流管理信息化

当代企业物流的发展呈现出物流管理信息化的趋势，主要表现在以下三个方面：

1. 改造传统企业物流管理

物流管理是一门专业性非常强的技术，但从物流过程来说，80%的物流程序是相似的，可以通过技术手段设计物流专家管理系统，为传统企业改善物流管理提供指导。

在企业录入生产计划和销售计划后，物流专家管理系统可以为企业特别设定物流管理方案，供企业参考运行。除此之外，该系统还可以根据企业相关计划的调整，对此方案进行修正，从而实现物流管理信息化。

2. 降低企业生产经营成本

随着电子商务的发展，出现了越来越多的 B2B 交易平台，为传统企业提供了丰富多样的贸易机会，极大降低了企业的采购和销售成本。任何有物流需求的企业都可通过平台进行低成本物流信息交换，通过平台进行全球低成本营销，拓展业务和市场，借助网络媒体的互动性，实现网上宣传和网上营销的一体化。

3. 完善企业物流管理信息网络

通过有效的信息渠道，能够将物流过程中实物库存暂时用信息代替，形成信息虚拟库存，建立需求端数据自动收集系统，在供应链的不同环节采用 EDI 交换数据，建立基于 Internet 的数据实时更新和浏览查询、共用数据库、共享库存信息的物流管理信息系统。

企业应不断提高物流信息处理功能，将各个物流环节、各种物流作业的信息进行实时采集、分析、传递，并为管理提供各种作业明细信息及决策信息。

（六）现代物流发展趋势

1. 物流管理转变

物流管理由对货物的管理转变为对货物的价值方案进行设计和管理。现代物流可以为货主提供差异化、个性化、全球定制化的服务，客户关系管理变得越来越重要。

2. 由对立转向联合

在传统的物流模式中，企业以自我为中心，片面地追求自身利益，容易造成不同企业相互对立的现象。但是在竞争压力驱使下，越来越多的企业开始进行商业流通机能整合，通过协调规划与共同作业形成高度联合的供应链联盟关系，使联盟内部所有企业的整体绩效和竞争优势得到提升。

3. 由预测转向共享

在传统物流模式中，物流企业常常通过预测供应链下游企业的资源来制订各项物流作业活动计划，然而受不确定因素影响，预测不准确的风险较大，造成了许多资源浪费。在现代物流发展背景下，企业强调供应链成员的联合机制，各个供应链成员企业间共享企业信息，尤其是内部需求及生产资料，物流企业根据得到的具体信息与实际需求进行物流活动。

4. 由绝对价值转向相对价值

传统成本评价只看一些绝对性的数值，新的价值评估方法关注相对价值的创造，即花更多的精力在客户产生的增值价值上。

5. 由功能协调转向程序协调

在竞争日益激烈的市场环境中，企业必须加快响应上下游客户的需要，必须有效地整合各个运营部门，并以程序式的操作系统来运作。物流活动通常具有跨企业的特性，故程序式整合是物流管理的重点。

6. 由纵向整合转向虚拟整合

在传统商业模式中，一些大企业将所有的运营活动都进行纵向整合，以获取更大的控制权，然而这样容易分散企业的资源，降低企业用于核心业务的能力。如今，企业逐渐更加专注于核心业务的发展，而将非核心的物流业务通过外包的形式委托给专业管理公司，形成虚拟企业整合形式，使企业有更多的资源为客户提供更加优质的服务。

7. 由信息封锁转向信息分享

在供应链管理结构下，供应链内的企业必须将供应链整合所需的相关信息与其他企业共享，否则就无法形成有效的供应链体系。

8. 由管理会计转向价值管理

未来许多企业将会使用更多的资源建立基本会计系统，重点提供企业增值创造与跨企业的管理信息，以期能确认可以创造价值的作业，而不仅仅关注收益及成本。

（七）现代物流的未来是 AIR 模式

"物联网 + 人工智能 + 机器人"（AIR 模式）是物流发展的未来。现代物流业的快速发展高度依赖于信息技术的有力支撑。事实上，早在 1995 年，比尔·盖茨就在其著作《未来之路》中提出物联网的概念，只是当时受限于无线网络、硬件及传感设备的发展，并未引起重视。1998 年，美国麻省理工学院创造性地提出产品电子代码（EPC）系统的"物联网"概念。2000 年 3 月，在葡萄牙里斯本举行的欧洲特别首脑会议上，欧盟提出了一个未来十年的战略目标——使欧盟成为世界上最有竞争力、经济最活跃的知识经济体。实现这个目标需要一个全球性的战略。在这个过程中，欧盟具体实施了一个行动计划，目的在于充分利用欧洲的整个电子潜力、依靠电子业务和互联网技术及其服务，使欧洲在核心技术领域（如移动通信方面）保持领头羊的地位。我们可以看到，无论美国还是欧洲都在大力发展物联网技术，并利用物联网技术带动经济发展。

推动物联网兴起的智能信息技术、通信技术、自动化技术和网络信息管理技术已经成为现代物流业发展的内生驱动力，直接影响了现代物流行业企业的生存与发展，并改变了这些企业从业人员的结构。信息技术特别是网络技术在物流服务和管理流程中的应用，使物流企业的信息化、网络化、智能化程度大幅提升。从物流业务系统、物流公共信息平台，到企业资源计划（ERP）系统、实时分账系统、数字版权保护系统，再到条码化、可视化、智能化、物联网、电子商务技术应用，物流业的信息化水平越来越高，物流业的整体效率也得到提升。

因此，物联网针对我国转变经济发展方式具有重大意义。第一，在短期经济刺激方面，要求政府投资于诸如智能铁路、智能高速公路、智能电网等基础设施，刺激短期经济增长，创造大量的就业岗位；第二，新一代的智能基础设施将为未来的科技创新开拓巨大的空间，有利于增强国家的长期竞争力；第三，能够提高对于有限的资源与环境的利用率，有助于资源和环境保护；第四，有助于升级和优化必要的信息基础设施。

业态多元化仍将持续。物流业的准入门槛较低，业态要素标准具备很大的弹性，对人力和物力要素兼容程度较好，就业容量大。从人力上看，接受过高等教育的人员和仅接受过义务教育的人员都可在物流业中找到适合自己的岗位。从物力上看，飞机和电动自行车都能根据实际需要参与到物流业的流程之中。物流业人员流动性大的背后是劳动力资源的充分存在。此外，物流业的经营方式灵活，既可靠两条腿或两个轮子（自行车、摩托车、电动自行车），也可靠陆路、水路、航空实现联动式的大规模模块式集约化运营。对于低水平的物流企业而言，人力成本仍然是重要的企业成本指标，而对于高水平的物流企业或集团而言，机械装备与人员技能的匹配成为重要竞争指标。

伴随物流业与国民经济各部门的关联度和融合水平的提升，物流企业的市场定位和盈利模式将在细分化、专业化的基础上进一步多元化，轻资产和重资产的物流企业都将大量并存，它们或是提供定制化服务，或是提供标准化服务，或是在专业化方面不断拓展，或是开展作业服务的规模化经营，或是提供标准化运作的通用型物流服务，或是专注于物流环节服务，或是横跨采购物流、生产物流、销售物流、回收物流，或是融合商流、物流、资金流、信息流的供应链服务提供商。既有专注于某个产业和领域的产业物流企业，也有服务于多个行业和领域的物流企业。

产业融合与升级加速进行。发达国家市场经济发展起步较早，物流业发展比较成熟，观念和实践经历了从"实体配送"到"物流"再到"供应链管理"的发展历程。若把发达国家物流业发展历程划分为原始物流、专业物流、综合物流、现代物流四个阶段，现代物流已经代表了世界范围内物流业发展的主流方向，而我国物流业目前还在专业物流和综合物流之间徘徊，是否能在较短时间内实现现代物流的社会化、信息化、系统化、标准化，将从根本上决定我国物流业的发展质量和国际竞争水平。

从物流业的实践上看，传统的物流企业正向一体化、全程化服务过渡，物流行为向采购、贸易、金融物流延伸，流通企业（包括内贸和外贸企业）经营取向向集贸易、经销、采购、金融、物流服务为一体的供应链服务提供商发展，商贸流通业融合发展成为突出特征，销售和物流之间的产业界限趋于模糊。

物流市场专业化、细分化趋势明显。依托产业发展专业物流成为一种共识，脱胎于不同产业领域的物流企业正在快速增长。从企业物流分离出的物流企业，经过内部资源整合，兼并重组的步伐正在加快。一方面，物流服务外包，制造业与物流业联动发展；另一方面，制造、原材料、能源、矿产企业中的企业物流向独立的物流企业转型发展，在服务于本企业的同时也通过提供社会化物流服务盈利。同时，一系列新概念的出现为不同专业领域提供了发展与转化的空间，能源物流、冷链物流、医药物流、汽车物流、烟草物流、农业和农产品物流、危险品物流及特种产品物流都在快速发展。

物流功能整合化。虽然现代物流与传统物流的主要功能没有本质上的差别，即都负担着有形商品的时空移动与交付服务职能，但与传统物流相比，现代物流的物流行为与供应链的其他环节和功能能够进行充分匹配、组合和集成。例如，物流渠道与商流渠道的整合、物流渠道之间的整合、物流功能的整合、物流环节与制造环节的整合等。因此，物流服务对上游、下游的协同联动，对不同配送需求的响应速度越来越快，前置时间越来越短，配送间隔越来越短，配送速度越来越快，商品周转次数越来越多，服务的个性化、体贴化程度越来越高。

销售时点信息系统、电子数据交换（EDI）网络技术、射频标识技术（RF）等应用为电子商务的大规模发展提供了可能。传统交易方式由纸质合同到电子合同，再到远程实务对接的变革，促使业务流程进一步信息化、网络化。为满足客户对物流服务更多个性化、便捷化的需求，基于互联网和电子商务的电子物流正在兴起，更多掌握信息技术，熟悉电子商务和国际贸易规则的人员开始走向物流业，使物流管理真正朝智能化方向转变。

物流的金融化。在北京、上海、深圳等金融业发达的城市，金融物流在物流企业中被广泛应用，在做到风险可控的同时丰富了业态体系和盈利模式。定向采购、仓单质押、代收货款等增值服务业务占企业营业收入的比重在加大，物流企业不仅获得了增值服务收益，同时增强了对供应链的掌控能力。另外，物流企业借助资本市场发展壮大的意识越来越强，A级物流企业中有的已成功上市，有的已进入辅导期，有的正在积极准备上市。

随着我国物流市场的开放，境外资本也纷纷涌入我国物流市场，外商直接投资数量逐渐增加。一些世界著名的物流企业已进入我国市场，并搭建了物流网络。外商对物流业的直接投资具有"鲶鱼效应"，既能使我国物流网络更为丰富完善，推动我国基础物流设施的改造，也有助于形成良好的投资环境，带动我国制造业的发展。另外，先进的技术以及成熟的管理流程有利于西方先进的管理理念和方法与我国物流业发展的现实环境相结合，为我国物流业发展带来更多的国际化机遇。

第二节 绿色物流运输

一、物流运输绿色化的目的和原则

（一）物流运输绿色化的根本目的

运输对环境的主要影响除了运输设施占用大量土地资源外，在运作过程中最主要的问题就是消耗大量能源，致使严重的空气污染、噪声污染和城市交通阻塞。而车辆在交通阻塞时排放出的一氧化碳、铅化合物等废气要比车辆正常行驶时的排放量高出许多倍，因此，交通拥挤加重了运输车辆对空气污染的程度。

根据物流运输对环境影响的分析，以下这5个运输相关的因素及其组合对物流运输中的能耗和环境污染程度产生重大影响。

（1）距离，即产品空间位移的距离，很明显，运输距离将影响燃料消耗量。

（2）运输模式，即运输方式，正如上一节分析的，不同运输方式具有不同的能源消耗量和废弃物排放量。

（3）设备，即物流运输系统的设备，包括运输车辆、装卸搬运设备等，不同类型的车辆或装卸搬运设备采用不同类型的能源或燃料，能源利用率和排放量也不同。

（4）装载量，即产品实载量，其影响运输工具装载效率，影响燃料利用率。

（5）操作，即驾驶员对载运工具（车辆）的操作，会影响车辆运行中的能耗，例如，驾驶速度、路径选择等会影响燃油消耗效率。

调整上述 5 个因素，例如，减少运输距离、转变运输模式、使用更清洁的设备、优化装载计划、优化运营过程、重视对驾驶员的管理等，都能降低物流运输过程的能耗，从而减少温室气体排放。

所以，物流运输绿色化的根本目的就是，从战略层、战术层及运营层 3 个层次，对物流运输系统进行科学的规划、控制和管理，在保证客户服务目标的前提下，使货物运输过程中的能耗最小，温室气体排放量最小，最终降低物流运输对环境的影响程度。

（二）物流运输绿色化的基本原则

根据物流绿色化的根本目的，以及影响能耗和污染物排放的几个关键因素，在进行绿色运输系统的规划和管理时，应该遵循以下几项基本原则。

1. 安全性原则

安全性是绿色运输的首选原则，包括人身安全、设备安全和货物安全。为了保证运输安全，首先应了解被运货物的特性，如重量、体积、贵重程度、内部结构以及其他物理化学性质（易碎、易燃、易腐、危险性等），然后选择安全可靠的运输方式和运输工具，必要时采用特殊的运输工具，如密封罐、冷藏车等。

如果货物在运输途中变质、受损或发生安全事故，必然会导致货物的废弃、运输的无效，甚至带来更严重的环境污染。

2. 及时性与准确性原则

运输的及时性是指按照客户所指定的时间准时送达；运输的准确性是指准点到货、不错发、不错送。运输速度的快慢和到货及时与否不但决定着物资周转速度，而且对社会再生产的顺利进行影响重大；运输不及时会造成缺货，有时还会给国民经济造成巨大的损失。因此，应根据客户的急需程度进行合适的运输决策。

货物运输的准确性既取决于发送和接收环节，又与运输方式的选择有很大的关系。货车运输可做到"门到门"运输，中转环节少，不易发生差错事故，但是其单位能耗高、温室气体排放量大。铁路运输受客观环境因素影响小、能源效率高，但是中途作业环节较多，运输时间一般较长。因此，在选择运输方式的时候，既要考虑某种运输方式的环保特性，还必须同时考虑客户对运输服务的及时性和准确性要求。

3. 经济效益与环境效益统一原则

运输是物流系统最重要的组成环节。物流服务水平的提高依靠高效率的运输体系，降低运输成本也是降低物流成本、提高经济效益的重要途径。因此，物流运输的绿色化既要考虑运输对环境影响的最小化，又要降低运输成本，即实现环境效益与经济效益的统一。

4. 人与车辆管理一体化原则

这里的"人"主要是指驾驶员。驾驶员行为对运输绿色化实践也是至关重要的。如果司机具有强烈的环境保护意识和责任感，就会贯彻和执行企业的节能减排措施。良好的驾驶行为有利于减少车辆行驶中的燃料消耗。因此，应该加强对司机进行环境保护知识方面的培训，并将对司机的环境管理纳入企业环境管理体系中，做到对司机与车辆环境管理的一体化。

在某种程度上，对驾驶员的环境管理有时比技术措施的意义更大。一方面，驾驶员的培训管理成本低、实施方便；另一方面，若司机缺乏环境保护意识，甚至对企业的环保政策有抵触情绪，那么，再好的策略也难以取得理想的效果。

二、实现物流运输绿色化的策略

根据物流运输绿色化的目标和基本原则，灵活控制运输系统中影响环境的关键因素，即运输方式、车辆设备、里程、实际装载情况、驾驶员操作等，可归纳出以下4个实现物流运输绿色化的策略，即选择绿色运输模式、研制环保型运输设备、车辆数量及行驶里程的最小化、对驾驶员进行培训和绩效管理。接下来将分别介绍这4个策略。

（一）选择绿色运输模式

1. 绿色运输模式的概念

与公路运输相比，铁路运输、水路运输的能源利用率更高，温室气体排放量更少，噪声污染更低，属于环境友好的运输方式。但是，公路货车运输由于其可控制性强、灵活性高，且能实现"门到门"的运输，因而在很多场合仍然是一种不可缺少的选择。

物流运输过程中，应尽可能多地使用污染小的铁路运输和水路运输，降低公路货车运输在社会物流量中的比例。但是，并不是简单地将原来利用公路运输的货物转换成用铁路运输或水路运输，而是将公路运输与铁路运输或水路运输进行有机结合，在保证物流服务质量的前提下，实现"公路—铁路"或"公路—水路"等形式的联合运输。因此，绿色运输模式即环境友好的运输模式，实际上就是减少整个物流系统中公路运输的占比，尽可能多地使用水路运输或铁路运输，或这两种运输方式与公路运输联合的运输模式。

2. 实施策略

铁路运输和水路运输都要求有足够大的运量才能发挥其规模效应，同时实现环境目标和经济目标。所以，实现多种运输方式的联合运输不仅关系到改变既有运输模式的问题，还需要企业甚至供应链物流系统规划和运营管理的创新，具体策略如下。

（1）多式联运设施要求重构物流网络

物流网络设计属于战略层的决策内容，工厂、仓库等设施点的位置对运输方式的选择产生影响。当新建或重构物流网络时，应尽量使新设施的位置既接近铁路线，又邻近公路，或靠近港口码头，这样可保证所选择的运输模式更具灵活性，这一点是非常重要的。

（2）企业合作实现多式联运的规模效应

企业若与其他有同样运输起点和终点的企业联合运输、共用车皮，就可大大节约对铁路车皮的使用量，降低运输成本。生产企业或物流企业通过与客户、供应商、其他的物流企业、铁路及多式联运专业企业之间进行信息共享与沟通，共同制订货物运输计划，为联合使用多种运输方式提供货源保证。此外，生产企业通过与客户或供应商的合作，调整订单数量、库存水平、交货时间和服务水平，并考虑使用多种运输方式与这些要求相匹配。

（3）大力发展多式联运物流服务提供商

为确保多种方式联合运输的有效性，需要有高效率的换载、装卸机械等技术装备，更需要采取科学、灵活的联运组织方式。大力发展可经营多种运输方式的货运代理业、多式联运物流服务企业，并与各类运输企业建立长期战略合作关系，有利于实现多种运输方式的有机结合。

专业的多式联运物流服务提供商拥有更广泛的客户资源和运输资源，因而可在更大范围为更多货主规划多式联运服务，能够根据客户的个性化要求，提供灵活的、高效的、环保的物流运输服务。

（二）研制环保型运输设备

公路运输过程中的能耗和尾气排放情况首先取决于车辆使用的能源类型，其次是发动机性能。很多国家对推广使用清洁能源的环保型车辆十分重视，并通过立法，鼓励发展使用清洁能源的汽车，鼓励使用非石油能源。为此，通过技术创新，研制清洁能源驱动的运输设备、研究车辆节能减排技术等，是降低运输环节，特别是公路运输中的能源消耗和温室气体排放的重要途径。

1. 研制清洁能源驱动的运输设备

公路货车运输之所以会产生严重的空气污染，主要是由于货车是靠汽油或柴油驱动的，这些石油制品在燃烧过程中会排放大量气体，其中含有多种对环境有害的气体，即温室气体。因此，为了降低温室气体排放，保护自然环境，应该鼓励研发、生产以清洁能源为动力的运输车辆，主要包括以甲醇、乙醇、液化石油气、压缩天然气等为动力的运输车辆、电动汽车、混合动力汽车等。

电动汽车是以自载电池为电源、用大功率电动机提供动力的运输工具，是现代汽车工业的重要发展方向。使用电动货车进行运输，温室气体排放少，具有环保、高效的优点。但是，电动汽车存在电池容量小、充电困难、续驶里程和装载能力不足等问题。这些问题制约了电动货车的广泛应用，因此，应针对这些关键问题进行技术研究。

太阳能也是一种清洁能源，一些研究机构早就开始研究太阳能在汽车中的应用，例如，利用太阳能驱动车内空调装置、基于太阳能光伏的电动汽车充电技术研究等，对进一步节约车辆行驶中的能耗、延长行驶里程具有重要意义。

另外，还有混合动力汽车，既安装有蓄能系统（高能蓄电池），又有燃料驱动系统，这类车辆能根据所处的环境和路况变化，选择不同的驱动方式。

2. 研究车辆节能减排技术

提高车辆燃料使用效率，就是降低车辆的燃料消耗率、降低空气污染源。很多技术都可以降低车辆的燃料消耗率，例如，对发动机、控制系统和排气装置进行技术改进；改善燃烧过程，完善进气、排气和混气的过程；改进发动机的结构和汽车空气动力学性能，降低燃料消耗和噪声级别。推广使用硫黄、苯含量较低的燃料，使用低硫排放的柴油机、电动汽车等，均能明显降低城市空气污染程度。

企业进行发动机和车辆的改进，既能降低能源消耗，还能显著降低运输成本。

3. 创新车辆管理技术

除了清洁车辆和发动机技术的研发改进，还可研究一些新的车辆运行管理技术，在满足客户需求的前提下，使运输中的能耗最低、排放最低。首先，使用一定技术手段跟踪车辆性能，监测并记录车辆油耗、排放、噪声等参数的变化，以便为制定环保的预防性车辆维护方案提供信息支持；其次，更新设备管理理念，通过激励措施吸收资本投资，加快更换老化设备，加快老旧车辆向环保型车辆的升级。

另外，可通过专门研究如何实施车辆精细化管理，例如，考虑能耗和排放，研究车辆适合的最佳速度。除了燃料消耗的差异，不同类型的车辆在不同速度下单位能耗也不同，因而单位排放量也有差异。因此，通过一定的研究方法，可以确定各种车辆合适的速度范围。

（三）车辆数量及行驶里程的最小化

在必须使用公路货物运输的场合，车辆数量的增加和行驶里程的增加会直接引起燃料消耗量增加和温室气体排放量的增加。通过科学合理的规划，提高车辆装载效率，减少货车、铁路车皮的空载行驶或非满载行驶等不合理现象，可降低车辆使用数量和行驶里程。具体包括以下几个策略：

1. 采用考虑环境影响的物流网络设计

物流网络设计是战略层的决策。一个物流网络方案包括了供应商、工厂、分销仓库等设施的位置和数量信息，并决定了产品从供应商到客户的流向。因此，物流网络设计对运输距离的减少和运输方式的选择具有直接影响。

通常，物流网络设计模型是权衡物流成本和服务水平的要求建立的。要在物流网络设计中考虑环境影响，有两种处理方法：一是在网络设计目标函数中增加环境成本（如污染处理成本、碳税费用）；二是在网络设计模型中增加环境约束（如排污量限制、碳排放量限制等）。

此外，在物流网络设计时，考虑末端需求的灵活性以及对服务的基本要求，适当增加提/取货点的网点密度，这也有助于缩短末端运输的距离，降低末端运输对城市环境的影响。

2. 合并运输提高车辆满载率

车辆满载行驶能减少对车辆的需求量，降低了单位货物对道路的占用，提高了能源利用率。专业配送企业一般都有广泛的货源地和目的地。通过建立跨行业的合作伙伴关系，对多个货主的货物进行合并运输，能提高车辆满载率，减少车辆出动次数和空载行驶里程。

首先，物流运输企业可以将不同供应商的货物进行合并运输，以提高车辆装载率，还可减少回程空载的现象。

其次，与竞争对手合作，与其他物流企业合作开展共同配送。例如，同一地方的几家配送企业共同调整自己的配送体系，联合运输，可以更有效地降低对火车车皮的需求数。

最后，生产企业鼓励供应商将供货点设立在主要生产车间的附近或采取本地采购策略，从而降低零部件供应的运输距离。

3. 车辆路径优化

一系列模型和方法可帮助企业制定出最佳的车辆调度方案，降低车辆数和行驶里程。应用普通的车辆路径问题模型，可求出完成任务所需的车辆数和距离最短的车辆路径方案。拓展的车辆路径模型可考虑道路速度、路网的坡度和拥堵情况、油耗甚至时间窗限制等情况进行优化，从而求出最佳的车辆行驶路径。

此外，还有研究通过考虑道路坡度、路口停车信号灯的影响建立车辆路径模型，求出能进一步减少燃油消耗和排放的运输方案。

利用物联网等技术开发智能化的运输系统，能辅助企业进行行驶路径优化决策，提高运输效率，有效改善运输对环境的影响。

4. 改进产品包装，提高产品实载量

创新的包装设计有助于提高产品的装载量，从而减少对车辆的需求。例如，联想通过缩小包装尺寸有效增加了单次运输的产品数量。以14英寸电脑包装为例，改进之前，一个托盘可放置42件产品，缩小包装尺寸后，一个托盘可放置63件产品，显著提高了车辆实际装载的产品数量，减少了对车辆的需求次数。

从提高运输实载率的角度重新设计产品包装，包括缩减包装尺寸、改变填充材料等，对供应链上的所有企业都有好处。更少的包装材料消耗不但可以降低产品生产商的包装成本，还减少了装卸搬运作业的次数，使车辆的作用更明确——主要运输的是产品而不是包装。一次运输可以装载更多的产品，从而降低了车辆的出动次数，节约了物流运输成本，因此，同时具有经济价值和环保价值。

（四）对驾驶员进行培训和绩效管理

1. 人车一体化管理的必要性

汽车驾驶员是物流企业与其客户之间的纽带。按照运输绿色化的根本目的以及人车一体化的管理原则，应该将驾驶员及其驾驶行为表现纳入公司运作管理范畴。

燃料消耗虽然是技术性的问题，但通过有效的管理方法，也能明显降低车队的燃料消耗量。因此，驾驶员掌握车辆行驶过程中的节能减排技巧非常重要。有些策略可能看起来很简单，但在实践中却非常重要。

虽然人人都认识到车辆空转会消耗不必要的燃料，但是，只有管理层重视并采取必要的激励措施，才能引起驾驶员的高度重视，减少车辆空转等待现象。

可以看出，对驾驶员进行车辆节能减排技能培训、加强绩效管理，对运输的绿色化具有非常重要的作用。

2. 具体措施

（1）加强节能减排驾驶技巧的培训。提供关于行车时的燃料管理知识和驾驶技术方面的培训，使司机掌握节约能耗的驾驶方法，正确使用轮胎、加速器等。当使用新的清洁能源车型时，应当加强对司机的培训。

（2）倡导环境友好的物流文化。对司机进行环保知识宣传，培育企业绿色文化，鼓励司机严格遵守道路交通法规，养成限速行驶、平稳行驶的习惯，避免交通事故的发生，保证行车安全。

（3）建立节能目标和激励措施，定期表彰杰出司机。开发或引进新的环境仪表板，记录司机行车过程的燃料消耗、空转情况，实行目标管理，对有效使用燃料的司机给予奖励。

（4）增强司机在途运输的可视性。为车辆配置实时跟踪和通信系统，使司机在运输途中能保持与公司的沟通，增加货物运输过程的可视性。当司机在途中遇到特殊情况时，可辅助司机及时进行路线调整。

从某种程度上看，对驾驶员的培训有时比革新技术的作用更大。驾驶员培训计划与其他降低燃料消耗的方法相结合，节能减排的成效才能更显著。

第三节 大数据时代5G融入智慧物流的创新建设

一、5G融入智慧物流的必要性

当前，在物流智慧化方面，企业考虑更多的是技术的创新与应用场景的完善，而对其背后的通信技术的支持并没有过多地关注，主要是因为在大多数人看来，目前的4G网络已能够支撑足够多的智慧化技术的应用。

（一）5G

目前大多数企业，包括智慧化水平较高的企业，在智慧化网络部署方面仍存在一些缺陷。例如，特定区域的智能设备，源自不同的生产厂商，在操控平台上相互间还没有实现无缝化关联，基本上还是通过自组网的方式进行智能化控制，并且出于成本上的考虑，大部分还是采用"2.4G+蓝牙"的组合等方式实现。

大多数应用场景的设备智能化联动，并没有与互联网直接进行连接，而是采取自建独立网关、自组内部以无线或光纤传输的"物联网"的控制方式，严格意义上讲，还算不上真正的物联网平台化应用，只能算是"区域性"的应用。

应用场景与外界的互联，还是以4G光纤为主，并且带宽较小、传输速度较低。通信网络的不畅，必然影响应用端的顺畅性，甚至应用场景内部的无线网络应用效果也因此受到影响。

基于"前5G时代"的通信技术与网络环境，对应用场景内"物"的信息采集与传输，大多仍处于"被动"状态，有些场景的信息获取还需要人工参与，降低了效率，拉低了"智慧化"水平。

场景内的蓝牙传输、自组有线或无线网络、内网与外网通过光纤或无线连接，基本上是企业的"标配"。对于普通的智能化办公或应用业务不复杂的企业来说，就目前的应用技术来看，这种不同类型网络的组合也完全可以满足需要。

但是，对于应用环境和业务流程都非常复杂的物流业来说，这种"混网"的模式在一定程度上造成了目前物流智慧应用的作业和场景的碎片化，亟须一种更加完美、流畅，更加完整、高效的网络架构来支撑分散在各个场景、各个环节的智能设备与技术的一体化、智慧化运作。

在5G网络条件下，这样的网络架构不再只是构想，而将实实在在地部署在需要的场景中。在 5G 场景下，"物"不再是被动的信息处理对象，而是主动与系统平台实现实时互动的"活"的"末梢"（终端）。

（二）5G 带来的变化

物流是一个具有"基础中的基础"性质的服务性产业，其服务的对象和内容几乎覆盖了国民经济和社会生活的方方面面，在每一个领域都起着基础性的支撑作用。与其他产业相异，物流自身即构成一个完整的、顺畅延续的体系，且不会与周边环境及服务对象分隔。因此，物流体系的运转、物流业务的实施对信息的共享提出了更高的要求，各个环节间需要充分的、无缝的信息对接，其智慧化发展更需要以高效率、全覆盖的通信网络作保障。

而 5G 的应用能够将物流领域各类数据进行更有效的归集，任意一个物流节点上的数据都可以被获取并上传至云端的数据库，形成海量的数据。这些海量的数据经过不断地更新、分析和处理后，能够应用到更广泛领域，进而助力物流行业的服务质量和效率进一步提升。

也就是说，5G 与物流的融合发展，必将从物流业的运营效率、服务质量、运作成本、用户体验等各个方面，为参与物流体系构建的各类物流企业及上游生产制造和销售企业、下游的消费群体，提供全新的模式和场景，并带来更高的收益，这对于全面优化与提升物流的智慧化水平来说，有着重要的助力作用。

概括来看，5G 为智慧物流领域带来的变化至少有三个方面：

一是为"去中心化"创造了网络传输条件。物流智慧化场景下的物物相联，不再是以中央网关为唯一控制中心的独立物联网模式，而是实现了逻辑上"去中心化"的自由组网，一些智能化终端可以瞬间变身 5G 网络架构的组成部分，承担起通信信号传输的载体重任。虽然形式上还是通过中央网关逐级链接的方式，但由于植入了自带信息及独立接收和处理信息的物联网卡，每一个"物"都可以瞬间成为"中心"，独立组网。同时，在 5G 无线网络全覆盖的前提下，不论是对物流全流程，还是单个作业环节，无论是管理人员，还是具体业务人员，无论是平板，还是手机，都可以在任意位址使用一个终端、一套应用，完成对所有场景的管控，实现全场景智慧化操作。这样，无论在仓储场景，还是在运输和配送环节，人、设备、车、货、载具都可以自带指令，或者转化为指令传输中心，从而实现智慧控制系统的无缝隙全覆盖、不断链。

二是营造了创新技术与设备应用的全新场景。在 5G 的助力下，诸如人工智能、大数据、云计算、物联网及区块链等核心技术可以更加顺畅地应用于物流业务中，其衍生的产品可以更易于落地实施；同时，5G 作为关键传输层技术，以其更高速度、更低时延的优势，实现无缝接入物流架构中，使得物流架构中运用的嵌入式设备（无人机、无人车等）得以顺畅实施。而这类技术和设备的使用顺畅性和高效率，是 4G 及之前的通信技术无法达到的，如果远程实时监控、复杂环境的无人配送、超大规模与超高要求的视频采集与传输等场景。

三是拓展了更加广泛的应用场景。5G 在物流行业能够实现更多的应用场景。例如，在智慧仓储场景中，得益于 5G 的海量接入特性，大量的物联网设备能够无缝地接入仓储作业各个环节，实现货位及在库物品的智能存储、智能分拣等；在运输过程中，GPS 导航系统可以通过 5G 获取远程的云平台提供的路况、沿途气候及地质条件变化等信息数据，对路径进行实时规划与调整，以避开拥堵及潜在的灾害威胁。

总而言之，5G 与物流融合之后，为物流智慧化提供强大的无线网络支撑，并以其更加优越的特性实现应用的飞越式拓展。融合了 5G 的物流，才称得上是真正的智慧化物流。

二、5G 在智慧物流领域的应用场景选择

目前，5G 在物流行业的应用已经起步，开始在物流节点和物流线路多个物流场景中得以应用。苏宁易购与中国移动签订战略合作协议，联手探索 5G 应用场景，加快推进 5G 商用，其 5G 应用探索覆盖无人技术、设备智控、大数据等领域；菜鸟网络与中国联通、圆通速递拟联合启动超级机器人分拨中心升级计划，打造国内首个 5G 快递分拨中心，同时积极开展 5G 时代的自动驾驶研究，并在杭州云栖小镇设立了 5G 无人驾驶测试基地；京东物流对 5G 商用场景的探索和实践也有所突破。

综上所述，5G 在物流领域小场景、终端化的应用方面正在被深入研究探索，无人机、无人车的配送和智能售、取货终端的 5G 融合已不再是难题；基于 5G 的无人驾驶已初步见效，未来随着 5G 全网覆盖将能够实现跨区域应用；物流园区的 5G 商用还没有出现可借鉴的案例，是下一步研究和探索的重点场景。

（一）单一作业环节：仓储

仓储环节的 5G 融合，首先应基于仓储管理系统的完善和成熟化应用，满足入出库、保管与养护、盘点、拣选和分拣、集货、包装及装卸等作业的各项要求，且具备智能化条件。

一是要具备符合物联网标准构建的仓储智慧化监管应用体系。该体系应包括针对作业全景的实时监控和定时抓拍，针对存储环境的温湿度监测和烟雾报警，针对设备操作过程的异常状况报警及抓拍，针对安全管理的非法入侵及人员违规的监控，以及针对应用场景的远程控制。该体系通过部署各物联网设备，可以实现对仓储货物、环境及作业的多维度监控，并提供远程、实时的控制和异常处置应用支撑。

二是要配置合适 5G 技术的智能化设备。仓储环节的作业，既有静态的监控，也有动态的搬运、堆码、存取等重复性动作，后者完全可由 5G 智能化设备替代人工进行无人化作业。这些设备一般包括入库装箱机器人、仓内搬运用的无人叉车、穿梭车及搬运机器人、拣选及拆码垛用的专用机器人，以及自动分拣线等。

基于 5G 网络及相关智能技术，分拣和拣选作业的"货到人"自动拣选技术更加有效，可以实现快速分拣，极大提升了作业效率，提高了作业的准确率；自动化集货技术（自动混合码垛、密集缓存、动态缓存等）将得以更加全面的实施，以大大提升空间利用率；自动复核、自动包装技术效率进一步提升，扫码、开箱、装箱（袋）、封箱、覆膜、贴

标等作业更加高效；自动装卸设施运转更加顺畅，装卸货作业更加智能。

（二）单一作业环节：运输／配送

在运输和配送作业环节，5G 的融合：一方面增强了作业规划的实时性，有利于选择和优化路线，帮助优化配载和装载顺序，助力高效准确的装卸货等；另一方面，为运输和配送的无人化提供了更加完美的通信保障，特别是对"最后一公里"配送的优化，意义与作用更大。

据了解，无锡市联合中国移动、公安部交通管理科学研究所、中国信息通信研究院等相关单位，初步建成了城市级的车联网（LTE–V2X），打造出了"人—车–路–云"智慧交通体系。在车联网覆盖范围内，驾驶员可通过智能车载设备，提前看到前方路口的红绿灯状态、车辆排队长度，甚至是路口的实时影像路况，获得交通诱导、车速引导、潮汐车道、道路事件情况提醒、救护车优先通行提醒等信息服务。同时，车联网还将实现交管信息系统、智能交通设施和车载终端的无缝实时信息交互，进而提升汽车通行效率。换个视角看，"人–车–路–云"智慧交通体系的打造和实际应用，对于实施"5G+物流"、实现智慧化运输与配送，在实践中提供真实的货运及配送车辆智慧化通行的条件，也具有更深远的借鉴意义。

在"最后一公里"的配送环节，除了配送条件较好的城区范围的无人车配送外，基于 5G 网络条件的无人机配送，则能够很好地解决艰难环境下的配送问题，如山区、孤岛、高层建筑等环境下的配送，尤其是在因灾应急的情况下，无人机配送的特殊优势会得到更加充分的发挥。

三、基于 5G 的智慧物流园区建设

物流园区是物流运营与管理相对集中的场所，汇聚了各类物流资源和服务，承担着区域的经济与社会发展的物流支撑职能，扮演着越来越重要的角色。由于物流功能较齐全、作业流程较规范，物流园区在实施物流智慧化方面具有集约化优势，更易体现出规模与示范效应。

目前，我国物流园区发展从地域布局、规模和结构来看，很不均衡，物流园区的运营和管理存在较多的问题，实施"5G+"战略还存在很多需要填平补齐的地方。例如：园区管理不规范，人员入园、出园随意性强且在园区内活动轨迹难以掌控，车辆行驶无引导、难定位且随意占用道路及月台资源，非自营物流业务混乱无序；设施设备标准化、智能化程度较低，不符合标准的仓储设施仍然存在，作业设备不统一、难兼容，用于运输及配送的车辆状况差异较大，信息综合管理平台没有实现全覆盖；物流作业仍较落后，机械化、自动化程度不高，人背肩扛、野蛮作业的情况仍较普遍，决策分析的智能化程度较低；安防措施不够智能，安防监控有视频，但发现隐患仍然依赖安保人员的责任与能力，对存在的安全隐患不能主动识别、及时排查，出了问题追溯难度较大。

因此，无论从运营管理层面还是作业层面，"5G+"战略与物流园区智慧化发展均有着丰富的结合点。

2019 年 9 月 17 日，京东物流华南区域分公司与中国联通广东省分公司举行合作签约仪式，宣布将在京东物流东莞"亚洲一号"仓库进行 5G 智能物流园区建设，建立 5G 智能物流联合创新实验室。该园区将设置智能车辆匹配、自动驾驶覆盖、人脸识别管理和全域信息监控，预留自动驾驶技术接入，实现无人重型卡车、无人轻型货车、无人巡检机器人调度行驶；依托 5G 定位技术，实现车辆入园路径自动计算和最优车位匹配；通过人脸识别系统，实现员工园区、仓库、分拣多级权限控制；基于 5G，部署无人机、无人车巡检及人防联动系统，实现人、车、园区管理异常预警和实时状态监控。

概括地说，京东物流将依托 5G 网络通信技术，通过人工智能、物联网、自动驾驶、机器人等智能物流技术和产品融合应用，打造高智能、自决策、一体化的智能物流示范园区，推动所有人、机、车、设备的一体互联，包含自动驾驶、自动分拣、自动巡检、人机交互的整体调度及管理，搭建 5G 技术在智能物流方面的典型应用场景。

以目前智慧物流园区 5G 应用的规划设计及部分实践应用为借鉴，结合 5G 应用实现的进度及相关技术发展的现状及趋势，并参考目前已实现 5G 应用的智慧楼宇、智慧城市等场景的做法与经验，本节现就 5G 融合的智慧物流园区建设做简要探讨。

（一）园区 5G 网络部署

建设 5G 智慧物流园区，首先要解决三个方面的问题：

1. 园区智慧化程度的定位与设备选型

基于 5G 的智慧物流园区的重要特点就是通过叠加 5G 通信技术，以及在 5G 网络下实现更有效、更广泛应用的智能技术与设备，包括人工智能、无人机、无人车、智能机器人等，并融合物联网、大数据、区块链等先进技术，形成以 5G 网络、智能技术与设备和现代物流技术高度整合，高智能、自决策、一体化的智慧型综合物流业务与运营管理场景。

即 5G 智慧物流园区首先必须是以完全无人化为目标且高度智能化的，这首先需要明确的功能定位。

基于这一定位，需要精心选择与园区及各业务环节应用场景相匹配的智能设备，如园区的出入监管及整个园区的监控系统的道闸、摄像头等设备，存储环节的智能货架、托盘存储等，分拣及传输作业的分拣机、穿梭机、输送带等，以及与移动作业相契合的移动终端、VR 等。这些设备在类型和功能匹配上，应有利于实现 5G 环境下的"物物互联"，而不会出现数据和信息相互阻隔的情况。

2. 园区的综合智能管理平台建设

5G 智慧园区中各相关功能智慧化的实现，离不开高度智能化的综合管理平台。这一平台应包括业务运营支持系统、智能监管系统、智能节能与环保系统、智能安防系统、办公及物业服务管理系统等功能系统。比如，业务运营支持系统，应满足各类物流业务的智能化运作需要。智能监管系统，应能够对园区的人、车、物及相关活动进行全方位的监控，实现物流作业的全程可查。智慧节能与环保系统，应能够动态监测园区各类设备用电、各种物资耗材的使用情况，实时进行相关数据传输与分析，优化实施方案，降低用电成本，提升资源利用率。智能安防系统，应能够实现边界防御、巡更巡检、异常预警等功能。办公及物业服务管理系统，应能够为客户提供更加便捷的商务、生活服务，提升园区客户满意度。

3.5G 网络的部署

这是建设 5G 智慧物流园区的重中之重，也是目前较难解决的问题。

受高企建设成本的制约，目前 5G 网络的覆盖范围极其有限，即使在少数试点城市也只是实现局部覆盖，对于大多数地区来说，实现 5G 网络全覆盖还需要不短的时间。因此，在建设或改造 5G 智慧物流园区时，首要的任务是了解本地区 5G 网络覆盖情况。

园区外部的通信网络建设可以协调运营商解决。运营商通常根据实际情况，择址建设 5G 宏基站（新建或改造），对园区形成信号覆盖。

园区内部的通信网络配置由业主负责实施，通常需要对园区宏基站（面积较大的园区）及微基站的合理配置进行规划设计，形成部署方案。在微基站的部署方面，可根据 5G 网络"物物互联"的优势，通过利用适当设备接续通信信号传输的方式，经济、适用地拓展小环境的网络。

5G 网络部署完成，即可进行园区各区域、环节的功能配置，包括物联网设备及智能管理系统等。

（二）园区出入管理：智能门闸道闸系统

园区出入管理系统主要有两个方面：人员通道管理系统和车辆通道管理系统。

1. 人员通道管理系统

对出入园区的人员管理，分为两个部分：

一是园区管理人员及业务洽商人员。可借鉴智慧楼宇的做法，在园区入口或办公场所出入口设置人脸识别速通闸机系统，采用"智能门禁 + 智能监控 + 智能识别"模式。员工出入兼具识别记录和考勤功能；业务洽商人员按照已预约和未预约的情况进行分类识别并实施应对措施；对陌生访客设置预警功能。系统与后台的综合管理平台对接，相关数据信息传输、处理以 5G 为支撑。

二是园区内经营商户和随机出入园区的客户。在园区出入口设置带有人脸识别、门禁和多维度统计功能的闸机系统，与综合管理平台对接，实施 5G 信息传输与处理。

2. 车辆通道管理系统

客运车辆通道可使用具有智能车牌识别、可疑车辆预警、自动收费和数据记录与分析功能的智能道闸系统。

货运车辆通道可在道闸系统中增加称重计量和运载货物相关信息采集与处理功能。

道闸系统与综合管理平台对接，实施 5G 条件下的智慧化管理。智能门闸、道闸系统的人脸识别系统及车牌识别系统，要与园区安防系统实现联动。

（三）园区通行管理：智慧导航系统与智能照明系统

智慧导航系统以 5G 网络为支撑，利用 GIS 技术，实现对园区内通行的车辆的智能化导引（基于植入物联网卡智能模组的语音提示／与车载导航系统关联），对园区停车位的智能化管理（车型及车位占用情况提示），对月台车辆停靠及作业状况的智能化监控。

智慧导航系统在对人员通道做出物理上的明确标示的同时，通过配置智能感应装置，自动感知人员通行状况，并与园区安防监控系统进行关联，加载相关信息提示功能，实时将提示信息推送到人员通道设置的智能提示终端上，便于通行人员实时获取相关信息。

智能照明系统可采用集 LED 灯具、环境传感器、Wi-Fi、摄像头、广播音箱、智能显示屏、一键报警及充电桩等装置于一体的智慧路灯杆，自动检测路段人员及车辆通行情况，并根据实际情况对路灯照明亮度进行智能调节，达到节能环保效果。同时，智能照明系统通过灯光亮度及显示屏提示，可以引导人员及车辆通行，使其兼具智能引导功能。

（四）园区作业管理：智慧作业系统

在 5G 条件下，园区内的物流作业将通过全程视频跟踪、AR 技术作业、远程视频运维、VR 模拟培训等方式，实现全程的可视化协同。

关于 5G 条件下园区内各项物流作业的智慧化运营与管理，都有较成熟的产品、技术、系统和实践经验，这里不再详述，仅强调 3 点：

一是各作业环节及相关功能模块，可复用专业的智慧化应用系统。例如，园区智慧存储可使用专业的智慧化的仓储管理系统，包括自动分拣系统、自动识别系统、自动存储和搬运系统等；行驶在园区内的车辆可采用"车 + 路 + 云 + 网"的智慧交通管理系统，通过使用车载智能装置、道路感应及云、网综合管理体系，对车辆行驶状态进行智慧化管理；配送环节可复用配送路径的设计与选择系统、车货匹配系统、车辆实时追踪与监控系统、温湿度监控系统、智能终端配置与使用系统等智慧化管理系统。

二是加强综合协同，构建全园区的物联网感知（全景空间管理）和园区内各项作业的联动机制，提升资源预留、收获提醒、货载匹配、物品布局等方面的协调性及数字化、智能化水平。

三是充分发挥 5G 通信和智慧管理系统的优势，加强异常状况的追踪管理，可以通过部署跟踪器／植入物联网卡等智慧化装置，进行准确、实时定位，发生异常状况主动示警，并迅即进行应对处置。

（五）园区业务服务管理：智能办公与监测分析系统

在 5G 条件下，由于通信的迅速和无障碍，园区业务服务管理可实现完全的智慧化，其服务质量和效率将极大提升，成本和差错率将显著下降。

1. 园区业务服务管理要点

针对园区的业务服务管理，主要是通过智能办公及后台大数据的监测分析，针对园区内商户及客户的业务活动，实施智慧化、精准化的服务。园区业务服务管理的重点在于以下五个方面：

一是无线网络的全园区覆盖。5G 基站的合理部署，相关设备的精准配置，在整个园区内实现无线网络的无缝全覆盖，使得用户在园区的任何位置、任何时点和作业环节、任何运营与管理操作上，都能够获得高质量的无线通信网络服务。

二是管理平台的整合与开放。在 5G 的支持下，要本着保持各商户、物流企业自用平台的既相对独立，又可无缝衔接的原则，构建逻辑层面的一体化综合管理平台，并实现与社会公共信息平台的开放对接，发挥网络效应，突破园区的区域限制和分工体系，重构物流园区运营模式。

三是搭建智能办公场景。要利用先进的无线组网、云计算、智能终端等，将办公区内所有灯光、空调、传感器等设备以无线方式进行联通，并通过网关与云服务器相连，在 5G 的支持下实现全场景实时管控。

办公区域内的部分设备的智能化管控，也可以继续使用非 5G 网络，如"2.4G+蓝牙"的方式，或物联网的自组网方式，以利于降低组网成本及通信费用，但无论采用哪种方式，其管控模式必须为去 App 化，且与后台的综合管理平台对接，并接受一体化管控。

四是实现园区场景的实时、数字化展示。要通过合理配置电子显示屏，将相关信息适时推送到园区各相关区域，起到宣传、告知、展示和预警的作用。

五是做好热点分析和预测工作。要利用大数据技术，通过后台的分析系统，对园区人、车、货、供求、价格等情况进行重点分析，预测发展趋势，并将有关信息推送给受众。

2. 园区智慧办公系统

园区智慧办公系统的功能主要是对办公区域照明系统、空调系统、会议及办公设备等进行智能化管控，对办公区域环境质量进行实时监测，对能耗数据进行统计分析，对办公区域安全进行实时防护，以提升办公环境舒适度，提高管理效率，降低人工及能耗成本，增强安保能力。

从技术实现上看，园区智慧办公系统通过将传感器、摄像头等监控传感设备与 5G 网络实现高效连通，通过控制面板、手机等终端及 App、微信等进行远程控制，可以智慧化管理、控制办公室的多种设备，从而提供较为舒适的环境。同时，园区智慧办公系统通过分级管理，对办公场所使用者进行使用权限分级，并根据分级授予相应的管理权限，实现对办公场所及设备的有序化管理。

办公区域智慧化管控需要配置相应的设备，如区域控制器、无线接入点（AP）等。区域控制器是设置在一定区域内集中处理本区域有线信息与无线信号的设备，可以与智能终端配套使用，扩大设备的控制范围。无线接入点用于办公区域内的无线自组网，采用 2.4G 频率，可实现蓝牙等较小范围的无线智能控制。

办公区域智慧化控制方式主要有三种：定时控制、即时即景的联动控制和远程控制。

一是定时控制。用户根据办公场所使用情况，通过自定义，实现特定时间开启或关闭办公区域内的灯。例如，可以根据工作时间安排，将工作日的 9：00—18：00 设置为工作时间，在此时间段内，办公区域的灯光、窗帘、空调等设备自动处于开启状态；节假日及工作日的其他时间均属于非工作时间，在这些时间段里办公区域的灯光、窗帘、空调等设备则自动关闭。

二是联动控制。系统与门禁、工位管理关联，实现工作情景及工位占用模式联动，通过用户自定义的方式，实现一键开启所有想要打开的灯，以及办公区域无人状态下自动关闭所有的灯。例如，工作中难免存在全体或部分人员加班的情况，当在非工作时间段存在加班情况时，系统将自动进入自感应模式，在不同的区域监测到加班人员的存在，自动开启环境光源，直到加班结束。员工加班结束离开后，系统会自动关闭相应设备，以达到智慧化节能的效果。

三是远程控制。用户通过内置通信模块，由物联网平台或移动端 App、微信小程序等进行远程遥控，可远程查看灯的开启状态并进行一键关闭或开启操作。用户如果在休息时间遇上突发状况，需要进入办公区域，则可以提前在通信终端上进行远程操作，比如打开空调等，进而实现到达办公工位后一切环境条件均准备就绪。

园区智慧办公系统通常包括智慧照明系统（智能开关＋空开＋情景面板）、智慧空调系统（智能控制器＋遥控器＋空开＋面板）、环境监控系统（温湿度、气体、光电烟及噪声等传感探测器）、安全用电及智慧节能系统（智能插座＋空开）、智能安防系统（门禁＋人体红外感应器）等。

以下针对办公区域的应用场景，重点介绍智慧门禁、智慧工位管理、智能照明、智能监测与节能、智慧数据分析等模块。

一是智慧门禁。与园区出入口门禁类似，办公区智慧门禁可以更精致化，主要是利用感应技术、生物识别技术，采用指纹、虹膜、面部识别，控制相关人员在楼内及敏感区域的行为，自动做出响应。它主要用于智慧办公区域的安全防控。

二是智慧工位管理。智慧办公系统就是运用微信小程序、平台界面、前台一体机等多种终端，作为工位预订工具，并与门禁、灯光、电源、电话、网络等直接关联，优化工位资源，实现工位复用与共享，提高工位利用效率，有效降低办公空间租赁费用。

除了系统登记的工位预订信息外，还需要利用蓝牙等无线传输控制技术，结合红外感应装置，对每个工位进行精确定位，并对工位空缺情况进行智能识别。当某个工位实际被占用时，该工位的智能传感器自动反馈信息；当使用人员离开工位时，传感器计时系统进行计时，并适时关闭该工位的电源及通信设备。

三是智慧照明。智慧照明系统由智慧管理平台、内置通信模块、LED 灯及智能灯控面板等共同组成，该系统采用先进电磁调压及电子感应技术，改善照明电路中不平衡负荷所带来的额外功耗，提高功率因素，降低灯具和线路的工作温度，达到优化供电的目的。

四是智慧监测与节能。智慧监测主要表现在：对办公区域进行定时自动巡检，在有人使用时实时监测并调节环境状况，无人使用时自动关闭用电设备并对全区域进行安防巡查，发现异常自动触发预警信息，通知安保人员对异常区域进行人工巡查，以提升运维与安防管理效率。

节能主要表现在：通过对办公环境温度及用电状况的监控及用电设备能耗数据分析，并与安全管理系统联动，自动开启或关闭空调、照明灯、投影仪、电视机、饮水机及其他用电设备，以减少空调用电及其他用电设备待机电耗，降低用电成本，提高节能水平。

五是智慧数据分析。智慧办公系统具备数据自动存储功能，可按照每天、每周、每月、每年的固定时间自动分类，并以图表的方式按照日、周、月、年进行自动统计，按需要生成相关信息的统计报表，便于管理层查看及分析决策。同时，系统支持按照时间、员工信息等进行自动检索，方便员工日常使用。

特别重要的是，由于系统存储了所有任务及记录和所有员工的活动情况，并且可以通过大数据运算提供相关分析数据和报表，管理层可以通过系统提供的数据分析和报表，准确掌握企业运营及员工的工作状态。譬如，随时查询了解每位员工每天的工作内容及项目任务进度；根据工作量及任务参与、完成等数据反馈，对员工进行量化考核；根据员工工作完成的方式和效果分析，发现人才，有针对性地培养业务骨干。

办公区域的会议室是除工位之外的智慧化管控的综合场所，相关的智慧管控平台将会议室实际应用场景与门禁、照明、监控及节能管理系统联动，通过管理平台或移动端App、微信小程序等，对会议室的使用进行智慧化控制，打造便捷、舒适、节能的研讨交流环境。

智慧会议室功能描述：

一是预约模式。使用人通过综合管理平台的会议室管控系统，在终端的会议预订界面直观显示的全功能图形中，点击相应功能图形块，可查看会议室的使用信息，在非占用情况下，根据提示逐步操作，即可完成会议室的使用预订；系统将自动生成会议室使用的通知信息，在会议预订成功及会议召开前，以邮件或短信等方式自动推送给使用人及相关管理人员。会议预订过程可根据会议内容需要，添加并显示会议室的设备资产及本次会议需要的服务，以提高会议的效率。

二是迎宾模式。依据会议室使用管理预订情况，当门禁系统识别参会人员，特别是预约嘉宾时，会议室开启迎宾模式，会议室门开启，室内灯光、空调开启，智慧玻璃隔断设定到使用状态，窗帘打开/关闭、投影幕布自动拉下，投影仪自动打开并在幕布上投射会标及欢迎词。

三是一键开会模式。一键进入"开会模式"，会议室窗帘及投影幕布自动落下，投影仪打开，灯光逐渐变暗，空调自动打开且调节到合适的温度；会议进行过程中，可通过控制器、手机等对灯光、显示器等设备进行自动调节，或者通过手机对相关设备进行远程调节，使会议室现场达到最佳状态。

四是一键散会模式。会议结束后，不需要逐一关闭设备，一键开启会议结束模式，系统自动关闭灯光、空调，拉起窗帘、幕布，关闭投影仪等电子设备，确认会议室处于无人状态后，关闭会议室门并切断会议室内电源。

总之，智慧办公系统是对整个办公空间的智能化解决方案，基于 5G 网络及物联网技术等，能够根据实际应用需求，量身定制整体网络布局，自由搭配智能设备，优化配置智能管控系统平台，为办公区域设施、设备的使用与管理提供极大的便利，为相关的业务活动营造舒适、便捷的条件，并实现办公区域空间的更有效利用与能源节约。

（六）园区安防管理：智能监控与安防系统

园区的监控与安防应着眼于四个方向：防人、防车、防入侵、防自然灾害。

一是防人。园区固定商户、专职物流作业人员及园区管理人员，通过生物识别或携带微型物联网卡装置，随时向后台发送位置及活动信息，后台经识别、分析后自动发送信息给相关终端，并在后台数据库中保存相关数据，以实施园区内人员活动的定位监控，确保园区长期在园人员的活动轨迹均在正常范围内。对于园区临时访客（包括与商户洽谈业务、参观考察、市场监督等），通过门禁、访客管理系统，对相关人员进行身份识别后，提示专人引导或通过园区自动引导系统进行智能化的轨迹引导，既为访客提供便利服务，又可对其实施全程实时监控，确保其在允许的范围内正常活动。

二是防车。防车主要是通过园区内运输管理系统，采取"车 + 路 + 云 + 网"的综合智慧化管理，确保车辆在园区内的运行安全，既避免出现车辆行驶轨迹异常造成园区交通拥堵、车辆受损或运载货物受损等事故，也能够对可能发生的车辆撞人毁物等交通事故提前自动示警。

三是防入侵。防入侵的重点是园区安防，尤其是非工作时间的周界状况监控，通过在园区周界部署监控及其他信息采集装置，对园区出入口以外边界的人员、车辆及动物的非正常越界情况进行全天候自动监控，发现异常后实时示警并记录相关影像等数据。

同时，对非正常入侵的人、车、物进行轨迹跟踪，并实时推送信息，配合人工进行搜索及控制，达到防盗窃、防破坏的目的。

四是防自然灾害。防自然灾害主要是通过对园区设施、设备的实际状况进行实时监控，对可能出现的稳固性、温度、水渍等状况的异常情况进行信息推送，提前示警并配合人工处置；根据气象预报信息，通过大数据分析，自动生成天气情况提示信息，并对可能出现的灾害性雨、雪、台风等气象进行提前示警，以达到灾害预防的目的。

从技术层面看，应着重关注两个方面：

一是实现全域监控。以 5G 通信为基础，采用智能化高清摄像装置，对园区的所有空间进行实时的监控，包括：对车辆、人员活动情况的监控；对存储物品及相关作业设备的监控；对园区异常情况信息的主动推送；对园区温湿度调节及照明等能源数据的监控和管理。

园区智慧监控系统基于物联网架构，凭借高精度传感器与先进数据交互链路，采取"有源监测"与"无源监测"双渠道模式，部署如位移 / 应变监测系统等，通过各类传感器感知各种物理量的微小变化，再由 5G 上传至云端，从而实现智能分析与实时监测。

二是实施智能安防。在 5G 技术支持下，通过智能化高清摄像装置，将园区各部位的人、车、物活动情况及道路清障等情况，实时传输到总监控平台；或者通过植入物联网卡等智能装置，主动、持续向总监控平台发送相关信息；采用智能设备，自主、适时对异常行为展开识别，并将相关图像信息传送到总监控平台，由平台向特定的人或设备发送预警信息；规模较大的园区，可以使用无人机、无人车实施巡更安防。

第八章 现代物流产业组织下的货运服务系统建设与优化

第一节 现代物流产业组织下的货运服务系统建设

一、现代物流产业组织下货运服务系统的建设

从过往研究来看，在服务、服务业与服务经济、系统科学以及服务系统等领域已形成了比较成熟的理论体系和相当丰富的研究成果，为货运服务系统建设的研究奠定了扎实的理论基础，并提供了多元的方法借鉴。交通运输属于服务业，它与其他服务业一样，能够创造价值和带来经济社会效益这一观点。所以，对交通运输业的研究可以运用产业经济学理论，从产业发展的角度，研究其产业组织、产业结构、产业管理等。同时，运输服务是一个复杂系统，应该用系统论方法，剖析其组织结构，分析其构成要素的内在关联性及相互作用。实现运输服务系统的正常高效运行，对于交通运输产业的发展发挥着重要作用。尽管在相关领域取得了上述成果，但是，从当前关于运输服务系统的研究进展来看，仍然有许多值得进一步探究和拓展的领域。

（一）针对运输服务系统开展专门性研究

根据综合交通运输体系理论，综合交通运输体系由基础设施、技术装备、运输服务

190

三大系统构成，即运输服务系统与基础设施系统、技术装备系统并列，同为综合交通运输体系的组成部分之一。但目前绝大多数关于运输服务系统的研究却少有基于这一理论，而是囊括了基础设施与技术装备的所有相关内容，成为一个大而全的研究，甚至将后者作为研究重点，对于网络布局、节点设置、装备配套等给予了更多关注，而对于真正的运输服务系统缺乏专门性的研究。而根据国际上关于服务系统的研究，一般是将其等同于服务流程的研究，也就是说更加关注服务的过程以及完成这一过程所涉及的主体、客体等系统要素。从这一视角而言，关于运输服务系统的研究也应该从运输组织的角度切入，分析旅客或货物从起点到终点的位移过程，以及与实现这一位移过程密切相关的运输组织者、旅客和货主等的互动关系，在此基础上，分析服务过程中的价值传递与增长，讨论系统的优化和整体效益最大化等问题。

（二）从微观到宏观的运输服务系统研究

目前关于运输服务系统的研究大多着眼于微观层面，聚焦于某一细分领域，比如研究集装箱多式联运服务系统、大宗物资运输服务系统、工程物资运输服务系统、汽车零部件运输服务系统等，并且取得了丰硕成果，这为本书提供了可供参考的分析方法和丰富的研究案例。但是，大量全国或区域综合交通网络规划研究均是从宏观层面研究交通基础设施系统的成果，相较之下，关于运输服务系统的宏观研究则并不多见。不可否认，运输服务系统不同于交通基础设施系统，前者更加偏重于微观层面的运营组织，在宏观层面开展研究无论从理论还是从方法上都有较大局限，并且研究的价值和意义也存在争议。但运输服务系统既然作为综合交通运输体系的组成部分之一，若不做宏观层面的研究，系统建设就缺乏理论支撑与实施路径。对于运输服务系统的宏观研究可以从服务业特性出发，研究运输服务产业的组织结构，在此基础上构建其系统框架。

（三）系统科学与运输经济理论相互结合

运输服务系统是跨越两大学科的交叉学科，但目前却少有将二者的理论方法相结合，针对运输服务这一系统开展的深入研究。纵观系统科学的发展，早已从最初的物理、数学、生物和生命科学等领域渗透到如今的经济、社会、环境等方方面面，很多经济生活中的问题都可以采用系统科学的理论方法进行探究和解决。因此，对于运输服务问题，也可以在产业发展角度研究的基础上，开辟系统论角度的研究，并将二者相结合，分析系统运行与产业发展的关联关系与发展路径。

二、货运服务系统的构成和运作机理

（一）典型货运服务的组织方式

1. 公路零担货物运输

①公路零担货物运输的特点。公路零担货物运输指单次托运的货物数量较少，其重量或容积不足占用一整辆运输汽车，为确保运输的经济性，由公路运输企业安排和其他

托运货物拼装后，共用一辆汽车进行运输的货物运输形式。根据《汽车货物运输规则》，托运人一次托运货物计费重量 3 吨及以下的为零担货物运输。按件托运的零担货物，单件体积一般不小于 0.01 立方米（单件重量超过 10 千克的除外），不大于 1.5 立方米；单件重量不超过 200 千克；货物长度、宽度、高度分别不超过 3.5 米、1.5 米和 1.3 米。公路零担货物运输的特点是单次托运量小，托运批次多，托运时间和到站分散，一辆货车所装货物往往由多个托运人的货物汇集而成，并由几个收货人接收。公路零担货物运输不限托运批量，能够送货上门，并可以根据货源情况，适时调整车辆、线路与发车密度，具有灵活方便、经济迅速等优点，有助于提高车辆使用效率，提升经济效益。

②公路零担货物的运输组织。公路零担货物运输的组织形式主要有两种，一种是定期的零担货运班车，另一种是不定期的零担货运专线。在大多数公路零担货运企业两种运输组织形式兼而有之，其中，前者又分为普通零担货运班车和快件零担货运班车两种基本形式。公路零担货物运输托运人在营业网点办理货物托运，承运人接收货物后运至分拨中心，并按照线路与目的地，对各网点集中而来的货物进行分拣和配货装车，然后开展专线运输，如需中转，则在运输网络上的中转站进行二次分拣配装，最终运至目的地，由客户到营业网点自提或者送货上门。

③公路零担货物运输组织的要素。在公路零担货物运输的组织流程中，承运人与托运人、收货人构成货运服务的供需双方，前者依托其经营网络，为后者提供运输服务，后者向前者支付运费。二者一般以经纪人为媒介，共享货源与车辆信息，达成货运服务的买卖交易。

在此过程中，保险公司、银行、信息平台等为交易双方提供保险、资金、信息等服务，以支持交易的顺利完成。交通主管部门负责对公路零担货运企业进行行业管理，并对运输过程进行监管。

2. 国际集装箱多式联运

（1）国际集装箱多式联运的特点

国际集装箱多式联运是指依据多式联运合同，以至少两种不同的运输方式，由多式联运经营人将货物从一国境内接管货物的地点运至另一国境内指定地点交付的货物运输。它以集装箱为运输单元，通过一次托运、一次计费、一份单证、一次保险，将货物的全程运输作为一个完整的单一运输过程来安排，由各运输区段的承运人共同完成，不同运输方式有机组合，构成连续的一体化货物运输。国际集装箱多式联运是一种先进的运输组织方式，以实现货物整体运输的最优化效益为目标，其优越性表现在以下几个方面：一是可简化托运、结算及理赔等手续与环节，节省人力、物力和有关费用；二是可缩短货物在途时间、降低货损货差、提高运输服务质量；三是可优化运输组织过程，发挥各种运输方式的组合优势，提高运输效率与经济效益；四是可加快国际贸易中的资金周转，保障贸易的安全性与可靠性。

（2）国际集装箱多式联运的运输组织

国际集装箱多式联运的运输组织分为协作式与衔接式。协作式多式联运是在相关部门协调下，参加联运的运输企业与港站组成联运办公室，编制全程运输计划，各企业根据计划完成各自运输任务，我国当前大宗物资的多式联运多采用此种组织方式。而国际集装箱多式联运采用的主要是另一种运输组织方式——衔接式多式联运，即在多式联运经营人（MTO）的统一组织协调下，各运输区段的实际承运人相互配合、紧密衔接，完成货物的全程运输。国际集装箱多式联运多依托于国际贸易，贸易双方合同生效后，发货人一般委托代理人向 MTO 或其代理人提出托运申请，MTO 若接受申请，则与发货人订立多式联运合同，并与各运输区段的实际承运人订立货物运输合同，MTO 依靠自身的经营网络或代理人网络，组织全程运输，办理相关业务。

（3）国际集装箱多式联运组织的要素

在国际集装箱多式联运中，运输服务的需求方仍然为货主方，而供给方不仅包括对全程运输负责的 MTO，还包括完成各区段运输的实际承运人。由于国际集装箱多式联运涉及多个国家、地区和多种运输方式，仅凭 MTO 自身的经营网络很难覆盖全部运输节点，因此，代理人在这一运输组织过程中扮演着十分重要的角色，分布于世界各地的 MTO 代理人大大扩充了 MTO 的网络覆盖，为国际集装箱多式联运的顺利开展创造了关键条件。另外，国际集装箱多式联运运输链条长、环节多，跨越国界，并且交织着国际贸易的业务流程与风险责任，更加需要保险、银行等机构的专业服务和政府部门管理服务的支撑与保障。

3. 快递运输服务

（1）快递运输的特点

快递是一种利用快捷的运输方式，按照寄件人要求，将货物快速送达指定地点或交付指定收件人的一种个性化服务方式。快递业的兴起与现代商业经济的发展息息相关，国际贸易、电子商务等日益繁荣，催生了快递这一特殊服务需求，同时，交通运输、现代信息技术等蓬勃发展，也为快递服务的实现提供了支持保障。快递的标的物一般批量小、数量大、种类多、起始地与目的地分散，且物品对递送的时效、安全、可达等提出较高要求，所以快递运输应具备快速、可靠、灵活等特点，需要充分利用不同运输方式的技术经济特点，相互衔接配合，实现完整的递送过程。一般在长距离运输中多利用飞机等交通工具，发挥速度优势，近年来随着我国高速铁路逐步成网，利用高铁开展快递跨区域运输的业务也快速成长；在中短距离运输中则经常采用专用汽车等交通工具，兼顾速度与灵活性；在两端的取件与配送中，则更多依靠人力，实现服务的通达以及与客户的无缝衔接。

（2）快递的运输组织

通过多年的发展，快递服务模式不断创新，产生了适应不同需求的多元化服务产品类型，形成了许多细分市场。快递服务按照递送时限可分为"当日达""次晨达""次日达""隔日达""限时达""上午取件下午达""下午取件次日达"等；按照递送区域可分为"同城快递""城际快递""国内快递""国际快递"等；按照服务对象可分为传统邮政速递、电子商务配送、商业物流配送、直投广告递送等；按照付费方式可分为到付快递、预付快递等。对于不同类型的快递服务，其运输组织方式大致相同，但具体流程略有差异，比如国际快递可能会增加报关等手续。快递服务的运输组织从获取订单开始，快递公司依据订单派员上门取件或由发货人自行前往收货点投递，快递公司将不同网点收取的货物集中至分拣中心，按照目的地、时间要求等进行分拣、包装，并按线路装车发运，如需航空中转，则向航空公司办理托运，货物到达目的地后，由当地集散中心按收货人所在区域进行再次分拣，并运至公司的各集散点，由集散点派员配送至收货人。

（3）快递运输组织的要素

快递服务的直接供给者是快递公司，一些大型快递企业能够独自完成包括干线运输在内，从起点到终点的全程递送服务。但是，对于大多数快递公司而言，由于受企业规模、实力等限制，其业务重点是快件的收取与派送以及一些主要线路上的公路干线运输，而对于航空运输等资金投入巨大、专业要求较高或者铁路运输等独立性较强的运输服务则采用向航空公司、铁路企业购买舱位、车皮的方式实现，还有一些业务量较小的线路，会使用公路运输企业的零担或整车货运服务。因此，航空公司、铁路和公路运输企业等成为快递服务的间接供给者。在与其他运输企业的业务往来中，快递公司就成为托运人，通常会委托代理人代为办理相关事宜，使中介机构参与到快递服务的运输组织之中。快递服务的需求者则更为多样，不仅包括工业、贸易、电子商务等各类企业，也包括为数众多的自然人，他们在接受服务的过程中，始终只面对快递公司这一直接服务供给者。快递公司业务的开展高度依赖其配送网点的覆盖面与通达度，因此，多级多点的经营网络成为快递服务的关键性要素之一，目前快递公司主要采用直营店和特许经营两种模式拓展经营网络。由于快递服务从接受货物到运输中转直至终端配送都涉及大量的信息采集、处理、传递等，因此必须附带一系列的信息服务，快递公司通常都设有客服中心和信息平台，供客户查询信息和内部信息共享。此外，快递服务也接受交通、邮政、海关等政府部门的监管与行政服务。

（二）货运服务系统的构成与运作

1. 货运服务系统的构成

完成货运服务所涉及的相关要素在运输组织过程中彼此联系、相互作用构成的有机整体即为货运服务系统，其又可分为多个子系统，划分方式多种多样，如不同运输方式的子系统、不同运输对象的子系统等。从运输组织的角度，将关联性较强的要素进行集成进行子系统划分。从上述具有代表性的货运服务领域来看，服务的供需双方、承载服务的运营网络、中介组织、相关服务的提供者以及政府监管部门等共同构建了完整的运输链条，从而实现了货运服务的全过程。据此可将货运服务系统划分为五个子系统，分别是服务供需子系统、运营网络子系统、中介服务子系统、保障服务子系统和管理服务子系统。

（1）服务供需子系统

服务供需子系统是货运服务系统的核心子系统，它包括服务供给者与需求者两大类要素。托运人、发货人、收货人等货主企业与个人是货运服务的主要需求者，承运人、港站企业等是货运服务的主要供给者。无论实际承运人还是无船承运人，都以向货主提供货物的位移服务并获取运输收入为根本，港站企业则为货物提供中转、装卸、存储、分拨等服务并获取相关费用，大多数情况下，其服务对象为公路、铁路、水运、航空等运输企业，而非直接针对货主，但其最终目的仍是实现货物的全程位移，为货主提供了间接服务。

（2）运营网络子系统

运营网络子系统是货运服务的支撑性子系统，所有运输组织活动均以该子系统为平台开展。货运服务的运营网络以承运人的经营分支机构和业务网点为主体，如航运企业设立于境内境外的分公司与代表处、公路运输与快递企业的货物集散点等，同时也包括其他为承运人提供业务支撑的网络，比如港口、机场所在地的运输代理企业业务网络。也就是说，货运服务的运营网络子系统并非也不必完全由承运人自行建立和独立运作，可以借助各类合作伙伴的运营网络实现业务更大范围的拓展与覆盖。

（3）中介服务子系统

尽管并非所有的货运服务都有中介机构参与其中，但伴随着运输专业化程度的提高和服务内容的多元化，特别是多式联运与国际运输的发展，中介机构的作用日益凸显，各种代理人、经纪人为货运服务供需双方提供了大量信息服务、揽货订舱、运输工具租赁、报关报检、理货拼箱等专业性服务，不但搭建了二者之间沟通的桥梁，而且简化了手续，提高了效率，也拓展了业务与网络规模。因此，中介服务子系统是货运服务系统十分重要的子系统之一。

（4）保障服务子系统

货运服务是实现物的流动，但由于运输需求本身是派生性需求，在此过程中必然伴随着资金流、信息流，并且随着货物的移动，产生了责任的转移、环境的变化和不确定性的增强，这就要求在满足货运服务需求的同时，还要提供更多附加服务，如金融服务、保险服务、信息服务等，以保障货运服务的顺利完成。上述服务的供给者构成了货运服务系统的保障服务子系统。

（5）管理服务子系统

货运服务系统还应包括管理服务子系统，主要涵盖货物运输的行业主管、海关等部门以及各类交通运输行业协会，他们不仅要对货运服务市场与运输组织的各个环节进行监管，而且要为其他子系统提供行政服务，并研究制定政策、法规、标准，促进市场的繁荣与产业的健康发展。

2. 货运服务系统的运作

货运服务系统的运作是指系统内相关要素相互作用，生产出运输服务产品的过程。从上述典型货运服务的组织流程，可以归纳出货运服务系统的一般运作模式，它以服务供需子系统为核心，买卖双方达成交易，形成运输市场，并以运营网络子系统为平台，实现服务过程，其他子系统以提供附加服务的方式参与该过程，产出完整的运输服务产品。

（1）服务供需子系统的运作

服务供需子系统中的需求与供给活动是推动整个货运服务系统运作的动力源，也是整个系统中最核心的关系。在不同运输领域，供需市场结构与分布存在较大差异。如在国际大宗物资运输中，供给方与需求方都较为集中；在公路零担货物运输中，双方都较为分散；而对于国际集装箱多式联运、快递运输服务等，则是供给方相对集中，需求方较为分散。再如国际海运相比于公路运输，市场覆盖范围更为广阔。基于不同的市场结构与分布，运输组织的方式也不尽相同，在集中度较高的市场上，供需双方更易于直接对接，在产品简单、分布紧凑的市场上，供给者也更有可能以独立完成全程运输组织的方式提供运输服务。但不论何种情况，双方首先要沟通供给与需求信息，经历询价议价后订立运输服务合同，供给方负责按合同要求完成货物的位移，需求方负责支付运费。

（2）其他子系统围绕服务供需子系统的运作

随着运输市场日趋开放和产业发展，参与市场的主体数量增多、服务需求多元化、市场范围扩大，供需子系统的运作越来越依赖于其他子系统的协作与支撑。首先，运输服务供给者需要更大范围的运营网络，便于拓展市场和追求规模经济。承运人以自身的经营网络为核心，与货代、船代等代理人网络通过运输节点和市场相互衔接，形成运营网络子系统，并依托该系统办理货物始发、终到、分拨运输、中转换装等业务。其次，代理人也依托自身的经营网络形成了货物运输的中介服务子系统，通过为货运服务的供需双方对接信息、撮合交易、代为办理相关手续和提供业务咨询与专业服务等，极大提高了运输效率与服务水平，优化了资源配置，改善了供求关系。再次，保障服务子系统为货运服务的供需双方提供附加于货物位移之上的其他服务，这些服务在市场经济与全球化背景下作用日益凸显，有些甚至与货物的位移密不可分，如海运中的保险服务、国际集装箱多式联运中发货人凭 MTO 签发提单提前至银行结汇的服务等。另外，管理服务子系统要为供需服务子系统的正常运转创造规范有序、公平公正的市场环境，并完成与货物运输相关的行政业务。

三、货运服务系统对产业组织的影响

（一）货运服务系统构成与产业组织框架的关系

在产业组织框架中，构成市场的两大要素为卖方与买方，其数量多少、力量对比等是决定市场结构的重要因素；在一定的市场结构下，卖方企业会采取相应的市场行为，包括竞争行为与协调行为等；市场结构与市场行为影响市场绩效，体现为产业内的资源配置效率、行业利润水平、技术进步状态等。具体到货运服务产业，承运人与货主是运输市场中最主要的卖方与买方，也是货运服务系统核心子系统——服务供需子系统中的供给方与需求方，在双方开展交易的过程中，中介服务子系统中的代理人、经纪人等介入其中撮合交易或提供服务，其可以代表卖方，也可以代表买方，或者充当第三方，其数量和实力对货运服务业的市场结构将产生重要影响；在这一市场结构下，作为卖方的承运人或者其代理人采取的市场行为同样有竞争行为与协调行为等，但这不仅包括同一方式，也包括不同方式间的行为关系；对于市场绩效的评价，从资源配置效率角度，是对经营网络、运力等资源使用权而非所有权的配置效率，从利润水平角度，主要取决于网络规模经济性，从技术进步角度，主要源于不同运输方式、不同运输环节的专业化分工和承运人及其代理人以及保障服务子系统中相关各方的增值服务

（二）货运服务系统运行推动产业组织变革

货运服务系统的构成要素是客观存在的，当这些要素彼此联系、相互作用，形成一个系统，就改变了货运服务业既有的产业组织状态，产生新的市场结构、市场行为，并且带来市场绩效的变化。第一，以综合运输企业为核心，不同方式运输企业与港站企业开展分工协作，中介服务子系统也参与其中，对运力、货源等资源进行整合与优化配置，改变了市场结构；第二，企业开始采取分工协作、提供差异化产品等不同于以往的市场行为，新的产品策略也带来新的价格策略，形成新的运价体系与比价关系，同时管理服务子系统对市场环境的维护也有利于运价回归合理水平，改变了市场行为；第三，无论是运输企业对照优势分工，还是中介服务系统的作用都提高了货运服务业的资源配置效率，运输企业之间、运输企业与中介机构之间共建共享服务运营网络，实现了网络规模经济效益，而中介服务子系统提供的专业化服务和保障服务子系统提供的增值性服务都促进了产业的技术进步与产品创新。在货运服务系统运行过程中，市场结构、市场行为与市场绩效改变了原有状态，又如，互相影响，进而推动产业向前发展。总之，货运服务系统的构建，将形成新的产业组织状态，而货运服务系统的优化将不断提升产业组织绩效水平。

四、构建货运服务系统的思路与建议

（一）以调节供求关系为核心建设服务供需子系统

建设服务供需子系统是构建货运服务系统的关键。服务供需子系统的正常运行依赖于供求关系的均衡发展，这种均衡状态能够在市场机制的调节下自动达成。由于不同运输领域有其各自特点，市场中服务的供给者、需求者在数量、分布、构成方面具有明显差异，不可能形成统一的市场结构。因此，调节供求关系不应致力于改变市场中供需双方各自的实力或者力量对比，特别是不应将市场集中度作为目标，一味追求运输服务企业的规模无限扩张和资源过度集中，而应以完善市场准入与退出机制为前提，以市场需求为导向，既培育具有资源整合能力、能够提供一体化运输服务的综合运输企业，也支持专业化运输服务企业的发展，鼓励不同类型的企业合理竞争、分工协作、提高服务水平，做到大而强、小而精。另外，还应建立供需双方顺畅的信息沟通机制与交易平台，消除信息不对称造成的供求关系失衡，提高服务供需子系统的活力。

（二）依托中介服务与运营网络子系统实现规模经济

货物的位移与运输组织需要在网络上实现，运输服务的规模经济很大程度上依赖于网络的覆盖范围，因此，运输服务的供给者需要不断拓展运营网络，以获取规模经济，

但这也意味着较大的资金压力、沉没成本与市场风险。面对这一问题，可以通过运输企业之间加强合作，结成战略合作伙伴，共建共享运营网络，但在当前货运市场激烈的竞争格局中，这种合作关系很难达成并长期维系。而中介服务子系统在这方面却能够充分发挥作用，运输服务的供给者可以借助遍布全球的中介机构，实现自身的业务拓展，运输服务的需求者也可委托中介机构办理相关业务，获得更加专业的服务，而作为中介机构则可以凭借集中起来的需求与供给获得更强的议价能力，并通过复制专业服务实现自身的规模经济。所以，应大力建设中介服务子系统，在此基础上拓展运营网络子系统，使货源信息与运力资源在系统内汇集，运输服务在网络上延展，以此实现货运服务业的规模经济。

（三）强化保障服务子系统的支撑性作用与增值服务功能

保障服务子系统所提供的服务并不是传统货运服务的内容，但在现代交通运输发展中却发挥着越来越重要的作用，甚至是不可或缺的。建设保障服务子系统重点是利用其他行业的服务资源，与运输服务相结合，形成有助于改善运输组织、提高运输效率和提升服务水平的新产品，主要包括建设物流公共信息平台与专业化交易平台，开发适应不同运输领域行业特点的保险业务，提供贸易与运输无缝对接的金融服务，探索构建货运服务第三方支付的结算平台等。通过保障服务子系统建设，对服务供需子系统形成有力支撑，使货运服务系统具备更多增值服务功能，促进产业的服务创新与技术进步。

（四）理顺管理服务子系统的要素关系与职责

管理服务子系统的构成要素为政府部门与行业协会，其职责在于监管，更在于服务，其关注的重点应是货运服务业中企业的市场行为，而非市场结构本身。在管理服务子系统中要形成有利于各种运输方式发挥自身优势和相互衔接配合，有助于建立跨区域、跨行业统一大市场的管理与协调机制。政府负责完善市场环境和提供必要的行政服务，发挥市场配置资源的决定性作用，形成透明的价格体系和合理的比价关系，充分调动行业协会的积极性，促进行业自律与企业互助，建立和完善货运与代理企业分级分类资质与信用评估体系，为货运服务系统的健康运行创造有利外部条件，为货运服务产业的发展壮大营造良好市场环境。

第二节 现代物流产业组织下的货运服务系统优化

一、货运服务系统建设与优化的关系

（一）货运服务系统建设与优化均以产业组织变革为核心

货运服务系统是指完成货物运输服务所涉及的相关要素，在运输组织过程中彼此联系、相互作用构成的有机整体。由于在产业融合发展的背景下，货运服务业已经与多个产业相互渗透，若有目的性地跨产业进行要素整合和系统建设，将改变货运服务业的市场结构与市场行为，进而影响市场绩效，实现整个产业组织的变革。如图8-1所示，系统建设是一个整合和健全要素，并在要素之间建立关系的过程；系统优化是改善要素的组织方式，使整个系统呈现更佳状态，进而"输出"更好"产品"的过程。在系统建设的基础上进行系统优化将进一步推动货运服务产业组织向期望方向变革。

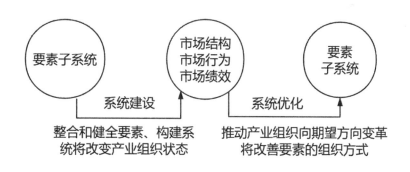

图8-1 以产业组织变革为核心的货运服务系统建设与优化

（二）货运服务系统建设到系统优化的推进思路

货运服务系统"输出"的"产品"是否"更好"，有多维度的判断标准，从系统外部性而言，包括对资源环境、社会福利等的影响，从系统自身而言，主要是对需求的满足程度。为了方便对一个问题开展深入研究，本书强调系统自身，把更好地满足经济社会发展产生的货运服务需求作为优化目标，来研究货运服务系统的优化问题。

货运服务系统优化有两种导向，一种是问题导向，即分析当前系统中存在的问题，采取针对性的手段来解决问题，实现系统优化；另一种是战略导向，即针对货物运输未来的发展趋势，前瞻性地变革乃至重构服务系统，满足产业长期发展的战略需要。本书试图从后一种视角开展研究。

从长远发展角度，货运服务系统优化的原动力来自市场需求的变化。如图8-2所示，当货运服务需求产生后，需要对相关要素进行组织，以提供完整的运输服务产品来满足需求，与此同时，掌握要素的主体（包括经济管理主体和市场主体）之间建立关系，形成相应的产业组织形态；当货运服务需求发生变化后，需要改变要素的组织方式，以便提供新的运输服务产品，原先的要素主体之间的关系或许难以适应新的要素组织方式，需要做出调整，调整后的要素主体关系若能够使要素组织更有效率，就会提供更好的服务来满足需求，从而实现系统优化。因此，系统优化的根本手段是调整要素主体之间的关系，使之能够开展更加有效的要素组织。若有意识地驱动要素主体关系，即产业组织，向着有利于激发产业生命力和提升产业竞争力的方向变革，系统优化就促进了货运服务产业的升级与发展。

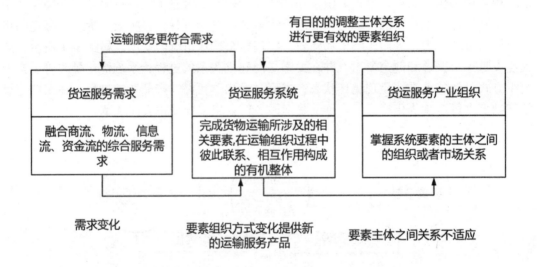

图8-2　货运服务系统优化的思路

二、货运服务需求的变化趋势

（一）货物种类的变化——多元化、高端化

在过去较长一段时期内，我国处于重化工业起步和加速发展阶段，为满足产业发展以及大范围国土开发和大规模城乡建设需求，货物运输以煤炭、石油、金属矿石、钢铁、矿建材料与水泥等能源和原材料为主。伴随我国逐步进入重化工业发展的中后期，货物运输格局正在悄然改变，尽管大宗物资仍然是目前最主要的货源，但所占比例已呈下降

趋势，货物的种类日趋多元化，价值较高、对运输服务要求较高和对运费承受能力较强的高端货物增长较快。

（二）需求主体的变化——多样化、碎片化

除公益性运输和少部分企业生产过程与居民日常生活中的货物运输，绝大部分货运需求产生于各种形式的贸易，也就是说，物流往往伴随商流发生。因此，市场环境和商业模式的变化导致了货物运输需求的变化，其中就包括需求主体的变化。货运服务的需求主体主要是货主及其代理人，在贸易体系中，就是商品的买卖双方。过去产生货物运输服务需求的商品交易多发生于生产领域的原材料、零部件等的采购，以及流通领域的批发环节等，货运服务需求主体主要是不同类型、不同规模的企业，并且大企业占相当比例。

近年来，随着我国市场开放程度不断提高，市场主体日趋多元化，加之商业模式的推陈出新，特别是电子商务的蓬勃发展，使得参与商品交易的买卖双方发生了巨大变化，许多中小企业、小微企业迅速成长起来，数量日益增加，一些个体创业者也获得了各自的市场空间，成为商品交易的主体。

（三）空间分布的变化——分散化、均衡化

货运需求的空间分布与资源分布、产业布局和人口分布等因素密切相关，由于我国资源分布极不均衡，产业与人口在东部沿海地区和一二线城市高度聚集，使得货流分布也很不平衡，占我国国土面积不到10%的东部地区完成了全国近50%的货运量，基本上等同于国土面积超过80%的中西部地区完成的总货运量。并且，我国货物运输主要集中于东西向与南北向的几条重要大通道上，形成高密度、长距离、方向性强的货运空间分布格局。

未来，随着我国产业布局的调整和城镇化的深入推进，以及伴随产业升级和结构优化的大宗物资运输需求放缓甚至下降，货物运输需求生成的范围将更加广阔，广大中西部地区的货运需求将呈现更加旺盛的增长，城市群内货物运输规模与频次将显著增加，中小城镇和农村需求增长的潜力巨大，货运服务需求在空间分布上将向分散化、均衡化方向发展。

（四）时间分布的变化——不确定性、不稳定性

货运服务需求与经济形势密切相关，并且受社会生产和商品销售周期的影响，因此，在我国经济社会快速发展的背景下，货运量除了表现出长期增长趋势，还呈现出周期性的变动。从各种运输方式来看，民航货运量无论是波动幅度还是波动频率都明显大于其他运输方式，这主要是由于民航运输的货物中消费品占比要高于其他运输方式，由于消费品的运输需求与市场消费需求密切相关，市场的瞬息万变导致运输需求的剧烈波动；而水运、铁路等运输方式的货运量中工业品占比较高，工业品的运输需求与生产需求更加密切，生产具有较强的计划性，因此运输需求的随机波动也就相对较小。伴随货类结构的调整，各种运输方式的消费品运输比例都会有不同程度的增加，运输需求的波动性

也将随之增加。而且，大宗物资等工业品仍占据较高比例，随着我国全球化进程的深入推进，受国际市场多重因素影响，运输需求也会产生更大的波动。总之，未来货物运输的总体需求与各种运输方式的需求在时间分布上，都会显示出更大的不确定性与不稳定性。

三、货运服务系统的演变

（一）货物运输服务的变革方向

1. 服务标准化

运输服务是一种无形产品，相比于有形的实物产品，更加难于标准化。在过去，货物运输以大宗物资和大批量的工业品为主，一次运输的托运量大，品种单一，运输线路较为固定，对运输方式的选择性较小，服务的供需主体相对集中，因此，运输服务多以一次性或长期契约的方式提供。随着货物品类的多元化，运输服务需求在空间分布上分散化，各种运输方式的共同市场扩大，同时更加需要相互衔接配合才能完成全程运输，而且，越来越多的服务需求主体出现在运输市场上，他们对运输服务的需求是小批量、多批次的，货流在时间与空间分布上的随机性明显增强。在这种情况下，"一事一议"的运输服务方式显然需要高额的交易成本，并且因为信息不对称，服务的价格和质量都存在较大的不确定性。

因此，需要一种相似于工业化产品的标准化运输服务产品来整合碎片化的运输服务需求，即服务供给者以公开透明的价格、可测度的服务品质、明确的服务内容，提供一系列点对点的运输服务，服务需求者则根据自己的需要从中选择。这种运输服务以班轮运输、五定班列等产品形态在水运、铁路等运输方式中已存在多年。近年来，在公路运输领域也开始出现"卡车航班"等运输服务产品，而正在快速成长的快递业更是这种标准化运输服务的典型代表。未来，还会有更多不同运输方式相互衔接，提供一体化运输服务进入市场，为需求者提供更多选择，使标准化的运输服务产品能够满足更多个性化的服务需求。

2. 供给灵活机动

如前分析，过去我国货物运输需求的总体特点是相对集中和稳定的，这种需求特点对运输组织较为有利。但随着大宗物资运输需求增长放缓，其他货物运输需求增速加快，以及服务需求主体的碎片化，需求时空分布的分散化和随机化，货源在总量、结构、时间、空间上的变化规律将变得越来越难以把握和预测。由于运力的形成需要一个过程，而一旦形成又具有不可存储性，如果按照以往计划性较强、对市场敏感性较低的运输服务模式来面对市场，滞后性就会逐步显现，较为严重的运力短缺与过剩将交替出现、频繁变化，这一方面无法满足市场需求，另一方面也会使整个产业的经济效益显著降低。

因此，未来货物运输服务运力供给的机动性需要大幅提高，服务供给者必须通过加强运输组织和运用技术手段对市场变化做出及时应对，在运量规模、时间、方向、线路、方式等方面满足更加灵活变化的市场需求。

3. 跨界增值服务

货物运输不但是货物点到点的物理移动，而且是连接生产与消费的纽带。当前，社会生产方式、人们生活方式和企业商业模式都在发生巨大变革，最传统的运输服务方式已经不能适应日新月异的模式变革，越来越多的增值服务开始渗透到运输过程当中，产生了许多跨界融合的服务模式。

从目前来看，与运输服务结合最多的是金融、信息和商贸等服务。金融服务除了早就出现的货款代收代付等形式以外，随着资金的时间价值越来越被人们所认识，以及现金流对于企业的生存与发展变得越来越重要，货物在途期间或者货物在采购、生产、流通各环节流动过程中的融资服务成为众多运输服务使用者的迫切需求。此外，为了分担货物运输和货物交易过程中的各种风险，丰富多样的保险服务也与运输服务紧密结合，由于运输企业在此过程中对货物具有实际控制能力，由它直接或间接地提供金融服务变得顺理成章。信息服务具有三个最重要的作用：一是使运输服务供给者与需求者之间高效对接，实现运力与货源的高度匹配和运力根据市场波动灵活配置；二是使货物从供应商到厂家、商家直至消费者的全过程变得透明和可控；三是完善运输服务的"售前"与"售后"环节，从提交发货申请到服务完成后的评价与索赔，全部可以借助信息化手段完成。商贸服务和运输服务已经很难说是谁融入谁，而是在物流通道与销售渠道逐渐融为一体背景下的相互渗透。因为商流和物流最本质的区别在于是否涉及商品或者货物所有权的转移，而今后许多货物在运输过程中，不仅发生了位移的变化，而且所有权从运输服务的供给者转移到了运输服务的需求者，因此，这已经不是传统的运输服务，而是由运输服务企业为消费者提供的商贸增值服务，是一种"即需即供"的全新服务模式。

（二）货运服务系统要素组织方式的变化

1. 开展网络化的运营组织

运输服务是一种基于网络的生产方式，而要提供标准化的运输服务产品，并灵活机动地调配运力和应对市场，更需要对货运服务系统要素进行网络化的运营组织。首先，要扩大网络的覆盖面，只有在一张更广阔的网络上，才能聚集足够的货源并开展高效的运输组织，提供更多选择和更高频次的多点之间货物运输服务。其次，要顺畅网络的通达度，形成多级节点互联互通的运输网络，解决最后一公里的物流配送，实现门到门的运输服务。此外，还要提升网络的承载能力和机动性能，满足高密度运输要求和多变的市场需求。对货运服务系统要素进行网络化运营组织的关键是运力的网络化布局和货源的网络化整合，实现网络规模经济。但这仅仅依靠货运服务企业是很难做到的，还需要依靠代理、平台等其他类型的市场主体共同参与和紧密合作。

2. 借助现代管理方式与技术手段整合要素资源

开展网络化的运营组织必须集合多方力量，这就需要借助现代管理方式和技术手段，对货运服务系统要素在资源整合的基础上进行组织。首先，要整合不同方式、不同类型运输企业当中的运力资源，促进不同运输方式分工协作和加强衔接，促进不同运输企业竞争与合作。运力资源得到整合以后，就可以构建广覆盖、深通达、大能力、高机动的运输网络和服务网络，实现任意两点之间由一种运输方式直达或各种运输方式衔接提供的运输服务，能够进行灵活的运输组织、提供多种产品选择和保证较高的发货频率。其次，要整合市场上及尚未进入市场的货源资源。充足的货源一方面能够为庞大的运输网络提供有力支撑，另一方面也有利于平衡不同方向、不同区域的货流，提高运营组织效率。随着运输服务需求变得越来越分散化和个性化，整合货源资源更加需要先进的商业模式与技术手段的支持。再次，要整合分散在商流、物流、资金流和信息流当中的数据资源，这不仅包括运力信息与货源信息的整合和对接，还包括大数据的收集和分析处理。比如，通过监测商流数据，分析市场变动趋势、消费者的空间分布和消费行为的时间分布等，从而合理进行运力部署和运输组织安排。再如，通过监测资金流和信息流数据，评估运输服务供需双方的实力、信用等级等，构建公开透明、竞争有序的市场环境。

3. 系统要素在产业内和产业间自由流动

不论是网络化运营，还是资源整合，对货运系统要素的组织都不仅限于运输服务业自身，而是常常突破原有的产业界限。这种组织方式要求系统要素能够在运输服务产业内部和不同产业之间自由流动。产业内的要素流动是指各种运输方式的运力、货源、代理等系统要素在不同方式、不同企业之间流动。当运输服务企业开展运输组织时，能够高效地获取和调动相关要素；在运输服务业发展壮大的过程中，这些要素也能够从低效率的企业流向高效率的企业，从低效率的运营组织体系流向高效率的运营组织体系，实现产业的重组与升级。产业间的要素流动是指在货运服务系统提供跨界增值服务的背景下，系统要素在运输、金融、信息、商贸、制造等产业之间相互流动。比如，商贸企业可以获得运力、网络等系统要素，为本企业和全社会提供运输服务，再如运输企业可以获得资金等系统要素，开展金融服务等。系统要素的自由流动是实现资源优化配置的重要前提，也是推动货运服务系统优化升级的强大基础。

四、货运服务业产业组织的变革

产业组织是指同一产业内企业间的组织或者市场关系。由于运输服务业已经与其他产业融合发展，故货运服务业的产业组织应扩展为产业内和产业间企业的组织或者市场关系，与货运服务系统相联系，就是指掌握系统要素的主体之间在进行要素组织的过程中所形成的关系状态。推进货运服务业产业组织的变革首先要处理好政府与市场的关系，在此基础上，调整市场上的要素主体之间的关系，推动产业组织向有助于系统优化的方向演变。

（一）处理好政府与市场的关系

货运服务业的产业特征总体上是比较适于竞争的，政府放松管制、促进市场开放是产业发展的基本方向。同时，由于运输服务具有较为明显的规模经济性，适当的产业集中度也是产业健康发展的必然要求。因此，对于货运服务业的发展，应该让市场发挥主导作用，在资源配置中起决定性作用，而政府则要在加强市场监管、制定标准规范、促进技术进步、完善行政服务等方面发挥更加积极有效的作用。另外，还要调动行业协会等社会组织的积极性，增强行业自律和自我发展的能力。

（二）市场主体开展要素组织的手段

1. 拥有要素，直接组织

当货运服务系统要素归某一企业或其他类型的市场主体所拥有时，该主体就可以直接对要素进行组织，开展运输及其他相关服务。运输企业利用自有运力提供运输服务，或者利用自建的信息平台提供信息服务，以及货主自己构建的运输服务系统等均属于这种要素组织方式。这种市场主体对要素的组织手段具有较强的可控性和可靠性，但选择性较小，要素的使用效率较低，市场主体还要背负大量资产，业务与企业扩张均面临较大的资金与成本压力，不方便快速成长。

2. 通过市场，获取要素

货运服务系统要素众多，而且要开展网络化的运营组织和提供跨界增值服务，完全依靠企业自身所拥有的要素是很难实现的。因此，借助市场搭建的平台，从其他市场主体的手中获取要素的使用权，是进行要素组织的一种重要手段。从市场上获取相关要素进行组织具有很强的灵活性，可以根据实际需求选择最合适的要素，但相较而言，可靠性较低，存在较大的交易成本，并且市场主体还面临市场不确定性和各种风险的挑战，对经营成本的控制能力较弱。

3. 组建联盟，共同组织

相比于自己拥有和完全从市场上获取这两种要素组织手段，市场不同主体之间组建战略联盟，实现要素共享，是一种兼具灵活性与可靠性的要素组织方式。这种战略联盟既包括运输服务业内部的战略合作，比如不同运输企业之间共享运力，或者由第三方整合行业内的资源组建联盟体，依据平台对运力进行组织并提供运输服务；也包括运输服务供给主体与需求主体之间，以及运输业与其他产业之间的战略合作，如运输企业与制造业、商贸业及其上下游产业结成供应链联盟，或者运输企业参股金融、信息等产业，以掌控相关要素等。

4. 多种方式，混合提供

在实际中，很多市场主体对货运服务系统要素的组织并不是单纯采用上述某一种手段，而是多种手段相结合，即自己拥有并直接调配一部分要素，从市场上获取一部分要素，再通过战略联盟形成对一部分要素的实际控制力，从而实现众多市场主体的竞争与合作，展开对要素的灵活组织。一般自己拥有的要素多为货运服务组织的核心要素，也是市场主体建立核心竞争力的基础要素。从市场上获取的要素多为一般性要素，在自由竞争的市场环境下供给较为充分，能够比较便捷和低成本地获取。通过联盟等形式获取的要素一般具有一定的专用性和业务关联性，能够在市场主体之间基于要素的供需建立长期战略合作关系。

（三）推进产业组织变革

1. 市场结构与市场行为调整

各种运输方式具有各自的技术经济特点，并且我国运输服务业在不同领域的开放程度不尽相同，形成了多元化的市场结构。铁路运输领域开放程度最低，中国铁路总公司在全国市场上基本处于完全垄断的地位，运输价格由政府制定；公路运输领域已完全放开，全国货运经营业户接近700万户，其中90%为个体运输户，前20名公路货运企业所占的市场份额不足1%，市场集中度非常低，处于完全竞争状态，价格由市场供求关系决定；水运在内河与沿海运输市场上也基本是完全竞争的，在远洋运输市场上接近寡头垄断的市场结构，比如国际集装箱班轮运输70%的市场份额被前十大承运人所占有，运价由市场决定；航空运输同样是寡头垄断的市场格局，国内市场80%的份额属于4大航空公司，运价由航空运输企业制定。不仅如此，在运输代理等其他领域，不同运输方式的市场结构也存在很大差别。

在这一背景下，市场主体很难在一个统一开放的市场上对货运服务系统进行要素组织，无法满足要素整合、要素流动和网络化运营组织等要求。因此，必须对货运服务业的市场结构进行调整优化。过度垄断和过度竞争的市场结构都不利于系统要素组织，应该破除体制、机制等障碍，在市场机制的作用下，形成层次清晰、适度竞争的市场格局。市场中既有具备一定规模和综合运输服务能力的龙头企业，也有具有核心竞争力的专业化运输企业，还有具有货源整合能力和专业服务能力的平台、中介、代理等其他企业。在这样的市场结构下，各市场主体可以根据自身实力和市场需求，采取直接调配、市场获取、联盟共享和混合提供等多种手段对货运服务系统要素进行高效组织，能够更好地适应网络化运营、整合和自由流动等系统要素组织方式的变革。

2. 资源配置优化

完善的市场结构为市场在资源配置中起决定性作用创造了条件，也有利于政府更好地发挥作用，实现资源的优化配置。从货运服务系统优化的角度，就是各种主体在对系统要素进行组织时，资源在不同领域之间调整，并趋向更有竞争力的市场主体和更有效率的组织方式。由于货运服务系统在产业融合发展的背景下，已经突破了传统运输业的范畴，因此，资源的优化配置既发生在产业内部，也跨越不同产业。在市场机制的作用下，通过资源的优化配置，有的市场主体专注于某一领域，成为专业化经营企业；有的市场主体拓展了业务范围，成为多元化经营企业；还有一些市场主体在竞争中退出市场，其掌握的资源又重新回到市场进行再次配置。在这一过程中，产业持续成长，货运服务系统也得到优化。

3. 价值链重构提升市场绩效

市场主体在对货运服务系统要素进行组织的过程中，既搭建了一条产业链，也构建了一条价值链。整个货运服务系统产生的价值，体现为产业组织的市场绩效，而其中各种要素体现的价值并不相同，在要素组织的不同环节产生的价值也不相同，形成了一条价值链的"微笑曲线"。传统的货物运输服务处于"微笑曲线"的底部，是创造价值较低的要素组织环节，相对应的市场主体获得的利润回报也较小。根据市场规则，一些市场主体会在利润的驱动下，对能够产生更高价值的要素进行组织，融合创新重构价值链，抬升"微笑曲线"的底部，与传统业态的价值链合成"大笑曲线"，产业组织的市场绩效也因此获得提升（图 8-3）。未来，通过价值链的重构，很多运输服务企业的主要利润或者将不再来自于运费收入，而是更多来自于运输服务过程中的跨界增值服务。

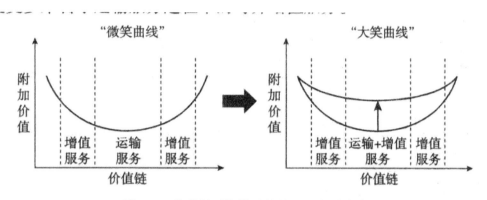

图 8-3　价值链重构推动的货运服务系统优化

4. 探索创新产业组织变革路径

货运服务系统在建设层面确定了系统要素和要素间的作用方式，在此基础上进一步开展系统优化。对此，要分析货运服务需求将会如何发展，需要为这些需求提供何种运输服务产品，系统要素如何组织才能"生产"出这些"产品"，以及要素主体之间建立何种关系才能实现这种要素组织方式。在上述问题得到解答之后，就要探究如何在要素主体之间建立上述关系，即探索产业组织的变革路径。一是平台建设，使所有的市场主体在平台上调整关系，建立新的连接方式；二是技术应用，依托各个市场主体的技术能力和管理能力，改变相对的市场地位，形成更高效的市场结构；三是模式创新，在新的生产方式和商业模式下建立新的运输服务模式，形成新的主体关系；四是价值分配，通过价值链的传导作用和分配机制，实现不同市场主体之间的竞争与合作，实现价值链重构。

参考文献

[1] 刘建蓓，王佐，许甜.高速公路运行风险智能管控技术及应用 [M].上海：上海科学技术出版社，2023.01.

[2] 任娟娟，朱鑫彦.货物运输操作 [M].北京：北京理工大学出版社，2023.11.

[3] 刘凡胜.国际货物运输与保险 [M].兰州：兰州大学出版社，2023.10.

[4] 王金妍.物流运输管理实务第 2 版 [M].北京：清华大学出版社，2023.12.

[5] 吴美红.公路工程计量与支付实务 [M].北京：人民交通出版社，2023.06.

[6] 蒋金元.公路交通突发事件应急演练实务 [M].北京：人民交通出版社，2023.01.

[7] 李浩.高速公路智慧化建管养体系设计与实践 [M].北京：人民交通出版社，2023.01.

[8] 王旭磊.危险化学品道路运输安全管理 [M].东营：中国石油大学出版社，2022.09.

[9] 宋俊福.黄大铁路运输组织概述 [M].成都：西南交通大学出版社，2022.01.

[10] 罗国富，宋阳，刘爱萍.公路工程施工与管理 [M].长春：吉林科学技术出版社，2022.09.

[11] 张磊，周裔聪，林培进.公路桥梁施工与项目管理研究 [M].延吉：延边大学出版社，2022.10.

[12] 刘文娟.信息化时代下公路运输经济的发展研究 [M].北京：中国原子能出版社，2022.06.

[13] 陈建华，王屾，秦芬芬.公路水路运输量统计调查理论与实践创新 [M].北京：经济管理出版社，2022.06.

[14] 郭俊俊，孙世忠，李芳.公路建设与运输经济 [M].天津：天津科学技术出版社，2021.05.

[15] 何太碧.公路大件运输技术与安全 [M].成都：西南交通大学出版社，2021.01.

[16] 孙晶晶，陈灿 . 交通运输概论 [M]. 成都：西南交通大学出版社，2021.08.

[17] 陈皓，王文宪 . 交通运输系统优化模型与算法设计 [M]. 北京：机械工业出版社，2021.06.

[18] 丁焰 . 交通运输与环境管理文献选编 [M]. 北京：化学工业出版社，2021.02.

[19] 王爱霞 . 运输实务第 2 版 [M]. 北京：高等教育出版社，2021.07.

[20] 王福华 . 运输与配送管理 [M]. 北京：电子工业出版社，2021.04.

[21] 张英贵 . 长大货物联合运输 [M]. 长沙：中南大学出版社，2021.08.

[22] 刘南，杨桂丽，鲁其辉 . 现代运输管理第 3 版 [M]. 北京：高等教育出版社，2021.

[23] 曹国雄，孙江涛，李昌荣 . 公路工程及交通安全设施施工与管理 [M]. 武汉：华中科技大学出版社，2021.12.

[24] 林琳，王斌，苑振柱 . 运输管理 [M]. 成都：电子科技大学出版社，2020.06.

[25] 李红华，周文俊，吉立爽 . 公路交通运输与经济发展研究 [M]. 西安：陕西旅游出版社，2020.03.

[26] 杨帆 . 公路甩挂运输的发展机理研究 [M]. 西安：西安交通大学出版社，2020.04.

[27] 尹传忠，王立坤 . 综合运输学概论 [M]. 上海：上海交通大学出版社，2020.

[28] 关凤林，薛峰，黄啓富 . 公路桥梁与隧道工程 [M]. 长春：吉林科学技术出版社，2019.05.

[29] 周桂良，许琳 . 交通运输设备 [M]. 武汉：华中科技大学出版社，2019.12.

[30] 袁占锋 . 道路运输管理概述 [M]. 北京：经济日报出版社，2019.08.